JN268438

Truth In Fantasy 56

ドラゴン

久保田悠羅とF.E.A.R. 著

新紀元社

Truth In Fantasy 56
ドラゴン

目次

目次

はじめに 6

第1章　ドラゴンスレイヤー 9
ヒュドラ 10
ペルセウスと海の怪物 18
ピュトン 22
カドモスの大蛇 25
ファヴニル 30
『黄金伝説』のドラゴン 40
『ベーオウルフ』のドラゴン 47
イルルヤンカシュ 52
八俣大蛇 56
日本の竜蛇 63
シー・サーペント 68

第2章　神々とドラゴン 77
「ヨハネの黙示録」の赤いドラゴン 78
レヴィアタン 88
ヨルムンガンド 92
赤いドラゴンと白いドラゴン 102
ラドン 106
テュポン 110
アジ・ダハーカ 113
ティアマト 118
ムシュフシュ 124
イツァムナー 128
ケツァルコアトル 132
レインボー・サーペント 138
ナーガ 142

龍王	150
ヴリトラ	155
伏羲・女媧	160
共工	167
中国の竜	171

第3章　甦ったドラゴン ... 177
アースシーのドラゴン	178
フッフール	182
トールキンとドラゴンたち	186
メルニボネのドラゴン	202
ドラゴン・ウォーズのドラゴン	206
ジャヴァウォック	210
ロードス島のドラゴン	212
ヴァーミスラックス・ペジョラティヴ	217
ドレイコ	220
ゴジラ	224
ゲーム世界のドラゴン	227

索引	229
参考文献	233

コラム
ウガリットの「審きの川」、ヤム	55
北海の海魔、クラーケン	75
ダニエルと竜	127
ワイヴァーン	131
青龍(四霊)	176
エレメント	201

はじめに

　数多くの幻獣の中でも、ドラゴンほど様々な姿で描かれるものはいないであろう。誰もが想像するコウモリのような翼を広げ、口から火炎を吐くドラゴン。黄金の上に臥し、英雄と対峙する巨大トカゲ。多数の首と無限の再生能力を持つ巨大な水蛇。羽毛を持った美しき蛇神。雷雨を呼び、水を自由に操る様々な生物の特徴を持った霊獣。核実験の結果、太古より甦った恐竜。

　基本的に本書は彼らの姿形や、彼らにまつわる魅力的な物語を紹介するのがその目的である。ただしそれだけに留まらず、そこから一歩先に進め、このドラゴンたちがどのような背景で生まれ、物語や神話の中でどのような役割を持っていたかまで含めて、なるべく解説するように試みている。もし、本書を読んで一体でも興味を持ったドラゴン、あるいは物語に出会ったならば、ぜひ原典を読んでいただきたい。本書に記述されているのは、あくまでもひとつの解釈にしか過ぎないのだから。それほどまでに、ドラゴンという存在は多種多様な姿を持っているのである。

　これほど多くの姿を持つ想像上の動物は、おそらく他に類を見ないであろう。

　では、なぜドラゴンはこのように多くの姿を持つようになったのであろうか。もちろん西洋の「ドラゴン」、東洋の「竜」というように地域的な事もあるだろう。だが、同じ西洋のドラゴンだとしても、登場する神話、寓話によってまったく描かれ方が違うのである。さらに、同じ物語を描いているはずの絵画でも同じ姿で描かれていないのは珍しい事ではない。

　何故、このような事が起こるのであろうか。

　それは、ドラゴンという幻獣が人間の内面にある精神世界を象徴しているものだからである。ドラゴンとは、我々が本能的に感じる恐怖、畏敬、脅威などが形を持ったものなのだ。ひとつの事象からでも個人個人が想像するものは違うのだから、これらを具現化したドラゴンが様々な形を持って生まれても不思議ではないのである。

世界中に伝わる物語

　ドラゴンに関する神話や伝説は、地域・時代を問わず全世界に伝わっている。中でも、西アジアからヨーロッパの「ドラゴン」、南アジアから東南アジアの「ナーガ」、東南アジアから東アジアの「竜」

は、文明の交流からまったく無関係に述べることはできない。これらは相互に関係し合っているのである。たとえ姿形が異なっていても、それが象徴するものは同じなのだ。

　西洋のドラゴンに限ってみても、「ドラゴン」という英語はギリシア語の「ドラコーン」が語源だと言われているし、この「ドラコーン」という単語はもともと蛇を意味する言葉であった。また、ドイツでは「ドラコーン」を語源とする「ドラッヘ」と、ゲルマン語を語源とする「リンドヴルム」という言葉でドラゴンを表す。ドラッヘはトカゲ型のドラゴンで、リンドヴルムは蛇型のドラゴンである。イギリスには「ワイヴァーン」と呼ばれる前脚が鳥のように翼となっているドラゴンも存在する。このワイヴァーンという言葉はフランス語の「ヴィーヴル」が語源とされ、さらにこの語源は蛇の「マムシ」であるとされている。

　これらのドラゴンに関する言葉や変移を地球レベルで考えれば、さらに多くの文化交流によって、その地域や民族性や時代に即したドラゴンが誕生していることは容易に想像する事ができるであろう。

　西洋のドラゴンは人間に倒されるべきものであった。キリスト教という唯一神は他の神々の存在を認めようとしなかった宗教である。異教徒の信じる神や自然の精霊は、悪魔やドラゴンとして物語に組み込まれるようになった。

　一方、東洋の竜は人間と共存していくものであった。竜が象徴するものは自然であり、自然は恵みをもたらすと同時に災害をもたらすものであったからである。

　どちらにせよ、人間の未知なものに対する恐怖などが元になっているのは間違いない。それをどのように表現するかの違いでしかないのである。だからこそ、それらの象徴であるドラゴンは、我々に多種多様な姿を見せてくれるのだ。

本書の構成

　本書では、実に様々な姿のドラゴンを取り上げている。それゆえに、これらドラゴンを整理し、分類し、系統立てて紹介していく事は非常に難しい。本書以外にもドラゴンの解説書はいくつもあるが、同じ分類法で書かれているものがほとんどない事からも分かるだろう。その様な中で、本書は物語という側面からドラゴンを大きく分類してみた。これによって、ドラゴン同士の関連性の見通しがよくな

ると推測したからである。
　それと同時に関連のある項目については、そちらも参照できるようにページ数を併記しておいた。参考にしていただきたい。

第1章　ドラゴンスレイヤー

　この章では、主にドラゴン退治についての神話や伝承を紹介している。前にも述べたとおり、ドラゴンを退治するという事は自然を制し、様々な障害を排除するという事にも繋がる。
　そこには英雄の存在と、助けを求めている乙女の姿がある。これはドラゴン退治という物語のオーソドックスなスタイルである。だからこそ、そこには隠された共通のテーマが存在している事を忘れてはならない。

第2章　神々とドラゴン

　ドラゴンと戦ったのは何も英雄だけではない。神は世界創世と共にドラゴンを作り、あるいはドラゴンを倒した。
　この章では、これら神話で語られるドラゴン、および第1章で触れられなかったものについて紹介している。これらのドラゴンは混沌の象徴である。それゆえに、世界創造の時に秩序の象徴である神に滅ぼされる運命にあるのだ。
　また、ドラゴン自身が神である神話や伝承も珍しいものではない。これらのドラゴンについても、この章で取り扱っている。

第3章　甦ったドラゴン

　この章は前章までとは趣を変え、ファンタジー小説、映画、ゲームなどに登場するドラゴンを紹介しながら、時代と共にドラゴンはどのように変移していったのかを考察している。
　この章で紹介するドラゴンの中には、神話や伝承そのままのものもいれば、これらを元にしながらもまったく新しいドラゴンとして、その地位を確立しているものもいる。現代のドラゴンから、未来のドラゴンを見出すのも面白いだろう。

第 1 章
ドラゴンスレイヤー

DRAGON SLAYERS

第1章　ドラゴンスレイヤー

ギリシア神話最強の九頭竜　　　　　　　　　　Hyudra

ヒュドラ

> ヘラクレスが最も苦戦した、いくつもの頭を持つ不死身の怪物。そしてその猛毒の血液は、多くの英雄に死と苦しみをもたらし、幾世代にもわたる伝説で語られ続けた。ヒュドラはギリシア神話における、最も名の知られた、最も手強い怪物、まさしく伝説のドラゴンなのである。

時代：古代ギリシア
地域：エーゲ海
出展：ギリシア神話
形状：多頭の水蛇

　ギリシア神話にはいわゆる竜、つまり水蛇の怪物が数多く登場するが、中でもヒュドラは、最も有名なものの一つである。それは、この怪物を倒した英雄が、やはりギリシア神話で最も名の知られたヘラクレスであるがゆえの事であろう。

　ヘラクレスは彼に与えられた試練である12功業の二つめの冒険において、水蛇ヒュドラを倒した。しかし伝説はそれで終わりではない。ヒュドラの名は、英雄によって殺された後も、そして英雄ヘラクレス自身の死後においてさえ、幾度も幾度も、様々な物語の中に登場するのである。

　このように語られ続けるヒュドラの伝説とは、いったいどのようなものなのだろうか。

■ヒュドラの誕生

　ヒュドラは、テュポン（P110）とエキドナの間に生まれた名前のない怪物であった。ヒュドラという呼び名はもともと「水蛇」を意味する普通名詞であったのだが、怪物自身の名がないため、いつしかヒュドラが怪物を示す言葉になってしまったのである。

　父親のテュポンは神々の敵である巨大な怪物。母エキドナは上半身が女性、下半身が蛇の怪物。どちらも冥界の最深部にいる暗黒神タンタロスの子供であった。

　テュポンとエキドナという恐ろしい兄弟の交わりによって生まれたヒュドラは、アルゴスという国にあるレルナの沼地に棲み、ゼウスの妻である女神ヘラに育てられた。

　このレルナの沼は底なしで、地中深く冥界へと通じていた。ヒュドラはやはりエキドナの子である魔犬ケルベロスと共に、冥府の番人なのであった。

　その姿もまた、人々を震えさせる恐ろしさを漲(みなぎ)らせている。巨大な胴体にはいくつもの頭がついているのだ。その数は伝説によって一定ではなく、三つ、五つ、九つ、

ヒュドラ

12、果ては百もの頭が鎌首をくねらせていたと謡う物語もある。

いくつもある頭のうち中央にある一つは不死で、これを切ってもヒュドラは死ぬ事はない。また、残りの頭は切れば死ぬが、その切り口からは新たな頭が二つ現れてしまう。つまり、どんなに勇敢で腕の立つ戦士が戦いを挑んでも、ヒュドラは疲れも知らず、より強くなって戦い続けるのである。

まさにヒュドラは、勇者ヘラクレスにとって、最も手強い敵だったのである。

勇者ヘラクレス

英雄ヘラクレスは、主神ゼウスと人間の娘アルクメネの息子だった。アルクメネはかつての勇者ペルセウスの孫で、ヘラクレスはいわば神と英雄の子孫だった。ゼウスは神々に対して、最初に生まれるペルセウスの子孫が一族を支配すると宣言していた。ゼウスはヘラクレスこそ、この栄誉に浴するだろうと考えていたのである。

だがゼウスの妻で嫉妬深いヘラは、ヘラクレスを妾の子として憎んでいた。ヘラはヘラクレスよりも先に、やはりペルセウスの子孫であるエウリュステウスをこの世に誕生させ、弟となったヘラクレスに兄の言う事に従わざるをえなくしてしまった。

兄エウリュステウスはさっそくヘラクレスに、世界中を巡り、12の冒険を行うよう命じた。だが、この12功業は実は、ヘラクレスを殺そうと企むヘラの罠であった。彼女はヘラクレスが、幾多の冒険のさなかに死ぬ事を願っていたのであった。

しかしヘラクレスにも味方がいなかったわけではない。このたぐいまれな勇者に対して、多くの神々が愛を注ぎ、救いの手を差し伸べた。そしてヘルメスが剣を、アテナは軍装を、アポロンは弓矢を、ヘパイストスは矢筒を彼に贈ったのである。ヘラクレスはこうした神々の武器を手に、恐るべき敵の待つ試練の地へと旅立ったのだ。

ヒュドラ退治

さて、こうして冒険に出発したヘラクレスは、最初にネメアの獅子退治を成功させ、続いてヒュドラと戦うためにレルナの沼地へとやってきた。ヒュドラはこのころ、沼地を出ては周辺の村を襲い、家畜や田畑を襲っていたのである。ヘラクレスはヒュドラが強敵である事を知っていたので、いざという時のために己の甥であるイオラオスを連れ、アポロンから借りた黄金の馬車に乗ってこの地へと赴いたのである。

ヘラクレスはヒュドラの棲む洞窟を見つけると、穴の中へ火矢を放ち、怪物を燻り出した。そして飛び出してきた無数の首めがけて、戦いを挑んだのだ。

しかし、いかにヘラクレスが勇者の中の勇者であっても、切っても切っても増えるばかりのヒュドラの首には歯が立たなかった。強靭な彼もやがて疲れ始めたが、怪物は容赦なく襲いかかってくる。おまけに、女神ヘラが念には念をと送り込んできた大きな蟹に足首を挟まれる始末。ヘラクレスはこれはいかんと、あわてて大蟹を叩き殺し、いったんヒュドラから逃げ、改めて出直す事にした。

　ヒュドラを倒すには勇気や腕力だけでは足りない。知恵が必要であった。が、アテナに愛されたヘラクレスには、この知恵も備わっていたのだ。彼はイオラオスを呼び寄せ、彼に松明を用意させて再びヒュドラの元へと向かっていった。

　新たな戦いが始まった。ヘラクレスはまたもヒュドラの首を一つ一つ切り落としていく。だが、今度はイオラオスが、その切り口に松明を擦り付け、傷口を焼き焦がしてしまったのだ。そうなると新たな首は生える事が出来ない。こうして、ヒュドラの首は一つ、また一つと、殺されていった。伝説ではイオラオスは、ヒュドラの首を焼くために、森を丸ごと焼き払って無数の松明を用意したとされている。

　そしてついにヘラクレスは、最後に残った不死の首をもたたき落としてしまう。だが、これを殺す事は出来ない。彼は不死の首を地中に埋め、大きな岩をその上に乗せて

動けないようにした上で、巨大なヒュドラの胴体を切り刻んでしまった。こうして英雄は怪物の息の根を止めたのである。

ヒュドラの毒

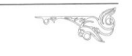

　怪物は死んだ。ヘラクレスはヒュドラの血液が猛毒である事を聞き及んでいたので、自らの鏃(やじり)を流れ出た血液に浸した。ただでさえ腕の良いヘラクレスの弓術に、ヒュドラの猛毒が加わったのである。その威力はすさまじく、毒矢に射抜かれた傷は、どんなに治療しても決して治らないのであった。

　この毒矢は、12功業の残りの冒険で活躍し、多くの怪物や巨人を倒した。第6の冒険では、翼と嘴(くちばし)と爪がすべて鉄で出来ている怪鳥ステュムパリデスを射落とし、第10の冒険では太陽自身を恐れさせた。女神ヘラや冥界神ハデスも毒矢を受け、もがき苦しんだ。トロイアへの遠征では、敵の王であるラオメドンを射殺した。

　だが、この恐るべき武器は悲しみをももたらした。ある時ヘラクレスは、友人である半身半獣のケンタウロスのケイロンを誤って射てしまった。彼は急いで矢を抜き、薬を塗ったが、ヒュドラの毒にはどんな薬も効かなかった。友人は死んだ。

　さらに、こんなかすり傷でなぜケイロンが死んだのかいぶかった、もう一人のケンタウロスのポロスも、矢を引き抜いた時に毒に触れ、ケイロン同様死んでしまう。

　ヒュドラの毒は、ヘラクレスに栄光と失意とをもたらした。そしてさらに、彼自身にも死の苦しみを与える事になるのである。

ヘラクレスの死

　数々の偉業を成し遂げたヘラクレスの名はいよいよ世に知れ渡り、ついに妻を娶(めと)る事になった。ある国の王女だったデイアネイラという美しい娘が、恐ろしい川の神アケオロスの求婚を受けていた。ヘラクレスは彼女をアケオロスから救うために、婿の座をかけてアケオロスと勝負をし、見事に勝利。こうしてヘラクレスとデイアネイラは結婚した。しかし、この夫婦生活は長くは続かなかったのである。

　ある時、夫婦で旅をしていたヘラクレスは、ケンタウロスの渡し守の世話になった。ところがその名をネッソスというこのケンタウロスは、あろう事かヘラクレスの妻を誘惑し、手込めにしようとしたのである。

　怒ったヘラクレスはネッソスを射抜いた。ヒュドラの毒を受けたケンタウロスはひとたまりもない。だが、彼は死ぬ間際にデイアネイラに対し「私が運んだ最後の人に、贈り

物をしよう。私の傷から流れる血を持っていけ。この血には、愛する人に浮気をさせない力があるのだ」と言い残したのだ。何も知らないデイアネイラは、その言葉を真に受け、ヒュドラの毒が混ざったネッソスの血をこっそり持ち帰ったのだった。

　彼女がその秘薬の効果を知るまで、そう長くはかからなかった。ヘラクレスが戦いに出征し、美しい娘を一人、戦利品として連れ帰ったのである。彼女は実は、かつてヘラクレスが愛した女性だったが、彼女の父は娘をヘラクレスに与えるのを拒み、二人は別れるしかなかった。

　デイアネイラは偶然この事実を知り、猛烈な嫉妬の念に駆られた。そしてヘラクレスが勝利の儀式を行う時、身に着ける装束に例の秘薬を染み込ませたのである。何も知らないヘラクレスは、幾多の勝利をもたらした毒の威力を、身をもって味わう事になったのだ。

　無敵の英雄に毒矢が与えた苦痛は、すさまじかった。毒の染みた衣服を着た途端、まず肌が燃えあがるように傷み出した。慌てて衣服をはぐと、今度は焼けた肌が、肉が、毒の衣服と共に裂け、白い骨がむき出しになった。

　毒はさらにヘラクレスの身体を蝕み、血液は煮えたぎり、その熱は内臓を焦がした。

第1章　ドラゴンスレイヤー

　彼は真っ黒な汗を吹き出してもがき苦しんだが、神の子であったため、死ぬ事が出来なかった。いよいよ骨の髄まで毒に溶けだしても、苦しみは増すばかり。
　この激痛に耐えてきたヘラクレスはついに、自分の息子に己の身体を焼かせようとした。だが息子ヒュロスには父親を生きながら焼く事など出来なかった。しかたなく、ヘラクレスの友人であったピロクテテスが、このつらい仕事を引き受けた。こうして炎に身を包まれたヘラクレスはようやく天に召され、神々の仲間入りをする事になったのである。ヘラクレスはその礼として、ピロクテテスにアポロンの弓とヒュドラの矢を贈った。

ピロクテテス

　こうしてヒュドラの毒は多くの命を奪い、勇者ヘラクレスの生涯にも終わりをもたらした。だが、まだ物語は終わらないのである。
　ヘラクレスの死後、ギリシアとトロイアの間に戦争が起きた。ホメロスの描く『イリアス』の舞台となったトロイア戦争である。ヘラクレスからアポロンの弓とヒュドラの矢を受け取ったピロクテテスも、この戦いに出陣した。
　ところが、不運な事にピロクテテスは遠征途中に毒蛇に咬まれ、動けなくなってしまったのだ。仲間たちはそんな彼をレムノス島に置き去りにしてしまった。
　その後、トロイアとの戦いは10年間続いたが、敵の城はなかなか陥落しなかった。多くの英雄が戦いに倒れた。トロイア最強の勇者ヘクトルは、ギリシア一の英雄アキレウスに破れ、そのアキレウスもトロイアの王子パリスの放った矢を急所に受け、息絶えた。それでも戦いは終わらない。
　どうやら、トロイアの予言者が述べたところでは「勝利のためにはピロクテテスの矢が必要」だと言うのだ。しかしピロクテテスはレムノス島に置き去りにされた事で激怒し、今更加勢に来てくれと頼んでも聞いてはくれまい。そこで知謀に富むオデュッセウスがピロクテテスの説得に向かう事になった。
　オデュッセウスはピロクテテスを騙して弓矢を奪うべく、アキレウスの息子ネオプトレモスを連れていき、彼に「ギリシア陣営を抜け出したので一緒に逃げよう」といわせて捕らえるという作戦を考えた。
　勇者を相手に嘘をつく事に納得出来ないネオプトレモスではあったが、ピロクテテスの弓矢がなければ勝利はない。しかたなく彼はピロクテテスを偽り、オデュッセウスのところへと連れてきた。
　オデュッセウスの顔を見て謀られた事を知ったピロクテテスは案の定激怒する。彼を騙す片棒を担いだネオプトレモスはいたたまれず、オデュッセウスに向かって剣を抜

き、己を悪事に荷担させた事を呪った。
　にらみ合う二人。オデュッセウスは勝利のためにすべてを犠牲にしようとし、ネオプトレモスは正義のためにすべてを捨てようとしている。これを見たピロクテテスは、自らの怒りが静まるのを感じた。二人の英雄が自分の怒りのために対決しようとしている。そして、いずれにせよギリシアは敗北するであろう。一人の英雄の怒りによって。
　そこでピロクテテスは意を決し、私怨を捨ててトロイアに向かうと告げた。そしてトロイアの城壁に姿を現すと、彼は敵の大将パリスに向け、死の一撃を放ったのである。
　並ぶ者のない英雄ヘラクレスをも苦しめたヒュドラの猛毒にパリスもまた捕らえられたのだ。10年にも及ぶ戦の元凶となり、あまたの英雄を死に追いやったトロイアの王子は、苦しみ抜いたあげく息を引き取った。
　ヘラクレスに栄光と死をもたらした水蛇の毒液は、長く苦しい戦争においても、勝利と終わりを運んで来たのである。

■最強の怪物

　ヒュドラはまさしく、ギリシア神話における最強の怪物の一つだった。地獄の番人であり、ヘラクレスが唯一単独では倒せなかったこの水蛇は、死してなおその血液によってヘラクレスの死とトロイア戦争の終焉という伝説の主役となった。
　蛇神というものは古くアニミズムの時代から信仰された、歴史の長い神である。ヒュドラもまた、古代メソポタミアの原始宗教以来、ギリシア神話に至るまで最も長く語り継がれてきた神であり怪物なのだ。
　その地位こそ、新しい神の登場によって貶められていったものの、人々の間に長く伝わる伝承は、ヒュドラに英雄や神をも苦しめる力を与えた。ヒュドラはオリュンポスの物語にまさしく原初の生命力を添える、ギリシア神話における真のドラゴンなのである。

第1章　ドラゴンスレイヤー

生贄を求める海神の使い　　　　　　　　　　　Sea Monster

ペルセウスと海の怪物

> ギリシア神話でもっとも有名な英雄ペルセウスのアンドロメダ救出。この戦いは古代はことより、ルネッサンスの絵画などでも、芸術家たちに好んで扱われる題材である。この物語は怪物退治を語る伝説の典型となり、またこの海の怪物は、いつの世も人々を恐れさせる、荒々しい海の力を象徴する存在として代表的なものであるとされている。

時代	古代ギリシア
地域	エーゲ海
出展	ギリシア神話
形状	猪のような頭の海獣

　ギリシア神話で最も有名な怪物退治といえば、間違いなく英雄ペルセウスと海の怪物の戦いが、その一つとして挙げられよう。これは古代ギリシアにおいてもポピュラーな題材で、様々な陶器の図案として用いられていた。ルネッサンスの絵画にも、岩に繋がれたアンドロメダを襲うドラゴンとして、この怪物を描いた作品が残されている。

　だが伝説はこの海の怪物がドラゴンであったとは明確には語っていない。それどころか、この怪物には名前もない。それがどう猛で巨大な海の生き物で、ある伝説は鮫、あるいは鯨や鯱（しゃち）のようなものだったと記しているだけだ。また、当時の陶器には猪のような頭を持った姿が描かれている。その身体にはフジツボや貝殻がびっしりとこびり付き、尻尾は魚のようであったという記述もある。こうした伝説に共通しているのは、この怪物が想像を絶する程大きく、凶暴で、美しい乙女を食うという点である。この怪物が、英雄が倒さねばならない試練の対象であり、人々を困らせる悪の象徴であるという事を表している。

　さらにペルセウスによる退治の方法が蛇の退治方法に似ている事から、この怪物をドラゴンあるいは水蛇の仲間と見なしても差し支えないであろう。

美女アンドロメダ

　ペルセウスは神ゼウスがアルゴスの王女ダナエに生ませた子である。アルゴス王アクリシオスはダナエの子が王位を脅かすという神託に震え、母子とも殺そうと彼らを箱に詰め、海に投げ込んだが、二人はセリポス島の王ポリュデクテスに拾われた。王は美しいダナエを妻とし、ペルセウスを我が子のように大事に育てたのである。

　そしてある日、王はペルセウスに、一人前の男となるために何か大業を成し遂げよと

ペルセウスと海の怪物

冒険の旅を勧めた。ペルセウスはこの申し出に従いゴルゴ三姉妹の末妹メドゥサを退治し、揚々と帰途に着こうとしていた。

　その帰り道の事である。彼がエチオピアの近くを通り過ぎようとしていた時、美しい彫像が海辺の岩に彫られているのを見付けた。だが、そのあまりの美しさに近づいてみると、それは彫像ではなく一人の美しい娘だったのである。彼女は薄もの一枚だけで大岩に鎖でつながれていたのだ。

　ペルセウスはこの少女に尋ねた。なぜそなたはこのようなくびきに囚（とら）われているのかと。少女は始めは黙っていたが、しばらくしてこの立派な青年が、自分が口では言えないような罪を犯したのではないかと誤解するかもしれないと考え、ようやくそのいきさつを話した。

　彼女の名はアンドロメダといった。彼女の母親であるエチオピアの王妃カシオペイアが、己が海神ネレウスの娘である海の精ネレイデスよりも美しいと自慢した事に、海の神であるポセイドンが怒りをあらわにしたのだ。

　海神はこの地に海の怪物を送り込み、岸辺を荒らし人々をむさぼり食わせた。そしてカシオペイアに、自分の娘アンドロメダを怪物に捧げれば、国を救ってやろうといったのである。

　こうしてアンドロメダは自らの過ちではない罪によって、怪物の餌食となる運命が定められたのだった。この話を聞くとペルセウスは、悲しみに暮れるアンドロメダの家族に、もし彼女を自分の妻に出来るなら、その怪物を退治して見せましょうと申し出た。だれも刃向かう事の出来ない海の怪物に立ち向かうという勇者の申し出を断る事など出来ようもない。娘の父は、この得体の知れない若者に娘を与えるという条件に躊躇（ちゅうちょ）はしたが、娘かわいさに彼の力を借りる事を決意した。

海辺の死闘

　するとその時である。沖合に一筋の白い波が現れたかと思うと、船が近づいてくるかのような航跡が娘の繋がれた岩へと迫ってきた。見ると、それこそ巨大で恐ろしい海の怪物が、生贄をむさぼり食おうとやってくる姿だったのである。ペルセウスはそのあまりの大きさとどう猛さに驚いたが、メドゥサを倒すためにヘルメス神から授かった翼の生えた靴で大空へと舞い上がると、勇敢に怪物に近づいていった。

　彼の作戦は、空を舞う鷲が蛇を捕らえる方法と同じだった。気付かれないように怪物の上空に迫り、牙の生えた大口がとどかない背後から攻撃しようというのである。この計画は功を奏し、怪物は空を飛ぶペルセウスの影が水面に映るのを見て、その影

に猛然と襲いかかったのだ。

　ペルセウスはここぞとばかりに、鉤のように曲がったハルペーという剣を、怪物の鱗の生えた背中に突き立てた。思いも寄らない奇襲にさすがの怪物も悲鳴をあげ、刺さった剣を抜こうともがき苦しんだ。さながら鮫や猪のごとくのたうつ怪物に、ペルセウスは二度、三度と剣を刺し、満身創痍となった怪物は口から黒い血を吐きながら、小さな敵を引き裂こうと暴れに暴れた。しかしそのうちに、荒れ狂う海のしぶきによって、ペルセウスの靴に付いた翼がぬれてしまった。翼がぬれては飛ぶ事が出来ない。優位に戦いを進めていたペルセウスだが、しかたなく海上に突き出た岩の上に降り、左手でこれを掴んで身体を支え、片腕で戦いを続けざるを得なくなった。彼はアンドロメダを救うために彼女の鎖を切り、最後の決着をつけるべく、怪物に手招きをした。この戦いを、人々は岸辺から固唾を呑んで見守っていた。

　いまや形勢は逆転するかに見えた。それまで縦横無尽に飛び回っていたペルセウスは岩に釘付けとなり、今度は怪物がどう彼を料理するか思案する番だった。しかし、それまでに与えていた傷のおかげで怪物はゆっくりと消耗していき、一方ペルセウスは、自由の身となったアンドロメダが投げてよこす石を武器に、迫り来る怪物を彼方から攻撃した。

　そして、ついに彼が、最後の一撃を加えようと近づいてきた怪物の頭に再びハルペーでとどめを刺すと、ようやく怪物は海の中へと消えていったのである。ペルセウスは身も知らぬ美しい娘のために、海神が送り込んだ恐ろしい海の怪物を相手に、辛くも勝利を手にしたのである。

海神の贈り物

　こうしてペルセウスは、美しいエチオピアの王女アンドロメダを妻とし、メドゥサの首と共に故郷へ連れ帰る事になった。だが冒険はこれで終わりではない。彼は戦いの後、もともと彼女の婚約者であったエチオピア王の弟ピネウスと戦い、巨人アトラスを石に変え、彼を疎んじた祖父のアルゴス王を図らずも殺害する事になる。

　だが、あまたの英雄とは違い、彼は祖父の跡を継ぎその余生をアルゴスの王として安泰に暮らした。美しい妻アンドロメダと共に。メドゥサの首は彼に勝利をもたらしたが、海の怪物との戦いは彼に愛をもたらした。それはもしかしたら、海神ポセイドンの、勇者に対する厳しい試練とひきかえの贈り物だったのかもしれない。そしてそれは、勇気と誠実なくしては、愛は得られないという海神の教訓だったのかもしれない。

第1章　ドラゴンスレイヤー

大地が生んだ悪しき力　　　　　　　　　　Python

ピュトン

> ギリシア神話において、竜という怪物はその初期には大きな蛇として描かれていた。これは現実に存在する蛇が、その不気味な姿で人々を恐れさせ、人々はこの動物に悪、恐怖といった意味を与えていたからである。太陽神アポロンに退治されるこの大蛇ピュトンは、世の中の悪を代表する巨大な蛇として、世界における暴力の誕生を物語っているのである。

時代：古代ギリシア
地域：エーゲ海
出展：ギリシア神話
形状：大蛇

　ピュトンとは英語のパイソン、つまりニシキヘビの語源となったギリシア神話の大蛇である。この怪物の敵は、ギリシア神話に登場する他のモンスターたちとは異なり、英雄ではなく神だった。ピュトンは英雄伝説が始まる以前の、神々の時代に登場する悪と暴力の象徴であった。自然の猛威を意味するテュポン（P110）のように、人々の間に生まれる悪しき力だったのである。この大蛇は恐ろしく大きかったが、その姿形は神話では描写されていない。だが、人々がこの怪物を恐れたという事、そして描写をされなくともその恐怖が物語を聞いたものに理解出来た事から、おそらくピュトンは大地を這う巨大な蛇そのものだったのであろう。

　ギリシア神話では、神に敵対する巨人たちを懲らしめるため、神々が大地を覆い尽くす大洪水を起こしたとされている。そしてその後、神は人類の祖先となるデウカリオンとピュラという男と女を作った。その他の生き物は、太陽によって暖められた、洪水が引いた後の泥のような大地から生まれてきた。そしてその時大地の女神ガイアは、図らずも大蛇ピュトンをも作りだしてしまったのだ。そしてその巨大な身体は大地に大きく広がり、人々を恐れさせた。

　つまり大蛇ピュトンは、人々を恐怖に陥れる力、つまり争いの誕生を表しているのだ。

アポロンの大蛇退治

　弓の名手として知られた太陽の神アポロンは、それまでその腕前を鹿や鳥を射る事にしか用いていなかった。つまりアポロンにとって、弓は狩りの道具だったのだ。

　ところがある時、大地から生まれ出た大蛇ピュトンが世界を覆う程の巨体で人間たちを押しのけ、人々を恐れさせていると聞くと、アポロンは人間たちのためにこの大蛇

ピュトン

を退治しようと決意した。

　彼はデルポイという地で暴れ回る大蛇を見つけると、さっそく自慢の弓を構え、ピュトンに向かって矢を放った。矢は大蛇の身体に次々と突き刺さり、傷口からは黒い毒の血液が流れ出した。しかし巨大なピュトンは息絶える事なく、痛みに苦しみ、より激しく暴れ出した。アポロンは諦めず、さらに矢を放った。矢筒がみるみるうちに空になっていく。そして数千本もの矢を使い尽くした後に、ようやく退治出来たのである。

　アポロンは再びピュトンが生き返る事のないよう、その身体の上に大きな岩を乗せた。ギリシア神話ではデルポイは世界の中心であると考えられており、その大岩は「へそ」という意味のオムパルスと呼ばれるようになった。

　この時を境にアポロンはデルポイの支配者となり、それまでこの地で人々に神託を与えていたテミスに代わって、人々を導く神となった。そしてアポロンに倒された大蛇ピュトンはこの世界の中心で眠り続けているのである。

　アポロンの神託は、泉の湧く洞窟でもたらされるという。そもそも神話における蛇は水と関連付けられて語られる事が多かった。大蛇が横たわるという伝説は、このデルポイにあるアポロンの泉と結び付けられているのかもしれない。

ピュティア競技会

　こうしてアポロンの弓は狩りだけでなく「敵を倒すための戦い」に用いられるようになった。弓は狩りの道具から戦のための武器となったのである。

　神話では、アポロンはこの勝利を記念して、八年おきに大蛇ピュトンの名を冠した「ピュティア競技会」と呼ばれるスポーツ大会を開催する事にしたという。そして、その勝者には月桂冠が贈られる事になった。月桂冠が勝利のシンボルとなったのはこのためである。この競技会は実際に開催され、それは現代のオリンピックの元となったオリンピア競技会の翌年にあたる年から開催されたという。

　アポロンは弓が戦いの道具、つまり兵器となった事を理解していたのだ。彼は人々に狩りの技術だけでなく、戦争をも教えてしまったのである。だからこそ彼はピュティア競技会を開催したのだ。敵と戦う力を戦争に用いず、ピュティアのような人々の絆を深める腕比べ、スポーツとして用いるために。

　いうなれば、新たにデルポイの支配者となったアポロンが最初に人々に下した神託こそ、人々に武器を与え、またその武器を、身内の争いのために使うなという教えだったのである。

地上に戦士を誕生させた蛇　　　　　　　　　Serpent of Kadmos

カドモスの大蛇

> ギリシア中部の都市国家テーバイの建国神話は、神の子カドモスの大蛇退治というエピソードで彩られている。軍神アレスの守護者で、暴力の象徴である大蛇は、英雄に倒されるとその牙から鎧と武器に身を固めた戦士たちを誕生させた。強力な軍事国家であるテーバイの人々は、竜の牙から生まれた戦士たちの子孫だったのである。

時代	古代ギリシア
地域	エーゲ海
出展	ギリシア神話
形状	大蛇

　カドモスの大蛇は、「カドモスの竜」または「アレスの大蛇」とも呼ばれ、ピュトン（P22）、テュポン（P110）などと並び、ギリシア神話における最も古い怪物の一つである。
　この蛇は軍神アレスの守護者であるといわれているが、その誕生や由来を語る伝説はない。だが、戦の神を守る存在であるという事と、物語の舞台がデルポイに程近いボイオティアであるという事から、この大蛇をアポロンに倒されたピュトンと同じものだとする説もある。
　それはとてつもなく大きな姿をしており、体内の毒液によって醜く膨れた身体は黒く硬い鱗で覆われていた。恐るべき真っ赤な口には鋭くとがった牙が三列に並び、三枚の舌をシュッシュッと突き出す様は、どんな勇敢な戦士をもおののかせる程だった。その大きさをギリシア人は、大熊座と小熊座をつなぐ程だったと形容している。そしてその二つの星座の間には今も、竜座としてこの大蛇が横たわっているのである。
　この怪物を倒したカドモスという英雄はギリシア中部の都市国家テーバイの創始者で、彼の竜退治の伝説は、テーバイ建国の物語でもある。後にギリシアの覇権を握る事になるテーバイを建国した英雄が軍神に使える大蛇を倒したという伝説は、おそらくテーバイの武力、そこに住む人々の勇敢さなどを示すものだったのであろう。

■勇者カドモスの旅立ち

　カドモスはフェニキアの生まれで、ゼウスにさらわれた美女エウロペの兄であった。彼の父アゲノルは海神ポセイドンの孫で、娘に甘く息子には厳しい性格を持っていた。
　アゲノルは愛する娘エウロペを連れ戻すようカドモスに命じた。そして、連れ戻す事が出来なければ、二度と故郷の土を踏む事を許さないと申し付けたのである。神に

第1章　ドラゴンスレイヤー

連れ去られたエウロペを見つけ出すなど、不可能に近い難事である。つまり、カドモスは父に勘当されたも同然だったのだ。

彼は近臣の者を連れ、当てもない探求の旅に出かけた。彼は長い間、エウロペを求めて世界のあらゆる所を探し回ったが、神の下にある彼女を見つける事は、やはり出来なかった。カドモスは試練を成就する事が不可能であると悟るしかなかった。

彼はもはや故郷へと帰る事は出来ない。新たな定住の地を見つけなければならない。そう考えたカドモスは、果たして新天地は何処にあるのかと、アポロンの神託を求め、デルポイの洞窟を訊ねた。

アポロンはカドモスに、これまでくびきを付けられた事のない、脇腹に白い印の付いた牝牛の後を追えという神託を与えた。そしてその土地を守る軍神の守護者と戦い、牛の国という名前を付けて治めるとよいと言ったのである。

そして、カドモスが神託を抱いて洞窟を出ると、野原にアポロンのいった牝牛が悠然と草を食んでいるのが見えた。カドモスはこここそ天明の地であると悟り、アポロンの導きに従いこの地をボイオティア（牛の国）と名付け、豊かな山や森を満足げに眺めると、天と地に感謝を捧げた。そして、ゼウスに生贄を捧げるため、配下の戦士に近くにある泉の水をくんでくるよう命じた。

ところが、いつまで待っても彼らが帰ってこない。心配したカドモスが彼らを捜すと、深い森の中に大きな岩で出来た洞窟があり、そこにこんこんとわき出る泉を見つけた。しかし、なんとそこには、無惨に殺されている部下たちがいた。

彼らを殺したのはこの泉のわく洞窟に棲む大蛇だった。部下たちは、ある者はこの大蛇に絞め殺され、ある者はかみ砕かれ、そしてまたある者は蛇の黒い毒液に冒され、命を失っていた。カドモスは彼らを殺した大蛇こそ、アポロンの言ったアレスの守護神であると悟り、怒りに燃えた。彼は叫んだ「おお、我が忠実な僕たち。我は必ず、そなたたちの仇を討つか、さもなくばそなたたちの後を追うであろう」と。

だが、死んだ部下たちは持っていた手桶を振り落とし、驚愕と恐怖にその目は見開いていた。カドモスを待ち受けるのが強敵である事は明らかだった。

カドモスは獅子の毛皮をかぶり、鉄製の槍を握りしめ、大蛇に立ち向かおうとした。するとどこからかシュッシュッという不吉な鳴き声をあげて、アレスの大蛇がその巨体を現したのである。その身体は大きくしなり、もたげた鎌首は天をも突く程であった。

彼はまず大きな岩を担ぎあげ、大蛇めがけて投げ付けた。その岩は城壁であれば崩してしまう程の勢いがあったが、大蛇にはかすり傷一つ与えられなかった。硬い鱗が大岩を跳ね返してしまったのである。続いて投げ槍を大蛇の背中めがけて放った。今度は鉄製の矛先が鱗を突き破り、大蛇の背骨に突き刺さった。しかし蛇は怯（ひる）む事

カドモスの大蛇

なく大きな頭をもたげると、槍の柄をくわえ、これを揺さぶって折り取ってしまった。だが、槍の矛先が大蛇の体内に残り、蛇は痛みに苦しみもだえた。そして仕返しをしようとカドモスに再び襲いかかってきたのである。

勇者は必死で蛇の攻撃を防ぎつつ、身体のあらゆるところに槍を突き刺した。それでも大蛇は倒れない。傷口からは毒の血が噴水のようにほとばしって黒い川となり、振り回される尻尾は木々をなぎ倒し、鋭い牙はカドモスの毛皮に突き立てられた。

だが、ついにカドモスの槍がその喉元をとらえた。さすがの大蛇もこれにはたまらず、大きく黄色い目を見開いた。カドモスはすかさず突き刺した槍に力を込め、怪物を串刺しにするべくその身体を大木の幹に叩き付けた。

槍は大蛇ののどを割き、首の後ろを貫いて大木に突き刺さった。勢いよく大蛇が激突したため、大木の太い幹は大きくひん曲がってしまった。大蛇は真っ黒な血で汚れた大きな口を開けたまま、ついに息絶えたのである。

竜の牙戦士の誕生

ようやく大蛇を退治したカドモスはしかし、激しい戦いの疲れと、共に新天地を目指した部下を失った事で、意気消沈していた。そこへ現れたのが、勇者の導き手として知られる知恵と戦いの女神アテナだった。

彼女はカドモスに、いま倒したアレスの大蛇からその牙を抜き、大地を耕してそこへ蒔くようにと命じた。カドモスがこの教えに従い竜の牙を地面に蒔くと、そこから美しい羽根飾りを付けたカブトが姿を現した。そして、続いて鎧と武器を持った戦士たちが次々とわき出してきたのだ。

カドモスはいきなりたくさんの武器を持った戦士が姿を見せたので驚き、新たな戦いを覚悟した。だが、戦士の一人は彼に向かって「我々の戦いに手を出すでない」とくぎを刺すと、互いに殺し合いを始めたのである。

竜の牙から生まれた戦士たちはある者を倒せば、別の者に倒され、あっという間に五人にまで減ってしまった。ようやくその中の一人、エキオンという戦士がアテナの戦いをやめなさいという言葉に耳を傾け、他の四人に和睦を乞うた。そして傍らで戦いを見つめていたカドモスに、ここへきた訳を聞いた。カドモスは彼らに、アポロン神がこの地に新たな都市を建てよと命じた事を話した。牙戦士たちは、それでは我々がその手伝いをしようと申し出ると、竜を殺した土地に、新しい都市国家テーバイを築いたのである。この竜の牙から生まれた戦士たちは、「蒔かれた者」という意味のスパルトイと呼ばれた。この五人のスパルトイはそれぞれエキオン（蛇男）、ウダイロス（大地の

男)、クトニオス(土の男)、ペロル(巨人)、ヒュペレノル(超人)という名であった。

　守護者である大蛇をカドモスに殺された軍神アレスだったが、これは彼の思惑通りだったのだ。この時まで、世界には戦士が存在しなかった。大蛇を倒したカドモスも、身体には毛皮しか身に着けておらず、勇者ではあったが兵士ではなかった。牙から生まれたスパルトイたちこそ、世界で初めての戦士だったのである。軍神アレスはテーバイに戦士を送り込み、大地に戦いをもたらす事に成功したのであった。

　この大蛇と同一視されるピュトンが、アポロンに狩りだけでなく戦いを教えたように、アレスの大蛇は人間たちに戦士として戦う事を教えたのであった。これは大蛇あるいは竜がギリシア神話において、暴力や人々の間に巣くう悪しき心、戦争といったものを象徴している事を表しているのである。

カドモスの末路

　さて、大蛇を倒し、テーバイの都を築いたカドモスは、ハルモニアという女性を妻とし、数多くの子供をもうけた。しかし、彼の一生はけっして安泰としたものではなかった。娘たちは神の電撃に撃たれたり、発狂して息子を引き裂いてしまったり、息子と共に海に身を投げたり、死んだ子供の遺骨を毎日拾う運命を授けられた。生き残った子供たちの子孫も、その多くが恐ろしい運命に見舞われた。

　このようなテーバイの波乱の歴史を眺め続けたカドモスは、もしかしたら自分が神の蛇を殺したために、大地に不幸が訪れたのかも知れないと思い始めた。そしてこれを償うためにテーバイの町を捨て、自らの身体を蛇に変えてくれと神に願い出た。

　カドモスと妻ハルモニアは長い放浪の末、イリュリア(現在のバルカン半島西部)というところへやってきた。カドモスは「私はここで蛇になる。そして神々と人々に償うのだ」と言って、草の上に身を横たえた。

　するとその時、カドモスの身体に変化が生じてきた。彼の皮膚は硬くなり、鱗が生えてきた。足は消え、尻尾が現れた。彼は最後に残った手で妻の手を取ると、「愛する妻よ、私がまだ人であるうちに、私の手を握りしめてくれ」と願った。だが、これをいい終わらないうちに、舌は二つに裂け、言葉はシュッシュッという蛇の声に変わってしまった。ハルモニアは蛇となった夫を抱き、自らも蛇になりたいと天に願った。すると彼女の姿も蛇に変わった。二匹の蛇は、寄り添いながら森の奥へと姿を消した。

　こうして彼らは現代のニシキヘビの先祖となったのである。彼らの子孫、我々が目にする大蛇たちは、人間を襲わず、毒も持っていない。この動物たちは今も、カドモスの子孫である事を覚えており、神と人間に対して彼の罪を償い続けているのである。

第1章　ドラゴンスレイヤー

宝を守るドラゴンの原型　　　　　　　　　Fefnir

ファヴニル

近代におけるファンタジー小説やゲームにおける「宝を守るドラゴン」の原型が『ヴォルスンガ・サガ』に登場するこのファヴニルである。このサガにおけるドラゴンは、実際には「ドラゴンの習性として宝を守る」わけではなく「宝に執着するあまりに怪物になった」という解釈で書かれているのだが、その強い存在感によって、それ以後のドラゴンのイメージの基盤となった。

時代：13世紀半ば
地域：アイスランド
出典：ヴォルスンガ・サガ
形状：大蛇、
　　　または大トカゲ

ドラゴンと大蛇

　現代において北欧神話を語るにあたって最も重要な資料の一つとされる『詩のエッダ(古エッダ)』の「巫女の予言」39節と最後の66節、及び「グリームニルの歌」35節に邪悪なドラゴン、ニドヘグの名前が記されている。その名前を「怒りに燃えてうずくまる者」「死体を裂く者」などと解釈されるこのニドヘグは、北欧神話に登場するドラゴンを代表する一体といっていい。

　ニドヘグは翼のあるドラゴンであり、その事は「巫女の予言」の最終節にも記されている。この最終の66節を原語で読むと、古代北欧の人々が考えていた「ドラゴン」というもののイメージを漠然とだが理解する事が出来る。ニドヘグは同じ節の中で「ナズ」と「ドレキ」という二つの言葉で説明されている。ナズは「毒蛇」や「マムシ」程度の意味であり、これは古代北欧においてドラゴンと大蛇はさして異なった存在ではなかった事を意味する。ニドヘグは巨大な有翼の大蛇であり、現代の我々が想像する典型的なドラゴンの形態を備えているが、「巫女の予言」が成立した西暦1000年ごろの北欧においては異国から伝えられたばかりの、まだ馴染みの薄い姿だったとも考えられる。

　「巫女の予言」の66節においては、この有翼の大蛇を「ドレキ」という異国起源の言葉で呼んでいるが、これは伝承においてただ単に巨大な蛇とされていたドラゴンが、独自の新しい形態を持つ種に変化しつつある過程を示しているのかもしれない。しかし、神話を代表するドラゴンであるニドヘグと並んで有名な、北欧のサガを代表するドラゴンであるファヴニルは、現代のファンタジーにおけるドラゴンの原型でありながらも、まだ大蛇の雰囲気を強く残している。

北欧のドラゴンとドイツのドラゴン

　本書にはドラゴンを退治した英雄たちが幾人も記されているが、北欧のサガに登場する英雄シグルドもドラゴン殺しの男たちの中で最も有名な一人である。シグルドの伝説についての起源や、その伝承の系譜は非常に混みいっているが、意外な事にその伝説の発祥は北欧そのものではなく、現在では大陸のゲルマン民族に由来するという見方が一般的になっている。シグルドの出自とその生涯、そして死を克明に描く『ヴォルスンガ・サガ』は13世紀半ばに成立したと考えられているが、それよりやや早い1200年ごろのオーストリアでは伝承の根源を同じくする英雄叙事詩『ニーベルンゲンの歌』がまとめられている。

　『ヴォルスンガ・サガ』のシグルドと『ニーベルンゲンの歌』のジーフリト（ジークフリート）は北のスカンディナヴィアと南のドイツに分派した同根の諸伝承の中からそれぞれ生まれた分身といえる存在であり、二人ともがドラゴンを退治した英雄である。『ニーベルンゲンの歌』においてジーフリトのドラゴン退治は、第100歌章でブルゴント国の重臣ハゲネによって、過去の物語として語られる。この歌章はジーフリトの不死身の肉体を説明するために語られていて、ドラゴン退治そのものは情景として描写されてはいない。ジーフリトがドラゴンをも滅ぼす人間離れした戦士であり、それに加えて倒したドラゴンの血を浴びる事によって肌が角質化したため、攻めにおいてのみならず守りにおいても無敵となった事を説明するにとどまっている。

　ジーフリトと同様に、四〜五世紀の民族大移動期の残響をその伝説の根源とする、大陸のゲルマン民族の英雄王ディートリヒ・フォン・ベルンの物語にもドラゴンは数多く登場するが、個性として描写されているドラゴンはほとんどおらず、言葉を話す事もなく、単に凶暴な野生の動物のように扱われている。

　大陸のゲルマン民族の伝承においては、ジーフリトの物語でも、ディートリヒ・フォン・ベルンの物語でも、ドラゴンは浸す事によって肉体や武器を強化するその血の効果が重要視される事が多く、ドラゴン自体の個性が注目される事はあまりない。

　しかし、根源を同じくする伝承が北欧圏の人々によって解釈されると、ドラゴンのイメージは全く変わってくる。『ヴォルスンガ・サガ』の英雄シグルドが倒すファヴニルは、ドイツの英雄詩編に登場するどのようなドラゴンよりも巨大な身体を持ち、言葉と知恵と魔力を備えた、まさに怪物のようなドラゴンである。

第1章　ドラゴンスレイヤー

ヴォルスング家

　『ヴォルスンガ・サガ』は13世紀の半ばごろに、現在では名前の伝えられていない作者（編者）によって成立した物語である。これは北欧の神話や英雄伝説を現代に伝える『詩のエッダ』や『散文のエッダ（新エッダ）』と同様に、作者が生きていた時代の伝説や文献をまとめて物語としたものなので、どの部分が他の資料から引用されたものであり、また、どの部分が作者によって独自に付加されたものなのかを確定する事は難しい。もちろん、作者が基盤とした伝本のほとんども現在では失われてしまっていると考えていいだろう。英雄シグルドの物語自体は1000年ごろには北欧圏に伝えられており、断片的な物語は幾つか存在するが、本書では一つの物語としてまとめられている『ヴォルスンガ・サガ』を主な資料としてこのドラゴン退治の物語を解説していく。

　『ヴォルスンガ・サガ』とは文字通り「ヴォルスング家の物語」という意味であり、オーディン神の息子シギから始まる一族の戦いを描く。老いたシギは妻の兄弟たちに討たれるが、生き残った息子のレルリは父を殺した者たちをことごとく討ち果たす。

　その復讐を果たした後、レルリとその妻には子供がなかなか生まれなかったが、後継者の誕生を望む彼らの祈りを神々の王妃フリッグが聞きとどける。オーディンは巨人フリームニルの娘にして戦乙女ヴァルキュリアのフリョーズに神の世界のリンゴを持たせてレルリの許へと遣わし、そのリンゴを食べたレルリの妻は身ごもる。

　子供は長く母親の胎内に留まり、国外に遠征したレルリが疲労して病死した時もまだ生まれていなかった。レルリの妻も長い身重の日々に疲れ果て、自分に死期が近づいている事を知る。遂にレルリの妻は自分の身体を切って子供をとり出すように周囲の者たちに頼んだ。こうして、母親の命を犠牲にして生まれてきたレルリの息子はヴォルスングと名付けられた。この勇猛な家系の歴史は、実質的にはこのヴォルスングから始まるのである。

　父の跡を継いでフーナランドという土地の王となったヴォルスングは、母にリンゴをとどけたヴァルキュリアのフリョーズを妻とする。これによってこの一族にはオーディン神だけではなく、巨人族の血も入った事になる。ヴォルスングとフリョーズの間には10人の息子と一人の娘が生まれたが、最初に生まれた男女の双子であるシグムンドとシグニューは優秀な子供たちの中でも特に強く、美しく、すべての点で弟たちを陵駕(りょうが)していた。

一族の名剣

　シグニューはガウトランドの王シッゲイルに求婚され、この王を嫌ったシグニューも父ヴォルスングの望みによって不本意ながらシッゲイルと婚約する事になった。

　結婚の祝宴の最中、旅の老人に変装したオーディンがヴォルスングの館を訪れ、広間の柱になっている樫の木に深々と、手にした剣を突き刺した。「これは最高の剣であり、抜く事の出来た者への贈り物である」というオーディンの言葉に従い、祝宴に列席していた戦士たちは剣を柱から引き抜こうとするが、だれ一人として成功しなかった。

　最後に剣を樫の木から抜く事が出来たのはヴォルスングの長子シグムンドだった。シッゲイルはあまりにも見事なその剣を買い取るために、剣の重さの三倍の黄金を提供しようとシグムンドにもちかけるが、シグムンドは取り引きを拒否した。愚弄されたと感じたシッゲイルは、この時からヴォルスングの一族に敵意と悪意を抱くようになる。

　婚礼の三ヵ月後、シッゲイルは自分の土地であるガウトランドにヴォルスングの一族を招待する。しかし、それは罠であり、ガウトランドに到着したヴォルスング家の男たちは辛くも生き残ったシグムンド以外は全員殺されてしまった。夫であるシッゲイルを憎んだシグニューは魔法で姿を変え、そうとは知らない兄シグムンドとの間に純粋なヴォルスング家の血を持つ息子であるシンフィヨトリをもうける。シンフィヨトリはシッゲイルの目から隠され、復讐のための戦士として成長した。一度目の仇討ちは失敗に終わり、父シグムンドと共に石の塚の中に閉じ込められたが、シグニューが差し入れたあのシグムンドの名剣によって塚を切り裂いて脱出し、シッゲイルの一族を討滅した。

　シンフィヨトリを伴って国に帰ったシグムンドは、妻ボルグヒルドとの間にヘルギとハームンドという二人の息子をもうけた。このヘルギはヴァルキュリアのシグルーンとの恋物語で有名な、あの「フンディング殺しのヘルギ」である。ヘルギは遠征において数々の有力な敵を倒し、比類のない王となったが、その戦いには常にシンフィヨトリも同行していた。シンフィヨトリ自身も戦士として名高い人物となったが、彼の台頭を嫌う継母のボルグヒルドの手によって毒の酒を飲まされ、物語から姿を消す事になる。シンフィヨトリの亡骸はオーディンによって小舟に乗せられ、運び去られた。

シグルドの誕生

　シンフィヨトリを失って激しく悲しんだシグムンドは、王妃であるボルグヒルドを追放し、新しい妻として「あらゆる女の中で一番美しく賢い」といわれるエュリミ王の王女ヒョルディースに求婚する。ヒョルディースはシグムンドだけでなく、彼の息子ヘルギによって倒

第1章　ドラゴンスレイヤー

されたフンディング王の息子であるリュングヴィ王からも求婚されていた。ヒョルディースはシグムンドを選ぶが、この屈辱に加え、ヴォルスング家に積年の恨みを抱いていたリュングヴィは兄弟と共に軍勢を集め、シグムンドの国であるフーナランドに兵を進めた。

リュングヴィは不意討ちは仕掛けず、堂々とシグムンドに挑戦した。シグムンドはヒョルディースを逃がし、リュングヴィとの戦いに赴いた。シグムンドの手にはあの無敵の名剣が握られており、戦はヴォルスング側が優勢だった。しかし、人間の男に変装したオーディンが突然戦に介入し、その正体に気付かないまま男に斬り付けたシグムンドの名剣は、男の手にしていた槍(神槍グングニル)に当たって折れてしまった。戦の流れはこれによって逆転し、リュングヴィの軍勢はヴォルスングの一族を壊滅させた。

戦いで深い傷を負ったシグムンドは、自分がオーディンの掌の上で戦っていた事に気付き、治療を拒んで死の時を待った。王妃であるヒョルディースが男児を身ごもっている事を知っていたシグムンドは、ヴォルスング家の最後の一人である息子のために折れた名剣の破片をとっておくように遺言し、その破片からやがて新しい名剣が鍛えられグラム(憤怒、立腹する者程度の意味)と呼ばれるようになる事を予言する。

リングヴィ王の目から逃れたヒョルディースは、デンマーク王ヒャールプレクの息子であるアールヴ王に助けられる。ヒョルディースが生んだ息子はヒャールプレク王の許でシグルドと名付けられ、ヴォルスング家の男たちの中でも最高の勇者として成長した。

ドラゴンの黄金

シグルドはレギンという養父の手で育てられた。レギンはシグルドに王子として体得するべき諸芸やルーン文字の刻み方、また数多くの言語を教えた。レギンは知識豊富な男であり、また優秀な腕の鍛冶師でもあったが、その心は健やかではなくシグルドの事も愛してはいなかった。

この鍛冶師レギンがシグルドに自らの過去を語る『ヴォルスンガ・サガ』の第14章とほぼ同様の物語が『散文のエッダ』にも記されている。『ヴォルスンガ・サガ』において英雄物語ではなく神話的な雰囲気が見られるのはこの第14章だけであり、この部分はこのサガの原型が大陸系ゲルマン民族から北欧へと伝えられた時に、北欧独自の神話がこの部分に挿入されたものだという説もある。

レギンは自らの財産を持たないシグルドに、グニタヘイズという土地で莫大な黄金の番をしているファヴニルというドラゴンの事を教える。

かつて、神々の王である主神オーディンと、その友である二人の神、すなわち足長のヘーニルといたずら者の神ロキが旅をした時、ロキが過失から一人の男を殺してし

ファヴニル

まった事があった。

　カワウソに化けて魚を漁っていたその男は、土地の有力者フレイドマルの二番目の息子オッタルだった。ファヴニルはドラゴンの姿になる以前はフレイドマルの長男であり、シグルドの養父レギンは三番目の末息子だった。

　神々に息子オッタルを殺されたフレイドマルは賠償を要求し、ロキは身代金を用意するために滝に住むドヴェルグ（ドワーフ）のアンドヴァリの財産を奪った。アンドヴァリが貯めこんでいた黄金の他に、ロキはアンドヴァリに残された最後の宝物である黄金を生み出す腕輪アンドヴァラナウトをも容赦なく奪ってしまったため、ドヴェルグは奪われた黄金に所有者の死をもたらす呪いをかけた。神々はその黄金を賠償としてフレイドマルに支払ったが、フレイドマルの長男であるファヴニルは父を殺して黄金を奪い、兄弟であるレギンを追放し、凶悪なドラゴンの姿になってグニタヘイズの荒野で黄金の上にとぐろを巻いてそれを守り、宝に近づく者はすべて殺した。

　黄金を独占した兄ファヴニルを恨み、また、黄金そのものにも激しい欲望を抱いているレギンは、シグルドならばこのドラゴンを殺す事が出来ると考え、挑発したりそそのかしたりしながらシグルドをドラゴン退治に向かわせようとする。

　ドラゴン退治に発つ条件としてシグルドはレギンに最高の剣を鍛える事を求めるが、レギンの鋳た剣はどれもシグルドの要求を満たすものではなかった。やむなくシグルドは母であるヒョルディースの許へ赴き、父シグムンドの遺品であるあの名剣の破片を持ちかえる。侮蔑的なシグルドの言葉に悪意を抱きながらレギンが名剣の破片から鍛えた新たな剣は、シグルドの望みのままの最高のひと振りとなり、予言どおりグラムと名付けられた。

ドラゴン退治

　シグルドはすぐにでもファヴニルを殺せと急かすレギンの言葉に耳を貸さず、まずは父の仇討ちに出発する。シグルドはヴォルスング家の最後の一人であると同時に、この勇猛な一族の中でも最強の戦士であり、加えて神が与えた剣の破片から鍛えられた最高の名剣グラムを手にしていた。そして、勇者を好む主神オーディンの寵愛もこの時はシグルドに向けられていた。シグルドは父であるシグムンドの仇であるリュングヴィ王を始め、その血縁であるフンディングの一族を残らず倒した。グラムの切れ味にはすさまじいものがあり、冑と鎧ごとリュングヴィ王の身体を断ち割り、リュングヴィ王の兄弟であるヒョルヴァルズを真っ二つに斬り裂いた。

　仇討ちを終えてデンマークに帰国したシグルドは、今度こそファヴニルを殺すために

ファヴニル

グニタヘイズの荒野へと出発する。レギンはシグルドに「ファヴニルはリュングオルム（荒野に棲む普通の蛇の事）よりもさして大きくはない」と話していたが、それはシグルドをドラゴン殺しに向かわせるための嘘であり、実際にはファヴニルは巨大な怪物だった。原典(サガ)にはその大きさは記されていないが、シグルドはファヴニルが通った跡を見た時に「とんでもなく大きい」と言っている。

　レギンはシグルドに、ファヴニルが喉の渇きを癒すために時おり塒(ねぐら)から出て水場に向かう事を教え、地面に掘った溝に隠れて下からドラゴンの心臓を狙う策を授けたが、ファヴニルの血に毒がある事は話さなかった。

　北欧の神話やサガに登場するドラゴンは、人々がまだドラゴンが火を吐く生き物だと想像する以前に物語に書きこまれたため、そのすべてが毒竜である。北欧のドラゴンは、古代の人々の毒蛇に対する恐怖心から生まれた存在だと考えてもいいかも知れない。ファヴニルもまた口から毒を吐くドラゴンであり、血にも毒があったが、レギンは最初からシグルドを黄金獲得の捨て石として利用するつもりであったためにその事を教えなかったのである。

　シグルドは自分が隠れるための溝を地面に掘ったが、彼を見守る主神オーディンは老人の姿でその場に現れ、ドラゴンの毒の血を流してやり過ごすために溝の数を増やすようにシグルドに勧めた。

　やがて、地響きをたてながらファヴニルが水場に姿を現した。ドラゴンが自分の隠れた溝の上にさしかかった時、シグルドは相手の左側の肩甲骨の下に、柄のところまで必殺の剣グラムを突き刺した。

　予想もしなかった致命的な一撃を被ったファヴニルは猛烈に暴れたが、やがて自らの最期を覚って静かになり、呆れる程に大胆な殺し手に名前を尋ねた。シグルドは、瀕死の者が呪いをかける力を得る事を知っていたので最初は名乗らなかったが、ファヴニルが名誉を試すような挑発的な尋ね方をしたために名前と出自を明かした。

　自分が守っていたアンドヴァリの黄金の呪いを実感したファヴニルは、それを手に入れる事になったシグルドに警告するが、シグルドはかつて母ヒョルディースの兄弟である予言者グリーピルから短命に終わる自分自身の運命を聞かされていたため、ドラゴンの言葉に動じる事はなかった。

　ファヴニルが死ぬと、隠れていたレギンが姿を見せてシグルドにドラゴンの心臓を食べさせてくれと頼んだ。そして、ファヴニルの死体から心臓を切りとって焼いていたシグルドが脂と血で指を火傷して口にくわえると、突然に鳥の言葉が分かるようになった。周囲でさえずるシジュウカラたちの話から、ドラゴンの心臓を食べればだれよりも賢くなる事、レギンがシグルドを殺す気でいる事、この先のヒンダルフィヤルという土地にさら

なる知恵を授ける乙女ブリュンヒルドが眠っている事などを知ったシグルドは、裏切られる前に先手を打って腹黒い養父レギンの首を刎(は)ねた。

　ファヴニルの塒から莫大な量の黄金と、ファヴニルの父フレイドマルの名剣フロッティ(英国古詩『ベーオウルフ』の主人公ベーオウルフが使う剣フルンティングと同一視される)、ファヴニルの兜(かぶと)エーギスヒャールム(「エーギルの兜」を意味する。フロッティと同じく、もともとはフレイドマルの所有物で「恐怖の兜」と呼ばれ、見る者の心に恐怖心を呼び起こすとされる)、そして、件(くだん)の腕輪アンドヴァラナウトなどを手に入れたシグルドは、栄光と悲劇が待つ残り少ない未来に向かって出発するのだった。

ファヴニル

　ファヴニルは、ファンタジー小説やゲームに登場する「宝を守るドラゴン」の原型であり、その名前は「抱擁する者」を意味する。しかし、800年、もしくはそれ以上に続く「宝を抱くドラゴン」のイメージの発端となったこのファヴニルがどのような姿のドラゴンであったかというと、実に『ヴォルスンガ・サガ』を読む限りでは、これがあまりはっきりしない。ファヴニルを指す言葉として、原文にはオルム(大蛇)という言葉とドレキ(ドラゴン)という言葉が併用して用いられており、しかも、大蛇とドラゴンがどのように違うのかという事は記されていないのである。

　冒頭で紹介した「巫女の予言」のニドヘグは北欧の神話では珍しい翼のあるドラゴンとして記されている。しかし、ニドヘグもまた「巫女の予言」の最終節である第66節の中では「ドレキ」であるだけでなく、「ナズ(毒蛇、マムシ)」という言葉で呼ばれている。このために、異国起源の言葉であるドレキが含まれる最終第66節は後代に挿入された節なのではないかという説すらもある。ニドヘグの名前は『詩のエッダ』の「グリームニルの歌」の第32節と第35節にも記されているが、その前後の節においてニドヘグの同類でありより下位の存在として紹介されるグラフヴィトニル、ゴーイン、モーイン、グラーバク、グラフヴェルズ、オヴニル、スヴァーヴニルは、すべて蛇の名前である。これによって、ニドヘグは伝承の中で翼を備え、ドラゴンに姿を変えつつある過程の大蛇(翼のある蛇)だと考える事も出来る。

　ファヴニルもまた、大蛇だと見てほぼ間違いないだろう。翼などもちろん生やしておらず、足すら備えていないかも知れない。これが14～15世紀になると、北欧圏においてもドレキは翼のある生き物と考えられるようになり、大蛇と区別されるようになる。そのころに書かれたと考えられる『雄鮭ケティルのサガ』という物語には、空を飛ぶドラゴンが登場しているのである。

第1章 ドラゴンスレイヤー

聖人によるドラゴン退治譚　　Dragon in "The Goldden Legend"
『黄金伝説』のドラゴン

> キリスト教ではドラゴンはサタンの化身と考えられ、悪魔と同様に神の敵として考えられてきた。毒や病気を撒き散らし、炎によってあらゆるものを焼き尽くす死と破壊の権化。それがキリスト教のドラゴンなのである。キリスト教の英雄である聖人の伝説をまとめた『黄金伝説』には、これらドラゴンと聖人たちのエピソードが数多く記されている。

時代：13世紀
地域：ヨーロッパ
出典：黄金伝説
形状：さまざま

■キリスト教の英雄によるドラゴン退治

　キリスト教の聖人伝説をまとめた『黄金伝説』には、聖人たちによるドラゴン退治の物語が数多く記されている。『黄金伝説』は知らなくとも、この一節にある聖ゲオルギウス（英語では聖ジョージ）のドラゴン退治の話を知っている人は少なくないだろう。この他にも『黄金伝説』の中には様々なドラゴンが登場している。

　『聖書』において悪魔と同一視されているドラゴンは、悪魔と並んで聖人たちに倒される運命にある。狡猾な悪魔と強大な力を持つドラゴン。どちらも聖人たちの力、つまり神の力を示す恰好の相手だったのであろう。

　「聖人」という言葉は、キリスト教に馴染みがないと聞き慣れない言葉かもしれない。聖人とは「神と人間との仲介者」であり、神への願いをとりなしてくれる存在の事である。日本ではあまり知られていないが、2月14日のバレンタインデーの元になった聖バレンタインの名前は聞いた事があるだろう。彼ら聖人の多くは、主にローマ帝国に弾圧されたキリスト教の殉教者たちである。キリスト教では聖人たちを崇めるのは普通の事であり、洗礼の際に付けられるクリスチャンネームも、彼らの名前に基づいている。

　なぜ聖人たちが根強く崇められるようになったのか。それは、彼らがキリスト教における英雄であるために他ならない。もともと、唯一神を信仰するキリスト教は神話や伝説に乏しい。神は全能の存在であり、絶対的な力を持つものは神以外におらず、力の現れは祈りと神による奇跡という形態を持つため、英雄という存在が成立しにくいためである。これは一神教の宿命ともいえるだろう。

　そこでクローズアップされたのが聖人である。彼らの生涯を脚色し、伝説へと昇華させ、神話化する事で生まれたキリスト教の英雄、それが聖人なのだ。

こうして生まれた聖人伝説は、その後千年という歳月をかけて、異教神話や民間伝承を吸収しながら次第に豊かなものとなっていった。この集大成が、13世紀半ばにジェノヴァ市の大司教ヤコブ・デ・ウォラギネによって記された『黄金伝説』である。

ここでは、聖ゲオルギウスによるドラゴン退治を始めとして、『黄金伝説』で描かれているドラゴンたちを紹介する事にしよう。

ドラゴンの毒

第56章「聖ゲオルギウス」には、リビアの町シレナの近くにある大きな湖に棲んでいるドラゴンが登場する。『黄金伝説』では、シレナのドラゴンの詳しい形状については一切書かれていないが、聖ゲオルギウスのドラゴン退治をテーマとした絵画にはワニのようなドラゴン、翼を持った四足のドラゴン、翼を持った二足のドラゴンなど、様々な形のドラゴンが描かれている。

このドラゴンと聖ゲオルギウスの話は、ドラゴンを退治しようとシレナの町の人々が総出で出かけた事から始まる。しかし、結局ドラゴンは倒せず、怒ったドラゴンが町の城壁までやって来て、毒気を持った息を吹きかけ、町に疫病を蔓延させてしまう。そこで人々は仕方なく、毎日二頭の羊を与えてドラゴンの怒りをなだめる事にした。しかし、だんだんと羊の数が減り、思うように調達出来なくなった。そこで、毎日人間一人と羊一頭をドラゴンに与える事に決まり、だれがドラゴンへの生贄となるかはクジで選ぶ事になった。こうして町の息子や娘たちがほとんど生贄となったころ、ついに王の一人娘にクジが当たった。

王はとても悲しみ、自分の金銀や国の半分を差し出してもよいから、娘を生贄にしないでくれと、町の人々に頼んだ。これを聞いた人々は怒り、王につめよった。自分たちの息子や娘たちはすでにドラゴンに生贄として差し出されていたためである。人々は王女を差し出さないのであれば、宮殿を焼き払い、王も焼き殺すとまで言ったのである。王は仕方なく、娘を生贄に差し出す事を決意した。

だが、王は町の住人たちから一週間の猶予をもらったにも関わらず、八日目になっても王女を生贄に差し出そうとはしなかった。これに怒った住民たちは王宮に押し掛けた。ついに観念した王は、王女をドラゴンの棲む湖へと向かわせたのである。

たまたまそこへ通りかかったのが、カッパドキア（小アジア内陸部）出身の騎士ゲオルギウスである。王女から一部始終を聞いた聖ゲオルギウスは、キリストの御名において、王女を助けると誓った。王女がこれを断ろうとしたその時、湖面を割るようにしてドラゴンが現れた。聖ゲオルギウスは馬に跨ると、神に加護を祈って十字を切り、長い

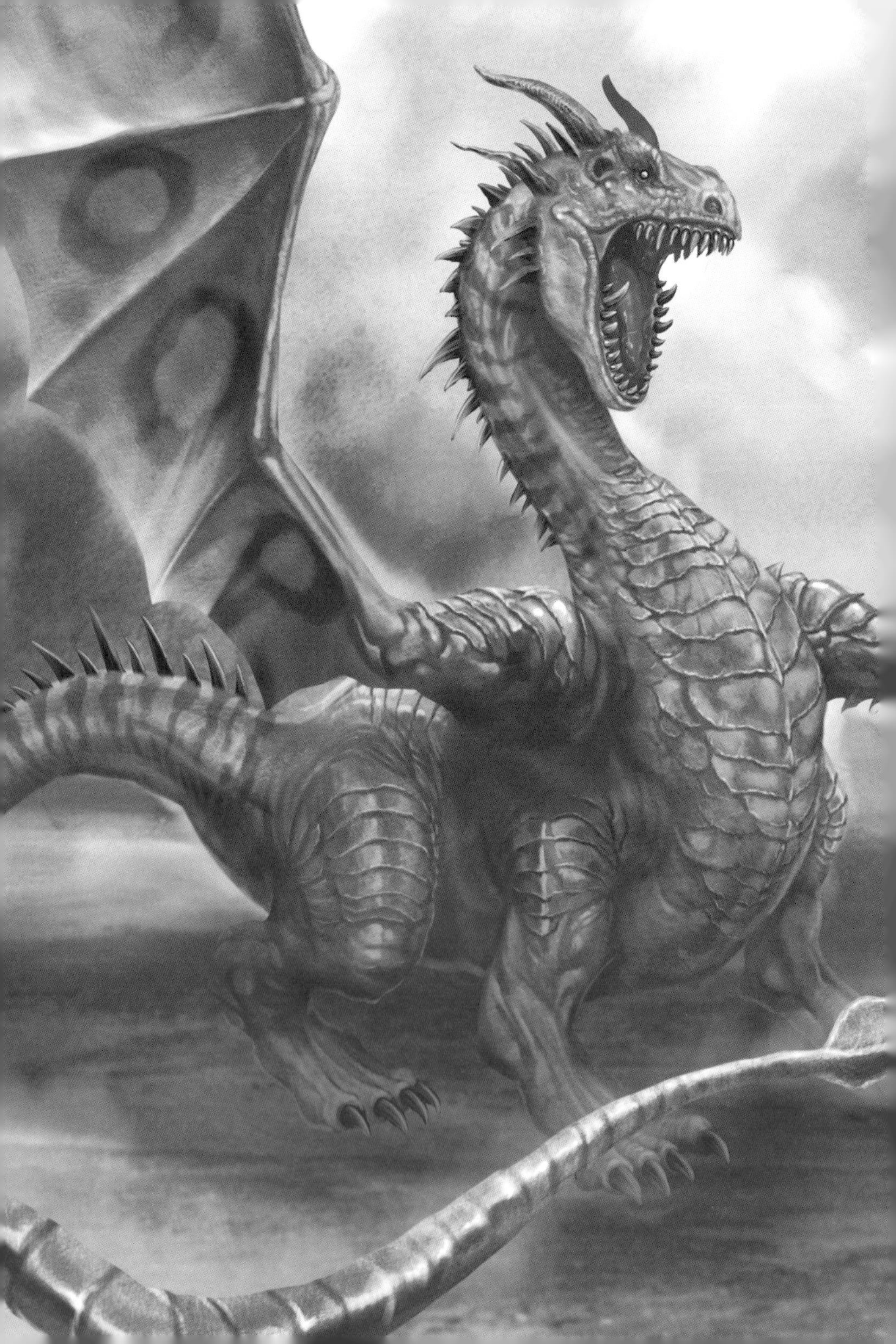

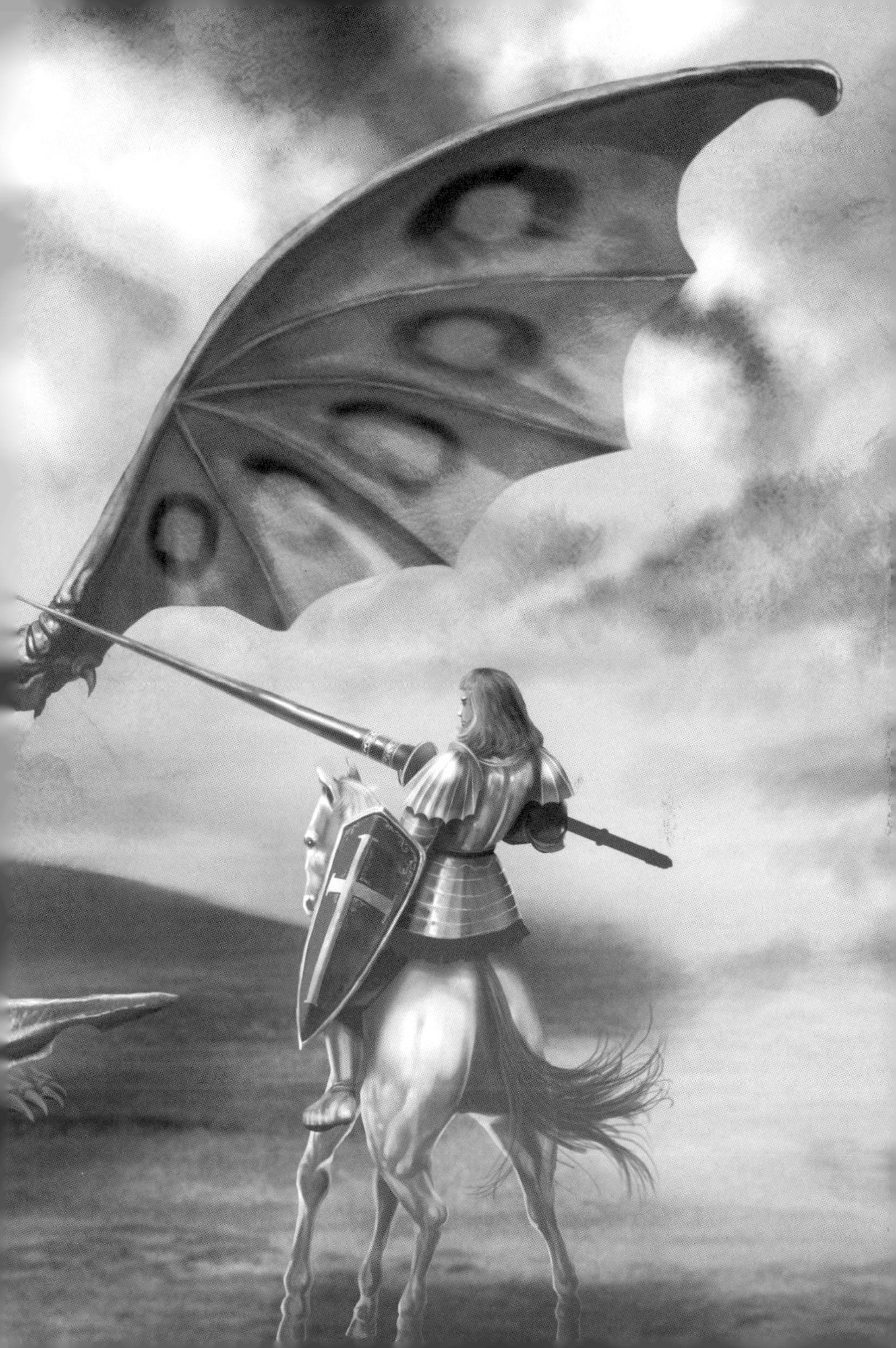

第1章　ドラゴンスレイヤー

槍をドラゴンに突き立てた。すると、ドラゴンはこの一撃で倒されてしまったのである。

そして、聖ゲオルギウスに言われた通り、王女が腰帯をほどいてドラゴンの首にかけるとドラゴンはおとなしくなった。そのまま、王女の後をついてシレナの町までついてきたドラゴンを見て、もうだれも助からないと思った住人たちは恐れ、嘆いた。

そこで聖ゲオルギウスが、キリストを信じて洗礼を受ければ、大丈夫だと人々に告げた。まっさきに王が洗礼を受け、町の住人たちもこれにならった。そして、聖ゲオルギウスの剣によって、ついにシレナのドラゴンは退治されたのである。

この聖ゲオルギウスのドラゴン退治の物語は五世紀ごろから見られ、それを元にして『黄金伝説』に書かれたと考えられる。そのためこの話には、多くのヴァリエーションが見られ、最初の一撃でドラゴンを退治してしまうもの、王女が髪の毛一本でドラゴンを引いてくるもの、助けた王女と結ばれシレナの王となったものなど様々である。それほど有名な話なのだ。

また、第12章「聖シルウェステル」にも、やはり毒竜が登場している。

キリスト教を信仰するようになったコンスタンティヌス皇帝の元を、異教の神々の祭官たちが訪れ、皇帝がキリスト教徒になって以来、洞窟に棲むドラゴンが毎日300人以上の人間をその毒気で殺していると申し出た。皇帝は聖シルウェステルに助言を求め、聖シルウェステルが神に祈ったところ、聖ペテロが現れこう言った。

「司祭を二人連れて、ドラゴンにこう言いなさい。『乙女より生まれ、十字架にかけられ、葬られ、復活され、そして神の右に座っておられる我が主イエス・キリストは、いつか生けるものをも死せるものをも裁くために来臨されるであろう。サタンであるお前は、この洞窟の中で裁きの日を待っておるがよい』と。そしてドラゴンの口をひもで縛り、聖なる十字架の印を彫った印章で封印しておきなさい」

聖シルウェステルは聖ペテロが言った通りに、司祭を二人連れてドラゴンの棲む洞窟に向かった。聖シルウェステルや司祭たちは、ドラゴンに毒の息を吹きかけられたがその毒に冒されることもなく、命じられた通りにドラゴンに告げ、その口を縛った。

彼らがドラゴンを封印し、洞窟から上がってくると、聖シルウェステルが本当にドラゴンの所へ行くかどうかを確認するために追ってきた二人の異教の神々の祭官が、ドラゴンの毒気によって、なかば死んだように倒れていた。聖シルウェステルは、この異教の祭官を無事、外に連れ出した。こうして、二人の祭官、そして彼らと共に多くのローマ人たちがキリストを信仰するようになった。

この他にも第109章「聖ドナトゥス」には、飲むとたちどころに死んでしまう程の猛毒を含んだ泉が登場し、この泉の中には一体のドラゴンが棲んでいた。また、第46章「聖グレゴリウス」には、川が氾濫した時、たくさんの蛇と共に一体の巨大なドラゴンの

死体が流れてきて、これらの死体が腐り、その悪臭によって大気が毒に冒されてペストが蔓延したと書かれている。

これらの話から、得体の知れない伝染病などは悪魔やドラゴンの仕業と考えられていた事が分かる。キリスト教のドラゴンが炎ではなく、主に毒の息を吐くのもこのためなのかも知れない。

ドラゴンの炎

『黄金伝説』には毒ではなく、炎を吐くドラゴンも書かれている。

第134章「使徒聖マタイ」には、ザロエスとアルパクサトという二人の魔術師が二体のドラゴンを連れて、聖マタイに挑むという話がある。このドラゴンは口や鼻から炎と燃える硫黄を吐きだして、次々と人々を殺したという。しかし、ドラゴンたちは聖マタイの姿を見た途端、その場で眠りこんでしまい、さらに聖マタイが立ち去るように命じると、おとなしく彼の言いつけに従ったという。

また、第94章「使徒聖大ヤコブ」にも炎を吐くドラゴンが登場する。ルパという女王の悪巧みにより、聖ヤコブの弟子たちが、彼の遺体を運んでいる時に、山の中で一体のドラゴンに出くわした。ドラゴンは炎を吐きながら、弟子たちに飛びかかってきたが、彼らが十字を切ると、ドラゴンの胴体がまっぷたつに裂けてしまったと書かれている。

第100章「聖女マルタ」には珍しく名前のあるドラゴンが登場する。それがタラスクスである。タラスクスは、炎の息を吐くのではなく、かけられた者が燃えあがる汚物をまき散らすという、一風変わったドラゴンであった。

タラスクスは、アルルとアヴィニョンの中程、ローヌ川付近にあるネルクルと呼ばれる森に棲む半獣半魚のドラゴンで、海の魔物レヴィアタン（P88）とガラテアの獣オナクスの子供である。その胴体は牛よりも太く、馬よりも長い。歯は剣のようで、全身が硬い鱗で覆われていた。

タラスクスは、親がレヴィアタンという事もあってか、水中に潜み、通りかかった人々を食い殺したり、船を沈めたりしていた。近くに住む人々は困り果て、聖マルタにドラゴン退治を頼む事にした。

聖マルタが森に入っていくと、ちょうどタラスクスが一人の人間を食らっているところに出くわした。彼女は、すぐさまタラスクスに聖水を振りかけ、十字架を突きつけた。すると、タラスクスはたちまち降参したという。

この地方は、中世でもローヌ川の最も重要な渡し場であり、水運の中心地として栄えてきた。今日ではこのドラゴンにちなんでタラスコンと呼ばれるようになり、タラスクと

呼ばれる張り子のドラゴンをもって練り歩くという行事が今も盛大に行われているという事である。

ドラゴンの幻影

　第62章「使徒聖ピリポ」には、聖ピリポがドラゴンを退治するのではなく、追い払うというエピソードが書かれている。

　スキュティアの地でキリスト教の伝道に努めた聖ピリポが、ついに異教徒に捕らえられ、軍神マルス(アレス)の像の前に鎖で繋がれた時の事。突然、マルスの像の下から巨大なドラゴンが現れ、神官たちの命を奪い、さらにところ構わず毒の息を吹きかけ、その場にいた者たちは全員、病気になってしまった。

　そこで、聖ピリポは自分の言う事を信じ、イエスを崇めるならば、病人を癒し、死んだ人たちも生き返らせようと一同に呼びかけた。皆がそれを了承すると、聖ピリポはドラゴンに人間の害にならないところへ行けと命じた。すると、ドラゴンはその場を去り、二度と姿を現さなかった。そして、病に冒された人たちも癒され、ドラゴンに殺された人も生き返り、人々は皆、キリスト教の信者になったという。

　この話の面白い点は、聖ピリポを助けるためにドラゴンが現れたところである。しかも、ドラゴンは聖ピリポの命令によって姿を消している。とすると、ドラゴンは聖ピリポの作りだした幻だったのでは、と考える事も出来る。

　他にも、第48章「聖ベネディクトゥス」には、修道院生活に嫌気がさした修道士が、修道院の門を出た途端、一体のドラゴンが彼を飲み込もうと大きな口を開けているのが見え、二度と修道院を出たいと言わなくなったというエピソードがある。ドラゴンの姿はこの修道士以外のだれにも見えなかった。つまり、幻だったのである。

　また、第88章「聖マルガレタ」には、牢に囚われた聖マルガレタが、神に自分と戦う敵を眼に見える姿で示して欲しいと願うと、巨大なドラゴンが現れたとある。

　本来ドラゴンは、サタンの化身であり、悪魔と同じようにキリスト教の神敵である。そのドラゴンが神の力によって出現するというのも、面白い話ではないだろうか。

空から襲来し、炎で街を焼くドラゴン　　Dragon in "Beowulf"

『ベーオウルフ』のドラゴン

『ベーオウルフ』は英国文学史を解説した資料ならば必ず冒頭で解説されているイギリスの英雄叙事詩である。成立は8世紀前半から9世紀の初めと考えられており、作者は不詳。写本は現在では10世紀末に筆写された一つが存在しているのみである。この英雄叙事詩の第二部に、宝を守り、翼で空を飛び、口から炎を吐く、完成された形のドラゴンが登場する。

時代：8世紀ごろ
地域：イギリス
出典：ベーオウルフ
形状：翼を備えた火竜

ベーオウルフ

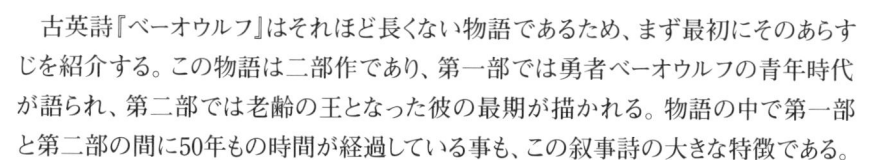

　古英詩『ベーオウルフ』はそれほど長くない物語であるため、まず最初にそのあらすじを紹介する。この物語は二部作であり、第一部では勇者ベーオウルフの青年時代が語られ、第二部では老齢の王となった彼の最期が描かれる。物語の中で第一部と第二部の間に50年もの時間が経過している事も、この叙事詩の大きな特徴である。

　第一部では「カインの末裔」と呼ばれる怪物のグレンデルをベーオウルフが退治する戦いが主題となっている。50年にわたってデンマークを治めているフローズガール王が建てた、壮麗で巨大な館であるヘオロト（鹿殿）の近くにある沼にグレンデルという怪物が棲んでいた。「カインの末裔」と呼ばれる凶悪なグレンデルはヘオロトの宴の声に惹かれて沼を出て、広間で楽しげに宴に興じる家臣や戦士たちの姿に殺意を抱く。夜中にヘオロトの広間に忍び入ったグレンデルは、眠る人々の中から30人をひっさらう。このグレンデルの凶行はその後12年にわたって続き、怪物によって荒らされ放題になったヘオロトは寂れ、今や老王となったフローズガールは悲嘆の日々を送っている。

　グレンデルの暴虐を伝え聞いた者の中に、スウェーデン南部に住む部族であるイェーアト族の王ヒィエラークの甥であるベーオウルフがいた。彼の父親は以前、フローズガールによって助けられた事があったため、ベーオウルフは選りすぐりの戦士14人を率いてデンマークに来援する。

　一夜の間、ヘオロトを任されて警護についたベーオウルフは、扉を破って襲ってきたグレンデルと格闘になる。ベーオウルフはグレンデルの片腕をもぎとり、思わぬ強敵に遭遇してヘオロトから逃げだしたグレンデルは沼までたどり着くが、そこで力尽きる。フローズガールはベーオウルフを労（ねぎら）って褒美を与えるが、今度はグレンデルよりも恐ろ

第1章　ドラゴンスレイヤー

しいその母親が復讐のためにヘオロトを襲撃し、王の寵臣エアシュエールとグレンデルの片腕を運び去る。

ベーオウルフは相手を待つ戦い方をやめ、グレンデルの母親が潜む沼へと赴いて水底での戦いでグレンデルの母親を滅ぼした。

デンマークに平和が戻り、英雄となったベーオウルフはフローズガールから数多くの宝物を拝領した。再び海を渡ってイェーアト族の国に戻ったベーオウルフはデンマークで与えられた宝物をすべて王であるヒィエラークに献上する。全3182行の詩の中で、2199行目のここで第一部は終わる。

第二部ではベーオウルフはイェーアト族の王となっている。第一部のフローズガール王と同様に、第二部におけるベーオウルフは50年にわたって平和に国を治めた王という事になっているが、この善政50年という表現はその国の王が名君である事を象徴する言葉らしい。第一部と第二部の間に置かれたこの時間の隔たりについては専門家が数多くの仮説を立てていて、作者が異なった二つの資料を連結したのではないか、とか、第一部と第二部とを対比させる目的が作者にあったのではないか、などの諸説があるがはっきりとした結論は出ていない。とりあえず、第一部では若き勇者として登場したベーオウルフは、第二部では70歳近い老王として描かれている。

イェーアト族の領土沿岸部にある切り立った岩に隠された塚の中に、300年の間、異教徒の財宝を守っているドラゴンがいた。ある時、王の不興を買っていた男がドラゴンの塒（ねぐら）に忍び込み、ドラゴンが寝ている隙に宝石をちりばめた杯を一つ盗み出す。男は王にこの杯を献上し怒りを解いてくれるように願うが、財宝を盗まれた事に気づいたドラゴンは日が暮れると塒を飛びたってイェーアト族の国土のあちこちを襲撃し、ベーオウルフの館もドラゴンの炎に焼かれてしまう。

ベーオウルフは配下の者から12人の戦士を選び（ベーオウルフを入れて12人とする解釈もある。いずれにせよ13人目として、杯を盗んだ男が加わっており、一行をドラゴンの塒へと案内する。一行の数はイエス・キリストとその12使徒にかけてあるらしい）、ドラゴンの塒に向かった。

老王はここで第一部の時のような誇りと勇気を見せ、従う者たちに自分はただ一人でドラゴンと戦う事、助勢は無用である事を告げる。しかし、ドラゴンは強敵であり、その身の堅牢（けんろう）さと口から吐く猛烈な火炎によってベーオウルフは苦戦する。ベーオウルフは名剣ネィアリングをドラゴンの頭に突き立てるが、これは致命傷にはならず、剣はベーオウルフの腕力によって折れてしまう。ドラゴンの恐ろしさと戦いのすさまじさに恐れをなした戦士たちはその場を逃げだして近くの森に隠れてしまった。しかし、この戦いが初陣である若き戦士ウィーイラーフは戦いの場に留まり、ベーオウルフと共にドラゴ

『ベーオウルフ』のドラゴン

ンに挑んだ。巨人が鍛えた家宝の名剣をウィーイラーフはドラゴンの柔らかい腹側に突き刺し、この一撃によってドラゴンは火力を弱める。ベーオウルフは身に帯びていた短剣でドラゴンの身体を斬り裂き、ようやくこの強敵を倒す事に成功した。

しかし、ベーオウルフはドラゴンの炎によって全身が焼け爛れ、さらに咬傷（こうしょう）からの毒が全身にまわっていた。こうして、自らの命を代償にしてドラゴンを殺した老王ベーオウルフは死んだが、彼の国民にはドラゴンの守っていた膨大な宝物が遺される事になった。『ベーオウルフ』の詩は、ここで終わる。

火竜

第一部の敵であるグレンデルとその母は謎が多い怪物であり、加えて陰湿で凶悪な性質をしているために『ベーオウルフ』を読む者の心に強い印象を残す。それにくらべて第二部の敵であるドラゴンは、いわば「典型的なドラゴン」であり、怪物としての面白味に欠けるためか、研究書などでもあまり大きく扱われていない事が多い。

しかし、ベーオウルフに登場するドラゴンは現代の我々に「典型的なドラゴン」と思わせる部分に重要な独自性がある。このドラゴンは翼を持ち、全身を炎で包み、口から火を吐く火竜である。このドラゴンも宝を守る時にとぐろを巻き、その牙には毒があるため、大蛇から派生した古典的なドラゴンとしての雰囲気を残しているが、すでに蛇の属性はほとんどなく、空から街や村を襲って火で焼き払うという新しい怪物としての特徴を備えている。巨大な蛇であった古代北欧のドラゴンから次第に変容し、ついに独自の形態を持つようになった最初のドラゴンであり、近代のファンタジーにおけるドラゴンのほとんどは、このベーオウルフに登場するドラゴンの子孫といっていいだろう。

『ベーオウルフ』は古英詩であり、イギリスで成立した叙事詩だが、物語の舞台は北欧圏である。この詩は作者によってキリスト教的な視点で書かれてはいるが、その背景には古代ゲルマンの共通的な英雄伝説が透けて見える（シグルドの父であるシグムンドの名前も、この詩には記されている）。ドラゴンの特徴の一つである宝を守るという習性は、北欧の英雄伝説に登場するファヴニル（P30）を根源としているため、ベーオウルフのドラゴンもファヴニルから派生したと考えられるが、このドラゴンは空から飛来し炎を吐くというファヴニルとは似ても似つかない特徴をもっている。

さらに、このドラゴンは夜行性で、昼間は塒にこもって外には出てこないという、他の伝説のドラゴンにはあまり見られない習性をも備えている。日が暮れると塒から飛びたち、火の玉のようになって飛行し、街や村に火を放ち、朝がくる前に塒に戻るのである。陽光を嫌うという吸血鬼のようなこの性質は、作者がキリスト教徒としての見地

から付加したものなのかもしれない。翼の形状についての記述は詩には記されていないが、その行動によってコウモリのような翼を持つドラゴンだと自然に想像出来る。

『ベーオウルフ』のドラゴンは休火山のような存在で、財宝の番をしている時は、他に何もしない。このドラゴンが守っている財宝は、本来はこのドラゴンが奪って塒に運びこんだものではなく異教徒が一族の塚の中に副葬したものであり、宝を好むこのドラゴンはその塚に潜りこんでここを塒にしたのである。そのままにしておけば、暴れたりはしなかったかも知れない。『ベーオウルフ』の第二部は「宝を奪われたドラゴンがどのような行動にでるか」という事を描く、ドラゴン退治の物語としては珍しい構成になっているのである。

後世への影響

『ベーオウルフ』のドラゴンは、伝承の中で擬似的な進化を遂げたドラゴンの最終形といってもいいかも知れない。このドラゴンのイメージに強く影響を受けた作家が『指輪物語』の作者であるJ.R.R.トールキンである。彼の学者としての著作『ベーオウルフ、怪物たちと批評家たち』と、児童文学である『ホビットの冒険』の刊行が共に1937年である事は暗示的である。『ホビットの冒険』に登場する悪竜「黄金のスマウグ（P196）」は、所有する財宝の目録を杯一つに至るまで記憶していて、ごく小さな物品を盗まれただけでも復讐心に猛り、炎をまとって飛び、空から街に火を放つ。これは、そのまま『ベーオウルフ』のドラゴンの姿である。トールキンは帰還兵なので、彼が見たであろう軍用機による空襲の光景と『ベーオウルフ』のドラゴンによる空からの猛威を心象の中で重ねたのかもしれない。『ホビットの冒険』において描かれる、スマウグが人間の街を空から襲う光景には、爆撃を思わせる凄まじい臨場感がある。

おそらく、言葉を話さない『ベーオウルフ』のドラゴンに『ヴォルスンガ・サガ』のファヴニルの腹黒く饒舌な性格を移入したドラゴンが「黄金のスマウグ」なのだろう。こうして生まれたスマウグが、今度は後に続くファンタジー作家にとって、新たなドラゴンの基本形となっていったのである。

第1章　ドラゴンスレイヤー

雷神に討たれた竜神　　　　　　　　　　Illuyankas

イルルヤンカシュ

> 古代メソポタミアでシュメール人が夢見た「ドラゴン」は、彼らの文化が周辺諸国に広がるに従って生息地を広げ、さまざまな宗教・文化の内に根を降ろした。だが彼らは常に、「滅びゆく古代の象徴」という物悲しい役柄を演じる宿命を負った俳優だった。新たなる秩序、天空神を中心とした秩序に打倒される竜の例として、ヒッタイトのイルルヤンカシュを紹介しよう。

時代	紀元前1500年前後
地域	小アジア・アナトリア高原
出典	ハットゥシャ出土の粘土板
形状	海蛇

ヒッタイトの竜神

　紀元前二千年紀、文明揺籃(ようらん)の地であるメソポタミアの西方アナトリア高原にはヒッタイト人が定住し、二千年紀中庸にはバビロンを攻略するなど隆盛した。彼らヒッタイト人は、古代オリエント最古の印欧語族であり、優れた鉄器製造技術を(ヒッタイト王国滅亡までは)独占した事で有名な民族である。

　だがそうした特徴的な民族であっても、神話や文化の面ではメソポタミア文明の影響が色濃い。彼らの使用した文字は楔型文字であったし、崇拝の対象としてメソポタミアの神々を取り入れていった様子がうかがえる。

　そして彼らは「ドラゴン」という概念も、メソポタミアから自らの神話に輸入した。ヒッタイト人が信じた竜は海に棲む強大な竜神で、名をイルルヤンカシュといった。

竜神イルルヤンカシュの神話

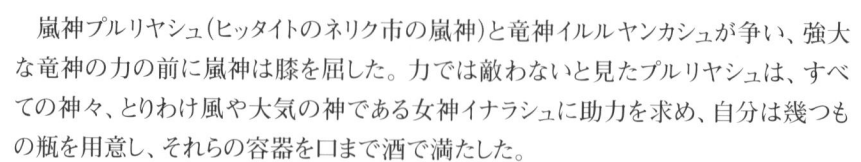

　嵐神プルリヤシュ(ヒッタイトのネリク市の嵐神)と竜神イルルヤンカシュが争い、強大な竜神の力の前に嵐神は膝を屈した。力では敵わないと見たプルリヤシュは、すべての神々、とりわけ風や大気の神である女神イナラシュに助力を求め、自分は幾つもの瓶を用意し、それらの容器を口まで酒で満たした。

　イルルヤンカシュを討つのには定命の者の助力が必要(なぜだったのか伝説は語らない)と考えたイナラシュはジグラットに向かい、そこでたまたまフバシャシュという人間に出会った。「フバシャシュ、私は竜神退治をせねばならない。お前の助力が必要なのです」。この依頼を、フバシャシュは女神と一夜を共にする事を条件に承諾した。あ

イルルヤンカシュ

るいは、そうして人間でしかないフバシャシュに神の力を授けたのかもしれない。

　フバシャシュの協力を取り付けると、女神は装飾品を身に着け、嵐神が用意した諸々のごちそうの前で、竜神に捧げる儀式を執り行った。その間、フバシャシュは近くの小屋でじっと息を潜めていた。

　酒の香とイナラシュの声に自分の小屋から誘い出されたイルルヤンカシュは、自らの眷属（けんぞく）を連れて現れ、思うがままに供え物を平らげた。瓶の酒も、一滴残さず飲み干した。そして泥酔のあまり、身動きすら出来なくなってしまったのだ。機を待っていたイナラシュは、それを見届けると小屋から現れ、竜神を縄で縛り付けてしまった。女神イナラシュと人間フバシャシュに謀られた竜神は、その場に駆けつけた嵐神プルリヤシュに、すぐに殺された。

　役目を果たしたにも関わらず、フバシャシュは解放されなかった。代わりに女神は家を与えて彼を住まわせ、自分が人界に赴いている時に窓を空けてはならない、昔の妻子を見て里心が付くといけないから、と告げた。女神を抱き、竜神を捕らえたフバシャシュは、もはや人の世に戻る事が許されぬ身となっていたのだ。

　だが女神の目が届かぬ日が二十日も続くと、フバシャシュはつい窓を開いて、はるか彼方に妻子の姿を見てしまった。戻ったイナラシュに、フバシャシュは呻きながら「私を家に帰して下さい」と懇願した。女神は自分の言い付けを守れなかった男に激昂（げっこう）し、ついには彼を殺してしまった。

もう一つの伝承

　イルルヤンカシュ伝説が記された文献（テキスト）には、筋書きが若干異なるものがもう一つある。こちらの伝説も、嵐神と竜神の闘争が主題になっている。

　嵐神と竜神イルルヤンカシュが争い、竜神が勝った。嵐神は心臓と眼を奪い去られた（神の力を奪われたとでも解釈すべきだろう）。

　復讐を胸に誓った嵐神は、遠謀の一歩として貧しい人間の娘と結婚した。そして生まれた男子が成長すると、息子をイルルヤンカシュの娘に婿入りさせた。「妻の家を訪ねた時に、眼と心臓のありかを聞き出すのだ」と命じて。

　息子は命じられた通りに妻の実家で問い合わせ、竜神から眼と心臓とを譲り受けた。かくして企みどおり元の姿を取り戻した嵐神は、竜神に再戦を挑むべく海上へと飛翔した。だが意外にも、彼の息子はイルルヤンカシュと共にいた。息子は妻を見捨てる事が出来なかったのだ。「私を助けようとはしないで下さい！」と天に向かって叫ぶ息子ごと、嵐神は竜神を殺したという。

嵐神は竜を殺す

　残念ながらヒッタイトの伝説について解っている事は少なく、イルルヤンカシュがどう猛な悪魔の如き存在だったのか、あるいはティアマトなどと同じく偉大ながらも新たな神の力に屈した古時代の神格だったのか判断は出来ない。

　現存する浮き彫りや神話内の描写から、ヒッタイト人がイルルヤンカシュを、海洋に棲む巨大な海蛇の怪物と考えていたと分かるのみだ。

　だが解読されたイルルヤンカシュ神話には、見過ごす事の出来ない重大な特徴が秘められている。それは嵐神（天候神）によって退治されるドラゴンという、ユーラシア大陸の神話に頻繁に見られるドラゴン神話のモチーフである。アッシリアのティアマト（P118）、ウガリットのヤム、「ヨハネの黙示録」の赤いドラゴン（P78）、遠くは雷神トールに倒されるヨルムンガンド（P92）、スサノヲ命に討たれる八俣大蛇（P56）。ドラゴンを殺す神は、そのほとんどが天空と関わりの深い神性なのである。

　古代世界には蛇に対する信仰が一般的に見られ、それは生命、大地、豊穣、水に向けられた大地母神信仰的なものであった。だがやがて社会が整備され、システム化された「農耕」が普及すると、それを統括する秩序の象徴「天空・雨・嵐」への崇敬の念が、母なる存在への敬意を上回るようになった。大げさな言い方をすれば、それは母系社会から父系社会への転換点だったのだろう。

ウガリットの「審きの川」、ヤム (Yamm)

　ウガリット神話において「審きの川」と呼ばれる水神ヤムもまた、天空神であるバアルに殺されるドラゴンである。

　この七つ頭を備えた強大な蛇（竜神）は主神のイルウ（エル）に対する敬意を払わず、使者をイルウの宴席に派遣し、その息子であるバアルの身柄を要求した。イルウの隣に席を取っていたバアルは憤慨するも、卑屈なイルウはヤムの申し入れを受け入れてしまった。激怒したバアルは使者たちを棍棒で打ち砕こうとして女神アナトに制止される。

　しかし技術の神「コシャル・ハシス」が贈った二振りの棍棒「駆逐する者」「追放する者」を得て、バアルはヤムに挑み、背と眉間を打ち据えてこれを殺したという。この神話が記述された粘土板は欠損が激しくて前後の経緯やその後についてはほとんどわからないが、判読出来る記述からすると竜神ヤムは相当高位（あるいは主神イルウよりも）の神と見なされていたようである。

第1章　ドラゴンスレイヤー

八頭八尾の大悪竜　　Yamata-no-orochi

八俣大蛇

日本神話で最大最強の恐るべき怪蛇、八俣大蛇。その伝承は『古事記』『日本書紀』によって広く流布し、日本人ならば知らぬものとてない。大蛇は後の日本の妖怪変化の類にも、強い影響を及ぼしている。だが実際に神話の背景をひもといてみると単なる怪物に留まらぬ、大蛇の真の姿が浮かびあがってくるのだ。

時代：日本・神代
地域：日本・出雲
出典：古事記など
形状：八頭八尾の大蛇

　八俣大蛇（やまたのおろち）は『記紀』、すなわち『古事記』『日本書紀』に登場する、日本神話で最大最強の怪物だ。山よりも巨大な威容を誇り、年毎に人身御供を食らう悪神として出雲の人々に恐れられていたが、天下った英雄神スサノヲ命（みこと）に退治された。その死骸から発見された天叢雲剣（あまのむらくものつるぎ）は、三種の神器の一つとして代々皇室によって受け継がれている。このエピソードは『記紀』の中でも指折りに英雄的な話で、人気も高くてよく知られている。それだけに昔から多くの人々が解釈を試み、八俣大蛇の正体についても実に多彩な説が出されている。この神話がペルセウス・アンドロメダ型と呼ばれる英雄神話の一類型に属す、大陸から伝来した物語であるというのは広く認知されているところだ。

　しかし興味深い諸説を紹介する前に、まずは『古事記』をベースとして八頭八尾の大蛇、八俣大蛇がいかにしてスサノヲ命に退治されるに至ったかを解説しよう。

スサノヲ命の悪行三昧

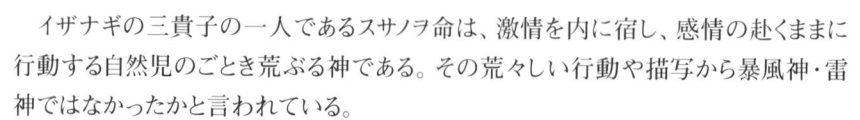

　イザナギの三貴子の一人であるスサノヲ命は、激情を内に宿し、感情の赴くままに行動する自然児のごとき荒ぶる神である。その荒々しい行動や描写から暴風神・雷神ではなかったかと言われている。

　日本神話随一の暴れ者スサノヲ命は、誕生の直後から「母（イザナミ）のいる根（ね）の国（冥府）に行きたい」といって父（イザナギ）を困らせる、我の強い性格の持ち主だった。イザナギは呆れてこの情（こわ）い息子を追放したが、スサノヲ命はその足で姉（アマテラス大神（おおみかみ））の治める高天原（たかまがはら）に向かい、田の畔（あぜ）を破ったり、機織の小屋に死んだ馬を投げ込んだり、果てはオホゲツヒメノカミという食物の女神を誤解から殺す（五穀はこ

の女神の死体から誕生したという)といった悪行を繰り返した。

あまりに乱暴な弟スサノヲ命を恐れたアマテラス大神は、天岩戸の後ろに隠れてしまい、世界からは日の光が失われた。幸いにして知恵の神オモイカネ発案の宴と、アメノウズメの舞いに誘われ、大神は再び姿を現した。世界には太陽が戻った。しかし世界の危機を引き起こしたスサノヲ命を、高天原の神々は許さなかった。

高天原追放と人身御供

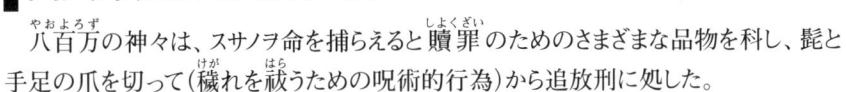

八百万の神々は、スサノヲ命を捕らえると贖罪のためのさまざまな品物を科し、髭と手足の爪を切って(穢れを祓うための呪術的行為)から追放刑に処した。

こうして高天原からも追い出されたスサノヲ命は、放浪の末に出雲の肥の川の河上にある、鳥髪という場所に天下った(肥の川は現在の斐伊川、鳥髪は船通山)。するとそこに、上流から箸が流れてきた。スサノヲ命はこの先に人が住んでいるに違いないと察して、さらに上流へと上がっていった。

予想どおり、そこには一組の老夫婦と一人の乙女が住んでいた。しかし、老夫婦は乙女を間に挟んでおいおいと泣いていた。

「お前たちは何者か」

スサノヲ命の問いに、老夫は自分が国津神のアシナヅチ(足名椎)、老婦が妻のテナヅチ(手名椎)、娘がクシナダヒメ(櫛名田比売)であると答えた。

「ではなにゆえに泣いておるのだ」

「はい。我々にはもともと娘が八人おりましたが、高志に住む八俣大蛇(『日本書紀』では八岐大蛇)が毎年やって来ては、娘を一人喰らいます。今年もまた大蛇が来る時期が来ました。それで泣いているのです」

興味をそそられたスサノヲ命はさらに尋ねた。

「その大蛇はどのような姿をしているのだ」

八俣大蛇の容姿

アシナヅチが描写した八俣大蛇の姿は、異様の一言に尽きた。

「大蛇の目はホオズキのように真っ赤で、身体は一つしかありませんが八つの頭と八つの尾を備えております。コケや檜、杉を背に生やした胴体は、八つの谷、八つの峰にまたがる程巨大です。その腹には一面血が滲み、爛れています」

多頭の大蛇という奇怪なドラゴンは日本には他にほとんど例を見ない。だが中国に

はやはり九つの首（人面蛇身）を持ち、実に貪欲であった巨大な水霊、相柳（そうりゅう）などの例がある。この類似性は、「八俣大蛇神話」の原型が大陸から渡来したペルセウス・アンドロメダ型神話である事の一つの証拠として挙げられる場合もある。

大蛇退治の顛末

　奇怪な大蛇の説明を受けても、スサノヲ命は怯まなかった。もともと亡き母を慕って根の国へ行きたがった、乱暴者だが情に厚い神である。追放の身となったせいもあるだろうが、スサノヲ命はもはや高天原で悪行を繰り返したかつての彼ではなかった。
　「そなたの娘をくれぬか。かくいう私はアマテラス大神の弟で、いま天下ってきたところだ」
　アシナヅチは申し出を畏（かしこ）まって快諾し、娘を献上する事を約束した。どうせ大蛇に食われるものなら、一縷（いちる）の望みに賭けてみる気になったのかもしれない。ともかく八俣大蛇退治を決意したスサノヲ命だが、相手は山よりも大きな大怪物である。普通の手段では到底勝ち目はない。
　そこでスサノヲ命はまずクシナダヒメを櫛に変化させて自分の髪に刺し、次に老夫婦に「強い酒を醸し、八つの門がある垣を作りなさい。門にはそれぞれ桟敷（さじき）を設け、そこに強い酒で満たした酒槽を設置するのだ」と命じた。
　準備を整えて待ち構えていると、そこに八俣大蛇がやってきた。驚くべき事にそれはアシナヅチの言葉どおりの威容をしていたが、疑いもせずに酒槽にそれぞれの頭を突っ込んでぐびぐびと飲み干し、酔いつぶれて眠ってしまったのである。
　これを見届けたスサノヲ命は十拳剣を抜き放ち、大蛇をずたずたに切り裂いて退治してしまった。怪物から流れ出る血潮は、肥の川を真紅に染めたという。
　なおこの時、スサノヲ命が大蛇の尾に切りつけると何か固いものに当たって刃が欠けた。不審に思って尾を切り裂いてみると、そこには素晴らしい太刀が眠っていた。スサノヲ命からアマテラス大神に献じられたこの神剣こそ、わが国の三種の神器の一つ、天叢雲剣である。
　こうして見事に八俣大蛇を退治したスサノヲ命は、クシナダヒメを娶（めと）り、出雲の須賀に新居を築いて定住した。スサノヲ命がこのおりの清々しい心境を詠んだ歌「八雲立つ　出雲八重垣　妻ごみに　八重垣作る　その八重垣を(雲沸き起こる出雲の宮に、妻を籠（こも）らせる宮を建て作る。その宮よ)」は、日本最初の和歌と言われている。

八俣大蛇

第1章　ドラゴンスレイヤー

ペルセウス・アンドロメダ型神話

　冒頭で述べた通り、この八俣大蛇退治の物語は、ペルセウス・アンドロメダ型と呼ばれるドラゴン退治神話の世界的一類型に、非常によくあてはまる。

　これは人身御供にされようとしている乙女を、英雄がドラゴンを退治して救出するのを基本的な筋書きとする神話の事だ。海の怪物（P18）の生贄として岩に繋がれたアンドロメダを、英雄ペルセウスが救い、妻とした物語から名が取られている。この神話と共通するモチーフを持つドラゴン退治神話は、ペルセウス・アンドロメダ型神話と呼ばれ、伝播したうえで各地の風土に適合するように修正されてはいるが、もともとは同じ話根を持つ神話ではなかったかと考えられているのである。日本の八俣大蛇の場合は、ユーラシア大陸の西から中国の江南を経て伝来した話という事になるという。記紀神話は、もともと日本人に影響を及ぼした様々な神話から、色々な逸話を集めた形跡が色濃い（南方の海洋民族、アイヌ、モンゴル起源の神話など）。八俣大蛇伝説が伝来した話をベースとしていたとしても、何の不思議もない。

　このペルセウス・アンドロメダ型神話は、次のようなモチーフを共有する。

①民衆に災厄を及ぼすドラゴン
②毎年の生贄を要求するドラゴン
③人身御供はうら若き乙女
④ドラゴンを殺して乙女を救う英雄
⑤乙女と英雄が結婚して秩序を定む

　この構造を備えた伝説は、ヒッタイトの怪竜イルルヤンカシュ（P52）退治、『王書』の蛇王ザッハーク（P116）、聖ゲオルギウス伝説（P41）などユーラシア大陸各地に存在している。常にすべての条件が満たされるわけではないが、基本的な物語構成は共通している。

　八俣大蛇神話も、この条件に見事に当てはまる。巨大なドラゴンを退治する英雄というモチーフには、日本神話としてはやや異質の趣きがあるが、それも伝来した神話を元にしているとあれば納得出来る。このペルセウス・アンドロメダ型構造の神話は、自然に日本に浸透し、やがて他の民話の中にも姿を見せるようになった。日本民話に登場するポピュラーな怪物像、人身御供を要求して英雄（岩見重太郎[註1]など）に退治される狒々などの妖怪変化は、八俣大蛇を祖に持つのではないかと考えられるのだ。

註1：創作上の人物。民話、講談に登場し、多くの武勇談を持つ。

『出雲国風土記』にいない八俣大蛇

八俣大蛇伝説がもともとは外来の説話に由来する事を示唆する証拠は、いろいろと存在する。例えばその一つとしてしばしば挙げられるのが、『出雲国風土記』に八俣大蛇退治の逸話が記録されていないという事実である。

『出雲国風土記』とは出雲の風土伝承を編纂した書物だ。不思議な事に、そこに八俣大蛇の名は登場しない。これをもって、記紀神話のスサノヲ命の八俣大蛇退治は、大和朝廷に創作された神話だったとする説もある。しかし一方で、『出雲国風土記』にはスサノヲ命やクシイナダトヨマヌラヒメ（クシナダヒメの別称とおぼしい）ゆかりの地名は登場する。説話に語られる場所も存在する。これは一体何を意味するのか。

「神秘的な稲田の巫女」が仕えた水神

クシナダヒメは日本書紀では奇稲田姫と記述される。この名には、「神秘的な稲田の巫女」という意味が秘められているといわれる。稲に豊かな実りをもたらす水神に仕える巫女だったわけだ。巫女はその身を神に捧げる妻にも似ており、その存在は一面で「人身御供」と相通じる。

そして山陰地方で信じられた水神（田の神）は龍蛇の姿をしており、その神事の中には巫女との婚姻をつかさどるものがあるのだ。日本書紀の一書には、スサノヲ命が八岐大蛇を「あなたさまは畏れ多い神です。どうぞ饗応をお受け下さい」とおだてて、酒を飲ませる場面が描写されている。それは単なるお世辞ではなく、八俣大蛇が事実神として祭られる存在だった事を示しているものと思われる。

こうした背景をかんがみると、八俣大蛇の説話が完全な創作とは考えにくくなる。むしろ既存の出来事や由来に、適合する伝来の説話を当てはめたと考える方が自然だ。おそらく、八俣大蛇の正体は出雲土着の水の神であったのだろう。そしてクシナダヒメはその神に仕える巫女であった。しかしスサノヲ命に対する信仰が流入して主流となると、旧来の神事や伝説は変質し、スサノヲ命信仰の中に取り込まれていった。

そこで古き神と新しき神に役割を譲った経緯を説明する神話として、伝来した怪物退治の神話の構造が当てはめられた。その中で古き水神は、祭神の交代を象徴するにふさわしい物語の中で、渡来した新しい神に討たれる怪物——すなわちドラゴンとして役割を与えられている。残された資料からは、こういう図式が導かれるのである。

八頭八尾を備えた異形のドラゴンが、零落した古い水神だったというのは、実に意外なその素性というものではないだろうか。

さまざまな異説

　もちろんこの絵解きはあくまで解釈の一つに過ぎない。八俣大蛇伝説を別の視点から分析し、解釈する事は可能だし、その中には強い説得力を持つ説もある。
　例えばこの話が産鉄民族を征服した記憶を元にした神話だという説には、物証も存在する。斐伊川上流には「鍛冶部」という鍛冶集団が住み、産出される砂鉄を用いて鉄器を製作していた。斐伊川の仁多郡で良質の砂鉄がとれる事は、既に『出雲国風土記』の時代から知られていた。大蛇の尾から天叢雲剣が見つかったとする神話の記述が、この事実を下敷きにしたものである事は間違いない。あるいは日本の三種の神器の一つは、この鍛冶集団によって鍛えられたのかもしれないのである。
　製鉄民が採掘を行う際には、砂鉄を含んだ花崗岩を下流に流して鉄を選別する「かんな流し」という手法が用いられた。すると鉄分を含んだ水で川は赤く染まり、下流に住む農耕民が被害を受ける。そこで製鉄民を討った経緯こそが、八俣大蛇神話になったというのだ。この場合、大蛇の正体は製鉄民という事になる。
　またこれは須佐の神（すなわちスサノヲ命）を信奉する「須佐の男（産鉄民のこと）」が、砂鉄を生じる斐伊川（すなわち水の神、大蛇）を支配したことを物語る神話であるという、別の解釈も存在する。
　さらに全く違う解釈として、八俣大蛇はバビロニアのティアマト（P118）などの水の破壊的側面、つまり洪水の象徴ないし荒神であったとする説もある。それまでは荒神に巫女を供えてその怒りを免れようとしていたのを、マルドゥクがそうしたようにスサノヲ命も大蛇を退治（治水）して終わらせ、下流地域に秩序と安定をもたらしたというわけだ。

八俣大蛇の正体

　こうして諸説に目を通して感じるのは、八俣大蛇の水との関わりの深さだ。ペルセウス・アンドロメダ型神話にて語られる多くのドラゴン同様に、八俣大蛇もまた、統御されていない水の威力をつかさどる水竜だったと結論して間違いないだろう。
　古代の水は、恩恵と破壊とを無秩序にもたらす畏敬の対象であり、それゆえに神のごとき力を持つドラゴンと崇められた。しかし人は、そのまつろわぬドラゴンに挑み、戦い、やがて克服し、最後には支配する。八俣大蛇神話に限らず、世界の古いドラゴン神話には、こうした古代人たちの水との闘争、付き合い方の系譜が秘められているのである。

蛇信仰の系譜　　　　　　　　　　　　　　　Japanese Dragon

日本の竜蛇

日本人の竜に対する観念は、中国のそれから強い影響を受けている。これは疑いようのない事実だ。では日本の竜は、中国、あるいは仏典の竜を輸入しただけの存在と見なしていいのか？　否。日本にすんなりと竜の概念が定着したのは、それ以前に蛇を神聖な生物とする観念が広くわが国にあったからなのだ。日本の神蛇と、それが竜へと変わってゆく経緯を解説しよう。

| 時代：さまざま |
| 地域：日本 |
| 出典：日本書紀など |
| 形状：さまざま |

日本の竜＝蛇

　日本の美術品などに描かれている竜の図柄には、大陸から流入した中華風のものが圧倒的に多い。だから一般的には、人身御供などを要求する竜神の造形として、雲に乗り、麒麟に似た顔をした立派な竜を想像してしまう。

　しかし『日本書紀』などの古い文献や、考古学的な出土品の意匠を検討してみると、そうした印象とは若干違う、日本の竜の原型が浮かびあがってくる。

　日本の竜を形成した根源的なイメージ。それは日本全国に存在していた、起源の古い蛇信仰ではなかったかと思われる。これは何も不自然な事ではない。日本は中国の文化圏内に位置し、その影響を色濃く受けているが、その中国でも竜の概念は蛇信仰の中から発展したのだから。

　日本における蛇は、世界的な傾向と同じく豊穣神、すなわち田の神、水(雨、嵐)の神、山の神、生殖の神として信仰の対象となっていた。蛇祭祀はもっぱら女性の巫女の役目と考えられ、その名残であると思われる「蛇の婿入り譚」（婿入りした夫が実は竜神や蛇の化身で、妻が産んだ子が蛇だったり、あるいは妻の不信から正体を暴かれた夫が死ぬという民話。後述の「三輪山の神」もその一つ）は日本各地に伝わっている。蛇に対する信仰は、日本に広く存在したのだ。大和朝廷も、初期には土着の神であり蛇の姿をしたオオモノヌシを、霊威あらたかな神として篤く祭っていた。

　だがこの蛇に対する土着信仰は、そのままでは生き残れなかった。大和朝廷によって信仰が体制化されると、その系統に属さぬ地方神である神蛇はどんどん格落ちし、主要な信仰対象とは見なされなくなっていった（「夜刀ノ神」の項参照）。しかし蛇への畏敬の念が完全に失われたわけではなく、蛇はしばしば霊力を持った生物、神

第1章　ドラゴンスレイヤー

獣ないし神そのものたりえるという通念は生き残っていたのである。

そこに精錬された象徴として仏教の竜が流入し、日本の神蛇とのイメージの混交が起こった。むしろ日本の蛇が、仏法に帰順した竜の立場を借りて、再び崇められるに足る立場を取り戻したと表現した方が的確かもしれない(「九頭竜」の項参照)。各地の蛇神は中国の竜と一体化してしまう事なく、独自の姿を強く保ったまま竜として崇められるようになったのだから。こうした事情から、日本の民話では登場する竜や竜神の姿が、どちらかといえば大蛇に似た姿をしているのである。

日本の竜の正体とは、中国から流入してきた竜と結び付き、淵に棲んで風雨をつかさどり、農民の生活を左右する力を備えた竜神へと姿を変えた、古代の神蛇なのである。

そうした特徴を備えた、日本の有名な竜神、蛇神をいくつかご紹介しよう。

三輪山の神(蛇)

大和平野の三輪山(みわやま)は、大和朝廷初期から付近に皇居が置かれた古い神域であり、そこに住まう神(オオモノヌシ)は蛇身であると伝えられていた。三輪山は綺麗な円錐形をしている。こうした山はとぐろを巻いた蛇を連想させるため、篤い蛇神信仰の対象となっていたという。例えば三輪山には、三輪山の明神が山を七巻半しているという伝説が伝わっている。

この三輪山の神と信じられたオオモノヌシについては、『日本書紀』の崇神記(すじんき)に有名な「箸墓伝説(はしはか)」が記されている。

皇女ヤマトトトモモソヒメがオオモノヌシの妻となった。崇神天皇の姑である聡明な人で、自分を祭れば国の乱れは治まるというオオモノヌシの託宣を、先に神懸かって天皇に伝えた女性だ。神の妻とは、オオモノヌシの巫女とでもいうべき意味に取れる。

オオモノヌシは姫の元に通って来るようになったが、それは常に夜で、いつも夜明け前に帰ってしまうのだった。夫たる人の顔を見た事がないのを不満に思った姫は、朝まで留まってくれるようにとオオモノヌシに頼み込んだ。

「そうか。では明朝、あなたの櫛箱の中に入っている事にしよう。どうか私の姿に驚いてくれるな」。

ヤマトトトモモソヒメは奇妙に思ったが約束し、やがて朝が訪れた。胸を躍らせながら櫛箱を開くと、中にはとても美しい小蛇(こおろち)が入っているではないか。姫は驚き、思わず叫び声をあげてしまった。

大神は恥じて人の姿へと戻った。そして姫に「そなたは我慢出来ずに私に恥をか

日本の竜蛇

かせた。次は私がそなたを恥ずかしい目にあわせよう」と告げると宙に舞いあがり、三輪山へと帰ってしまった。自分がした事の重大さに気付いた姫はドスンと腰を落とし、その拍子に陰部を箸で突いて死んでしまった。彼女の墓は大市に築かれ、これは人々から箸墓と呼ばれたという。

さらに雄略記にも、再度この蛇神についての記述が見える。

雄略天皇は三輪山の神の姿を自分の目で確かめたいと思い立ち、強力で知られた側近のスガルに捕らえてくるようにと命じた。

スガルは「やってみましょう」と答え、三輪山から大蛇を捕らえて戻った。だがこの大蛇に会うのに、天皇は斎戒を怠った。すると大蛇は雷のような音をたて、炯々と光る目で雄略天皇を睨みつけた。天皇は激しくこれを恐れて目を背け、殿中に逃げ込んでしまった。大蛇は天皇の命により、岳に放たれた。

夜刀ノ神

夜刀ノ神は、『常陸国風土記』に登場する土着の神格である。角のある蛇という特徴的な姿をしており、多くの蛇を眷属として従えていた。

継体天皇の時代、麻多智という者が葦原を拓いて田を作っていた。だがその場所は、もともと夜刀ノ神の領域だったのである。怒った夜刀ノ神は眷属の蛇たちを引き連れて現れ、作業を妨害した。

しかし麻多智は恐れ入るどころか逆に甲冑と矛で武装し、邪魔な蛇を次々と退治した。そして山の入口まで行くと、「ここから上は神の領域、下は民の田畑。汝は私が祭るから、代わりに人々を害するな」と宣言した。人と神の領域の境界線を定めた麻多智は、その後社を建てて夜刀ノ神を祭ったという。

だがこの当時はまだ畏敬されるに足る荒神だった夜刀ノ神も、さらに時代が降ると一層立場を失っていった。

孝徳天皇の代にこの地に壬生連麿なる人物が現れ、谷の入口に堤を設けて塞ぎ、溜め池を作ろうとした。するとそこに、再び夜刀ノ神が現れる。その報を聞いた壬生連麿は、それを警告と受け取るどころか激怒した。「汝は神として奉られているが、一体何の神だというのだ。天皇の威光に逆らう気か」と罵ったあげく、邪魔する動物は何であろうと打ち殺せと人夫に命じたのだ。

この剣幕を恐れたのか、夜刀ノ神は山の奥に引き篭もってしまったという。

九頭竜

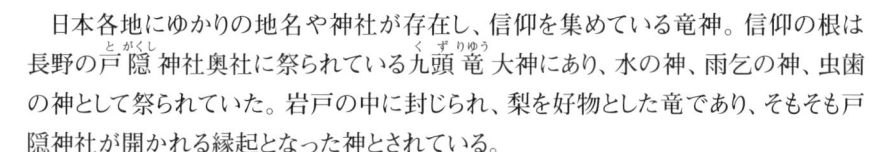

　日本各地にゆかりの地名や神社が存在し、信仰を集めている竜神。信仰の根は長野の戸隠（とがくし）神社奥社に祭られている九頭竜（くずりゅう）大神にあり、水の神、雨乞の神、虫歯の神として祭られていた。岩戸の中に封じられ、梨を好物とした竜であり、そもそも戸隠神社が開かれる縁起となった神とされている。

　戸隠神社に限らず、この竜神はさまざまな場所で崇められている。特に芦ノ湖の守護神であるという話は有名で、次のような伝説が語り継がれている。

　奈良時代、まだ芦ノ湖（あしのこ）が万字ケ池と呼ばれていたころ、池には九頭の毒竜が棲みついていた。この毒竜は嵐を呼び、高波を起こしては湖畔の住民を殺傷したので、人々はいつしかその怒りを鎮めるために、若い娘を毎年池に沈める悪習を行うようになっていた。毎年七月になると、白羽の矢が立った家の娘が人身御供として毒竜に捧げられたのである。

　この話を伝え聞いた万巻上人（まんがんしょうにん）（箱根（はこね）神社の開祖）は哀れをもよおし、村人たちの苦悩を除くべく、池のほとりに壇を設けて、毒竜調伏の祈祷を一心不乱に行った。するとその調伏に屈した毒竜は、宝珠（ほうじゅ）、錫杖（しゃくじょう）、水瓶（みずがめ）を捧げ持った姿に変化して湖面に現れ、前非を悔いて許しを乞うた。

　しかし万巻上人はこれを許さず、芦ノ湖名物である湖底の「逆さ杉」に、鉄の鎖で九頭竜を呪縛したのである。改心が本物であった証拠か、この時毒竜の姿は竜神のそれに変化した。その様を見た上人は九頭竜神社を設けて竜を祭り、人身御供に代えて毎年赤飯が湖底に沈められるようになったのだという。

　これを記念した祭りは、現在では7月31日の湖水祭りとして盛大に行われるようになっており、また九頭竜明神は箱根神社と芦ノ湖の守り神として広く世に知られている。

第1章　ドラゴンスレイヤー

ドラゴン実在の夢　　　　　　　　　　　　Sea Serpent
シー・サーペント

> ドラゴン、すなわち大型の爬虫類、両生類の伝説は、世界中に存在している。本来は文化的に隔絶しているはずの地域の間に、奇妙な共通項を持つ怪物が誕生したのはなぜなのか。一部の研究者は疑問の解答として、大型の爬虫類・両生類・魚類が最近、あるいは現在まで生存していたからだと主張している。

時代	さまざま
地域	世界各地
出典	目撃証言
形状	さまざま

実在を信じられていたドラゴン

　古来から、深淵にして広大な海はさまざまな怪物の生息する魔境だった。神話に登場する神竜の大半は、海洋を支配する海竜である。海や湖沼に生息している大型の怪生物——その多くはドラゴンの系譜に属する——の目撃談は、世界の至るところに伝わっている。人々は、自分たちの眼が届かぬ場所——とりわけ水中には、神話・伝説の時代以来消え去ってしまった、巨大で奇怪な生物が潜んでいると信じていた。例えばヨーロッパでは、多くの人々が17世紀ごろまでドラゴンを実在の生物と見なしており、船乗りたちは大海蛇を現実の脅威と捉えていた。

　こうした認識を迷信として切り捨てるのは容易だ。だがそれほどに深く信じられていたのなら、当時の人々にはドラゴンやシー・サーペントの実在を確信する何がしかの理由があったのではないかと考察してみるのも面白い。

　そうした理由の大部分は、本書に収められた無数のドラゴン伝説が担っている。語り継がれた多くのドラゴンは、当時の人々の心に巨大な怪獣としてのドラゴンのイメージを吹き込んだのだろう。だがこれではまだ足りない。神話のドラゴンは、分別ある大人に実在を確信させるだけの信憑性を備えてはいないのだ。

　必要なのはもっと身近な伝承や目撃談の類だ。数代前の祖先が見たという伝承や、航海から戻った船員が語る目撃談、あるいは実際にドラゴンや大蛇が棲むという湖沼が必要なのだ。そしてこうしたローカルな伝承や言い伝えは、人々の周囲に身近に存在していた。もちろん地域的な濃淡はあるにせよ、ドラゴンやそれに類する正体不明の生物について物語る地方民話は、世界中に無数に伝わっている。日本を見ても竜（龍）や蛇と名の付いた川や淵のいかに多い事か。すべてではないにせよ、その多く

には竜神や大蛇の逸話が伴っている。スコットランドはネス湖の怪物で有名だが、この湖には中世から怪物が棲むという伝承があったという。スコットランドにはその他にも、二十程も謎の大型生物が棲むと伝えられる湖沼がある。海岸にしばしばダイオウイカの死体という物証が漂着するスカンジナビア半島には、海魔クラーケン（P75）の伝承があった。

　身近にこうしたいわく付きの場所を抱える人々には、ドラゴンは幻想動物ではなく実在する生物であると強く信じられたに違いない。

伝承の信憑性

　もちろん伝承はあくまで言い伝えに過ぎない。鵜呑みにする現代人はもはやいないだろう。しかしそこに示されている奇妙な符合から眼を背けるのも、いささか遊び心に欠けると言わざるをえない。

　例えば世界中のドラゴンにまつわる伝承には、不可思議といってもいい共通項がある。例外はあるが、ドラゴンの多くが巨大で、鱗があり、爬虫類（蛇かトカゲ）に似た特徴を備えているという点だ。ドラゴン退治神話の原型であるペルセウス・アンドロメダ型神話が伝播しえた地域（主にユーラシア大陸）に限られるのならまだ納得もいくが、ドラゴンを彷彿とさせる怪物の伝承は新大陸（南北アメリカ大陸）やオーストラリアにも存在する。

　これは何故なのだろう。むろん我々はこの条件を満たす生物を知っている。遠い昔に滅びた恐竜だ。古代の人々が絶滅した恐竜の化石を目撃し、そこからドラゴンを発展させたというのはいかにもありそうな話だ（実際、17～18世紀には地元の伝承に従って調査したら、そこから古代生物の化石が発見されたという事が何度もあった）。だが世界各地に細々と恐竜や亜種が生き延び、その目撃談がドラゴンの原型となったと主張するのは飛躍が過ぎるかもしれない。

　しかしもしかしたら……。ひょっとしたら伝承には一片の真実があり、世界のどこかで元となった生物が生き延びているのではないかと期待する人は案外多いのではないか。

　この項ではシー・サーペントを代表とする、未確認生物と幻想生物の狭間に位置する、奇妙な「ドラゴン」の亜種を紹介してみよう。いずれも古い伝承を下敷きにしつつも、比較的近代に目撃談が存在するドラゴンばかりである。

シー・サーペント

　海洋を我が物顔で泳ぐ大海蛇の伝説は、実に古くから語り継がれている。多くのドラゴンの祖であるバビロニアのティアマト（P118）からして、海を支配する海竜だった。レヴィアタン（P88）やペルセウスの海の怪物（P18）、ヨルムンガンド（P92）などもそうだ。ドラゴン族の系譜は、実に海竜から始まっているといってもいいだろう。こうした神話の海竜は、原初の混沌と水への恐怖を体現する存在で、一度発生するとすべてを根こそぎ破壊する水害の化身、まつろわぬ神だった。

　その後時代を経るに従って、大海蛇に与えられていた反秩序の怪物としての役割は、地上のドラゴンに引き継がれていった。英雄や聖人が討ち果たすのはもっぱら地上の火竜や毒竜とされ、元来は無秩序な水の象徴であったはずのドラゴンが倫理的な悪の象徴へと変質するにつれて、シー・サーペントはドラゴンの本流から転落していった。

　だが大海蛇は生き残った。神秘のヴェールを失った単なる海獣としてではあるが、多くの船乗りにその姿を目撃され、語り継がれたからだ。

　シー・サーペントの最古の目撃記録の一つとして挙げられるのが、アッシリア王サルゴン二世（紀元前8世紀の王）がキプロスに向けての航海中に、大海蛇と出会ったという逸話である。以来、大海蛇は多くの水夫や沿岸の人々に目撃された。セーヌ川の港街ルーアンを恐怖に陥れ、司教に退治された蛇竜ガルグイユなどは、水を噴出するその仕草からガーゴイル[註1]の語源となった程だった。しかしこの時期の伝承や目撃談には独自性が乏しく、取りあげる程の価値はない。他のドラゴン同様に、あくまで伝説上の怪物としてしか扱われていないからだ。

　そうした事情が決定的に変化したのは、大航海時代が到来してからだった。既知世界が広がり、伝説のドラゴンのほとんどが実際にはいない事が確かめられていく中で、大海蛇の目撃談だけが逆に激増したのだ。特に18～19世紀にかけては、遠洋航海中の船舶から水夫や乗客が「伝説の大海蛇」を観察する事例が相次いだ。おそらく鯨、ワニ、鮫、魚類、海草や流木の誤認も少なくないのだろう。だが目撃証言の中には、海での経験豊富で簡単に見間違いをするとは考えにくく、さらに偽証の危険が少ない軍人によってなされている、信憑性の高いものもあるのだ。以下の二つの事例はどちらもそうしたケースで、この「ドラゴン」の歴史の中でも特に重要な証言と認められている。

註1：ガーゴイルとは、教会などに飾られている石像のこと。雨どいから流れてくる水の排出口になっている。

シー・サーペント

ディーダラス号事件

　1848年8月6日、東インド諸島からプリモス軍港への帰路にあるイギリス海軍所属のフリゲート艦ディーダラス号が、喜望峰とセント・ヘレナ島の中間で、巨大な海蛇とすれ違った。

　目撃したピーター・マックヒー船長以下船員らの証言によれば、怪物は水面上に見えただけで体長が18メートル以上あり、胴体の差し渡しは首の後部で約40〜50センチ、背にたてがみか海藻のような房がなびいていたという。色は暗褐色で、顎の下は白っぽかった。大きな蛇かウナギに酷似していたようだ。この文字通りの"シー・サーペント"はディーダラス号には関心を示さず、南西方面に泳ぎ去ったという。

　この目撃情報は、帰港した「ディーダラス号が航海中に怪物に出会った」という噂から明るみに出た。新聞沙汰にまで発展したため、海軍上層部はピーター船長に事実を報告するよう命じた。だが当然噂を否定するだろうという上層部の予想と違い、ピーター船長からの報告書には怪物遭遇の顛末が克明に記されていたのである。職務上、軍人は不確実な報告を極力避ける。それをあえて報告したからには、少なくともディーダラス号の乗組員は、自分たちが何か巨大な海の怪物を目撃したと確信していたに違いないのである。

U-28が見た海トカゲ

　第一次世界大戦中の1915年7月30日、北大西洋で活動していたドイツの潜水艦U-28号が、アイルランド沖のファストネット・ロック近辺においてイギリス汽船のイベリアン号を撃沈した。全長180メートルの巨船はたちまち波間に飲まれ、沈んでいった。

　そして約30秒後、イベリアン号は水深100〜200メートルまで達した辺りで大爆発を起こした。その時U-28の艦橋で勤務していた六人の乗組員は、衝撃波に突きあげられた奇怪な怪物が、船の破片と共に空中に舞いあがるのを見た。怪物が飛び出してから着水するまではほんの短い時間だったものの、水夫たちは全長20メートルにも達するそれがワニに似た細長い身体と頭を持ち、短い四肢に水かきを備えているのをはっきり確認した。この海トカゲに似た生物は水面に落ちた後でしばらくもがいていたという。

　漂着した死骸以外ではとてもまれなシー・サーペントの全身像の目撃例だ。

多様な「大海蛇」

　海に生息するといわれる巨大生物は、しばしばまとめて「シー・サーペント」と呼ばれる。だがこれは正確さを欠く通称だ。実際に世界の伝承や目撃談に登場する海の怪物は、その姿形に幾種類かのバリエーションがある。ドラゴンと形容出来る海蛇型（超大型のウナギの可能性が高い）、海竜型、海トカゲ型の他に、伝説的な海馬（シー・ホース）に似たものや、鯨やイルカの亜種と思えるもの、果ては超大型の節足動物、軟体動物に似たものまで存在するのだ。仮にシー・サーペントが実在するとして、それは単一の種ではありえないだろう。広大な海洋には、複数の巨大な未知生物の生存を許すだけの豊富な食料、そして人の目が届かぬ膨大な空間がある。昔の人々の想像に違わず、伝説のドラゴンが生き延びている場所として、これ程ふさわしいところはないのだ。

ネス湖の怪物

　こうした話をする時に未確認生物の王者、ネス湖の怪物（ネッシーとは近年付けられた愛称で、古くはただ単に Loch Ness Monster と呼ばれていた）について言及しないわけにはいかないだろう。

　ネス湖の怪物とは英国諸島最大の湖、スコットランドはネス湖に棲むといわれる未確認の大型水棲生物である。1933年に湖中から二つのこぶが突き出しているのが目撃され大騒ぎになって以来、世界で最も有名な未確認生物の地位を獲得した。もともとネス湖には、中世以来怪物が出現したという記録が数多くあり、16世紀の僧侶コロンバが怪物を説得して人を襲うのをやめさせたという伝説が伝わっていた。

　ネッシーに関する新しい目撃証言、証拠写真、VTRは今も頻繁に報告されている。現在では、インターネットを介したネス湖のライブ画像で、自宅に居ながらモンスター・ハントを楽しむ事さえ出来る。近年には、証拠写真の中でもひときわ有名だった『外科医の写真』がぬいぐるみを使った捏造写真だった事が暴露され物議をかもしたが、ネッシーの実在を信じる人々の考えを変えさせるには至らなかった（その写真はかねてから疑惑を持たれていた）。

　目撃証言を総合すると、ネス湖の怪物は体長が平均で10メートル、ずんぐりとした胴体と長い首を備え、四つのヒレがあるらしい。しかしこの特徴から容易に連想される首長竜という解答は、現在ではほとんど期待されていない。怪物の正体として現在有力とされているのは、並外れて巨大な無脊椎動物（ウミウシなど）、大型の両生類、原始鯨の生き残り、長首のアシカなどの説である。

モケレ・ムベムベ

　アフリカはコンゴ北部のテレ湖付近に生息するといわれる水陸両棲の未知生物。現地の言葉で「虹」を意味するモケレ・ムベムベは、全長5〜12メートルで長い首と尾を備えた竜脚類と非常によく似た外見をしているという。草食生物であるらしい。現地の人々にとって、この生物は実在の動物に他ならない。1959年には、ムベムベを罠にかけて投槍で殺したピグミーたちが、怪物の肉を食い、その毒のせいで全滅してしまったという。アフリカの奥地に恐竜の系譜に連なる生物（アフリカ竜）が生存しているという噂は、20世紀初頭から根強く囁かれてきた。事実、この大陸では思いがけない生物の発見が相次いでおり、またさまざまな未発見動物の噂がある。モケレ・ムベムベは、実は恐竜の生き残りなのかもしれないとかすかに期待させてくれる、数少ない未確認生物の代表格である。

タッツェルヴルム

　未発見のドラゴンの亜種が、ヨーロッパにも生存しているかもしれないといったら、あなたは笑うだろうか。しかしアルプス山脈には昔からタッツェルヴルムというドラゴンが生息しているという伝説が伝わっており、そしてこの大型のトカゲは現代まで細々と目撃され続けているのだ。ドイツ語で「足のない蛇」という意味のタッツェルヴルムは、四本足（報告によっては二本足）の大きなトカゲの姿をしているという。体長は60〜100センチ程、足は三本指の貧弱なもので、尾は短い。ドラゴンと言い伝えられるにはいささか小柄だが、危険な毒を持つという。

　ヨーロッパに未知の大型動物が生き残っていると考えるのは荒唐無稽に思えるが、1779年にハンス・フォックスという人物が二体のタッツェルヴルムと出会って心臓発作で死亡して以来、大型の爬虫類ないし両生類はアルプスにおいて幾度も目撃されている。二メートル近くにまで成長する日本のオオサンショウウオを考えれば、タッツェルヴルム大の両生類が生存する可能性は、けっしてゼロとはいえない。

生きているドラゴン

　だれもがそれを嘘だといった。1912年、バリの東方に位置する小さなコモド島に不時着した飛行機のパイロットが、島に生息する体長三〜四メートルのドラゴンの目撃談を持ちかえった時、当初信じる者はいなかった。

それが真実であった事は、今や広く知られている。世界最大のトカゲの一種、コモドオオトカゲ(コモド・ドラゴン)。ヤギやシカを主食とし、時には人間すら食い殺すどう猛な爬虫類。公式には体長が最大で四メートルといわれているが、六メートルを越す個体についての報告もある。コモド島周辺の限られた島に僅か5000頭程度が生息する絶滅寸前の状態にあるものの、この伝説上のドラゴン以上にドラゴンらしい巨大トカゲは、確かに実在するのである。

有名な例しか紹介出来なかったが、「ドラゴン」としての伝説が伝わり、一部でなお実在が期待されている未確認生物はこの他にも少なからずいる。その大半は何らかの誤認や作り話、伝承に過ぎないだろう。古代の恐竜が大洋や僻地で細々と生き残っている可能性は、残念ながら限りなく低い。

だがコモド・ドラゴン、シーラカンスのように、信じ難い伝承が真実であったと証明される事も、ないわけではない。そして我々が心のどこかでそう期待し続ける限り、ドラゴンの伝説は死ぬ事なく、新たに紡がれ続けるのだ。

───── 北海の海魔、クラーケン (Kraken) ─────

固有の名称で呼ばれる伝説上の海の怪物の中で、最も有名な存在の一つがこのクラーケンである。ノルウェーやスウェーデン沖合いに棲むというクラーケン(『北極の海に棲む怪物』という意味)は、大まかにはシー・サーペントの部類に分類されるが、その姿形の描写は一般的な海蛇やドラゴンのそれとは大きく異なっている。

触手でマストを掴み、海中に引きずり込む怪物と古くからバイキングに恐れられていたこの海魔を一躍有名にしたのは、ベルゲン司教だった聖職者エリック・ポントピダンという人物だった。彼は大著『ノルウェー博物誌』の中で、クラーケンの奇怪な生態を紹介している。

それによれば、クラーケンが人目に触れるのは、この巨大な怪物が海面に浮上した場合だけであるという。その場合でも背中ないし上部を除いた部分は海中に留まり、肉眼では確認出来ない。そのためクラーケンの全身像は不明だ。

浮上した怪物の上部は直径が2.5キロ程もあり、遠目には小さな島々の集まりのように見える。周囲は藻のような漂着物に取り巻かれ、まるでいま浮上したばかりというように、上部の表面ではピチピチと小魚が跳ねている。

ずっと見ていると、やがてクラーケンは水中から角にも似た無数の触手を伸ばしてくる。触手は中型船のマスト程の高さにまで伸ばす事が可能で、捕らえられればどんな船でも海中に引きずり込まれる程の力を秘めているそうだ。

だがクラーケンは巨大ではあるがもっぱらおとなしい怪物で、むやみに人間や船舶を襲うような事はしない。その背に本物の島と誤認した船員が上陸する事すらあったという。アイ

ルランドの聖人、聖ブレンダンは鯨の背でミサをあげた事で有名だが、これはクラーケンの背の上であったとする説もある。ポントピダンはすべての浮島はクラーケンなのだとさえ主張している。

　司教はこの奇怪な怪物の正体を「ポリープかヒトデの類に分類されるべきもの」と考えていた。しかしその姿形の描写は、むしろ巨大な蛸やイカ、すなわち頭足類のそれを連想させるものだ。またポントピダンは、クラーケンが強力な香気を発する排泄物や香気そのものを発し、それに引き寄せられた魚を食するのだと説明しているが、これはマッコウクジラが生成し、香水として珍重された竜涎香を彷彿とさせる特徴だ。

　スカンジナビア半島の海岸には、しばしば巨大なダイオウイカの死骸が漂着する。こうした奇怪な漂着物が神格化され、他の海棲生物と結び付いた末に誕生した幻想生物、それがクラーケンなのではないだろうか。

第2章
神々とドラゴン

DRAGONS IN MYTHS

キリスト教を害する巨大な力の象徴　Dragon in "Revelation of John"
「ヨハネの黙示録」の赤いドラゴン

一世紀末、キリスト教徒は前門にユダヤ人、後門にローマ帝国という二つの強大な敵を抱え、苦難の直中にあった。『新約聖書』の最後に収められた「ヨハネの黙示録」は、辛い時代に生きるキリスト教徒たちに希望を与え、慰めをもたらすために執筆された書である。この黙示文学の中に教会の敵すべてを象徴する七頭十角の赤いドラゴンが登場する。

時代：ドミティアヌス帝治世の末期(81〜96)
地域：小アジア
出典：ヨハネの黙示録
形状：七頭の赤いドラゴン

　また、もう一つのしるしが天に現れた。見よ、火のような赤い大きな竜である。これには七つの頭と十本の角があって、その頭に七つの冠をかぶっていた。
　　　　　　　　　——ヨハネの黙示録　第12章第3節

　わたしはまた、一匹の獣が海の中から上って来るのを見た。これには十本の角と七つの頭があった。それらの角には十の王冠があり、頭には神を冒瀆するさまざまな名が記されていた。わたしが見たこの獣は、豹に似ており、足は熊の足のようで、口は獅子の口のようであった。
　　　　　　　　　——ヨハネの黙示録　第13章第1、2節

　わたしはまた、もう一匹の獣が地中から上って来るのを見た。この獣は、小羊の角に似た二本の角があって、竜のようにものを言っていた。
　　　　　　　　　——ヨハネの黙示録　第13章第11節

　『新約聖書』の「ヨハネの黙示録」の第12章、第13章はよく「怪獣映画のようだ」と評される。天からは七つの頭と10本の角を生やし、七つの冠を戴いた赤いドラゴン、海からは同じく七つの頭と10本の角を生やし、10の冠を戴いたヒョウの身体、クマの足、ライオンの口をもった獣（第一の獣）、地中からは小羊の角をもった獣（第二の獣）といった不吉な怪物が続々と現出する光景は、まさに怪獣映画を連想させる。
　しかし、これらのドラゴンや獣は「ヨハネの黙示録」の著者が、暗喩を多用しながら世界の終末に関わる秘密を絵画的に描写するという伝統的な黙示文学の手法に従って執筆したために怪物としての姿で書かれているだけであって、その実態には生物

的な側面は一切存在していない。「ヨハネの黙示録」の赤いドラゴンは、その点が他の多くのドラゴン退治物語に登場するドラゴンと全く異なっているのである。

「ヨハネの黙示録」に登場する赤いドラゴンは、まずドラゴンである事によってキリストとキリスト教徒の敵であるサタンである事を表現している。『旧約聖書』の「創世記」においてイブをそそのかして神に背かせる蛇は「創世記」だけを読む限りでは悪魔とは何の関係もないただの狡猾な生き物だが、「ヨハネの黙示録」においては悪魔の長であるサタンと完全に同一視されている。このサタンも『旧約聖書』の「ヨブ記」では、神の汚れ仕事を請け負う御使いの一人に過ぎないが、キリスト教の歴史の中で完全に神の敵に位置づけられる事になる。ドラゴンは実際に蛇との境が曖昧な存在であり「ヨハネの黙示録」に登場する赤いドラゴンは、ドラゴンである事によってイブを誘惑したあの蛇、すなわちサタンである事を表現しているのである。

しかし、その七つの頭と10本の角はサタンの象徴ではない。この赤いドラゴンと第一の獣の七つの頭は黙示録が執筆された時代までのローマの七人の皇帝、もしくはローマを象徴する七つの丘を表していると言われている。皇帝のうちのだれであるのかについては解釈の分かれるところだが、一般にはカエサル、アウグストゥス、ティベリウス、カリグラ、クラウディウス、ネロ、ガルバとされている。また、その10本の角は上記の七人の皇帝に「69年内乱」の際に乱立した四人の皇帝の中で、前出のガルバを除くオトー、ヴィテリウス、ヴェスパシアヌスの三人を加えた10人のローマの皇帝を表すと考えられている。そして、この七つの頭はカピトリウム、パラティウム、アウェンティヌス、エスクイリヌス、カエリウス、クイリナリス、ウィミナリスというローマの七つの丘を指すという説もある。いずれにせよ「ヨハネの黙示録」における七つの頭の赤いドラゴン＝サタンは、ローマ帝国の権力と同一視されている気配が濃厚なのである。キリスト教の敵対者はサタンであり「ヨハネの黙示録」が執筆された時代のキリスト教の最大の敵はローマ帝国だった。七つの頭の赤いドラゴンとは、ローマ帝国の暗喩であると考えてほぼ間違いないだろう。

「ヨハネの黙示録」の作者

「ヨハネの黙示録」の著者ヨハネは、イエスの12使徒の一人であるあのヨハネではない。かつてそう考えられていた時代もあったが、現在ではまず同一人物として語られる事はない。この書の著者の本名がヨハネであったかどうかも定かではなく、ペンネームだとする説が主流である。

「ヨハネの黙示録」の執筆時代はドミティアヌスの治世(81～96)であり、ローマ帝国

が本格的にキリスト教の迫害を開始した時期である。「ヨハネの黙示録」は紀元前二世紀から後一世紀ごろに生まれたユダヤ教及びキリスト教の「黙示文学」の流れをひく書である。「黙示」は幻と解釈される事が多い言葉だが、言語であるギリシア語の「アポカルプトー」は「覆いをとり除く」事を意味し、人に見えない事象を明らかにする事を指す。黙示文学が覆いを除く事によって明らかにする事柄とは、将来に起こる出来事であり、その中で最も重要とされる出来事は世界の終末である。

　この世界の終末をさまざまな暗喩を用いて絵画的に描く手法をキリスト教の母体であるユダヤ教は早くから完成しており、『旧約聖書』の「ダニエル書」はその代表といえる。一般に「ダニエル書」は、前二世紀ごろ、シリア王アンティオコス四世の迫害に苦しむユダヤ人を励ますために書かれたものと伝えられている。『新約聖書』の「ヨハネの黙示録」は、この「ダニエル書」から非常に大きな影響を受けており、結果的にその事が「ヨハネの黙示録」の筆者の教養、性格までをも現代の我々に伝えてくれる。「ヨハネ」は知識人であり、途方もない程の読書好きだったと考えられるのである。

完璧主義者によるリメイク

　当然ではあるが、『旧約聖書』の黙示文学である「イザヤ書（24～27章）」や「ダニエル書」と『新約聖書』の「ヨハネの黙示録」では、世界の終末における主題が全く異なっている。キリスト教の黙示文学である「ヨハネの黙示録」では、世界の終末に関わる事柄の中で主イエス・キリストの再臨が最も重大な出来事として語られている。しかし、その執筆の手法自体はユダヤ教の黙示文学の方法論を徹底的に踏襲している。「ヨハネの黙示録」はいわば「キリスト教徒のために、ユダヤ教の黙示文学をリメイクした文書」なのである。

　皮肉な事に、その踏襲が徹底していたため「ヨハネの黙示録」は正典に組み入れられる際に、ユダヤ教における黙示文学と似たような経歴を辿る事になる。「ダニエル書」は近代語訳聖書においては預言書の一つとして数えられてはいるが、ユダヤ教においては黙示文学を嫌う律法学者たちによって預言の書からは除外されている。同様に「ヨハネの黙示録」もまた、『新約聖書』の正典に組み入れられるにあたって数多くの議論が戦わされてきたという過去があった。黙示文学は古い時代の文書である事を権威とする他の新訳聖書の正典と異なり、執筆者が神の霊を受けたとして自らが預言者として語る書であるために権威を置きづらい。キリスト教においては終末論が重要な教義の一つであるために、結局は「ヨハネの黙示録」を『新約聖書』に採用する事にはなったが、宗教改革を行ったマルチン・ルターでさえ、最初に発行したドイツ語訳

「ヨハネの黙示録」の赤いドラゴン

『新約聖書』において、最後の「ヨハネの黙示録」の部分だけノンブル（頁番号）を入れないという手段で「ヨハネの黙示録」が『新約聖書』に組み入れられている事に対する無言の異議を申し立てている。

このように、同じ扱いを受ける程、ユダヤ教の黙示文学と「ヨハネの黙示録」は執筆の方法論が酷似している。これは「ヨハネの黙示録」の著者が豊かな教養を持つ完璧主義者であり、過去の預言書や黙示文学から膨大な数の引用と借用を重ね、おそらくは「ヨハネの黙示録」を『旧約聖書』の黙示文学にあえて似せようとした事の結果と考えていいだろう。

教養と暗喩

> ここに知恵が必要である。賢い人は、獣の数字にどのような意味があるかを考えるがよい。数字は人間を指している。そして、数字は六百六十六である。
> ——ヨハネの黙示録　第13章第18節

「ヨハネの黙示録」の著者の教養と性格を伝える語句として、有名な「獣の名の数字＝666」がある。これは一般にはローマ皇帝ネロの名前の暗喩であると解釈されている。ヘブライ語とギリシア語、及びラテン語はアルファベットで数字を示す。ヘブライ語の文字綴りでネロの名前を綴り、この「NRWN QSR」を数字に換算し、合計すると666となるというのが、現在の一般的な解釈である。これが事実かどうかは定かではないが、このような数字の遊びを著書に織りこむ事が出来る「ヨハネの黙示録」の著者が途方もない知識人・教養人であった事は事実であるに違いない。

天から落ちたドラゴン

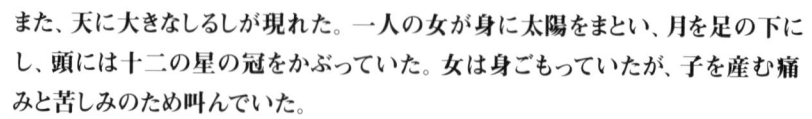

> また、天に大きなしるしが現れた。一人の女が身に太陽をまとい、月を足の下にし、頭には十二の星の冠をかぶっていた。女は身ごもっていたが、子を産む痛みと苦しみのため叫んでいた。
> ——ヨハネの黙示録　第12章第1、2節

「ヨハネの黙示録」の赤いドラゴンは身ごもった女性の子を食べるために天上に初めて姿を現す。しかし、この女の子供は生まれてすぐに神の御前に引きあげられ、ドラゴンから救われる。この子供は鉄の杖（神の権限である世界の支配権を指すとい

われている)を持つイエス・キリストの象徴だが、その母「太陽をまとう女」は聖母マリアのみを指す存在ではなく、正しい神の信奉者や教会をも暗喩すると考えられている。

　子供＝救世主は天に運ばれ、母である「太陽をまとう女」も荒野に神が用意した非難場所に逃れてしまうため、赤いドラゴンの最初の計画は挫折してしまう。

　赤いドラゴンとその僕は神に戦いを挑むが、ミカエルを筆頭とする天使たちによって撃退され、地上へ追放される。この部分は「ヨハネの黙示録」の著者が『旧約聖書』の「イザヤ書」の有名な第14章第12節の「ああ、お前は天から落ちた明けの明星、曙の子よ。お前は地に投げ落とされたもろもろの国を倒した者よ」という言葉から借用した描写だという説もある。天から落ちた明けの明星(ルシファー)とは実はバビロニアの王を指し、これをサタンと同一視する解釈は有名な誤読であるが「ヨハネの黙示録」の著者は、この一節を素直に「サタンの堕天」として読んだらしい。

獣たち

　「太陽をまとう女」とその子供を食べる事に失敗した赤いドラゴンは、海辺で自らの写しのような「第一の獣」と合流する。第一の獣は、頭の数がドラゴンと同じ七つで、角も同じように10本あり、赤いドラゴンより三つ多い10の冠を戴いている。その身体はヒョウ、口はライオン、足はクマという獣だが、これは『旧約聖書』の「ダニエル書」の第七章に登場する四つの獣をすべて合体させた姿である。「ダニエル書」の四つの獣は当時の世界で最強だった四つの帝国であるアレクサンドロス大王の帝国、ペルシア、バビロニア、メディアを指すが、「第一の獣」はそのすべての悪が融合した帝国、すなわちローマ帝国を象徴しているといわれている。七つの頭の赤いドラゴンは、この「第一の獣」に力と位と権力を与えるが、この部分は前出の「太陽をまとう女」の子供が鉄の杖(世界の支配権)を与えられる描写に対応している。すなわち「第一の獣」はローマ帝国であるだけでなく、サタンの全権代理人である偽の救世主＝反キリストでもある、と「ヨハネの黙示録」の著者は言いたかったらしい。

> この獣の頭の一つが傷つけられて、死んだと思われたが、この致命的な傷も治ってしまった。そこで、全地は驚いてこの獣に服従した。竜が自分の権威をこの獣に与えたので、人々は竜を拝んだ。人々はまた、この獣をも拝んでこう言った。「だれが、この獣と肩を並べることができようか。だれが、この獣と戦うことができようか。」
> 　　　　　　　　　　　——ヨハネの黙示録　第13章第3、4節

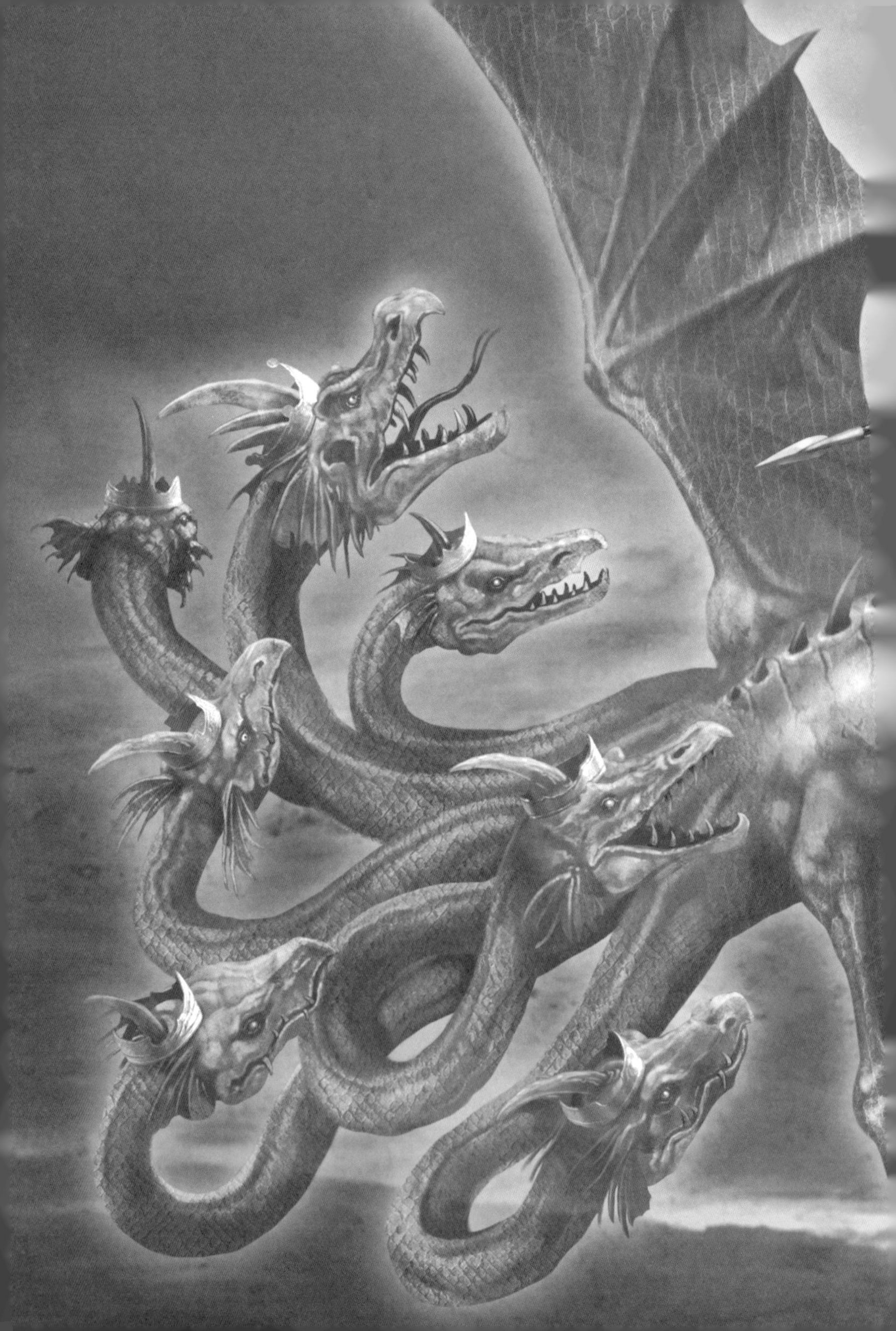

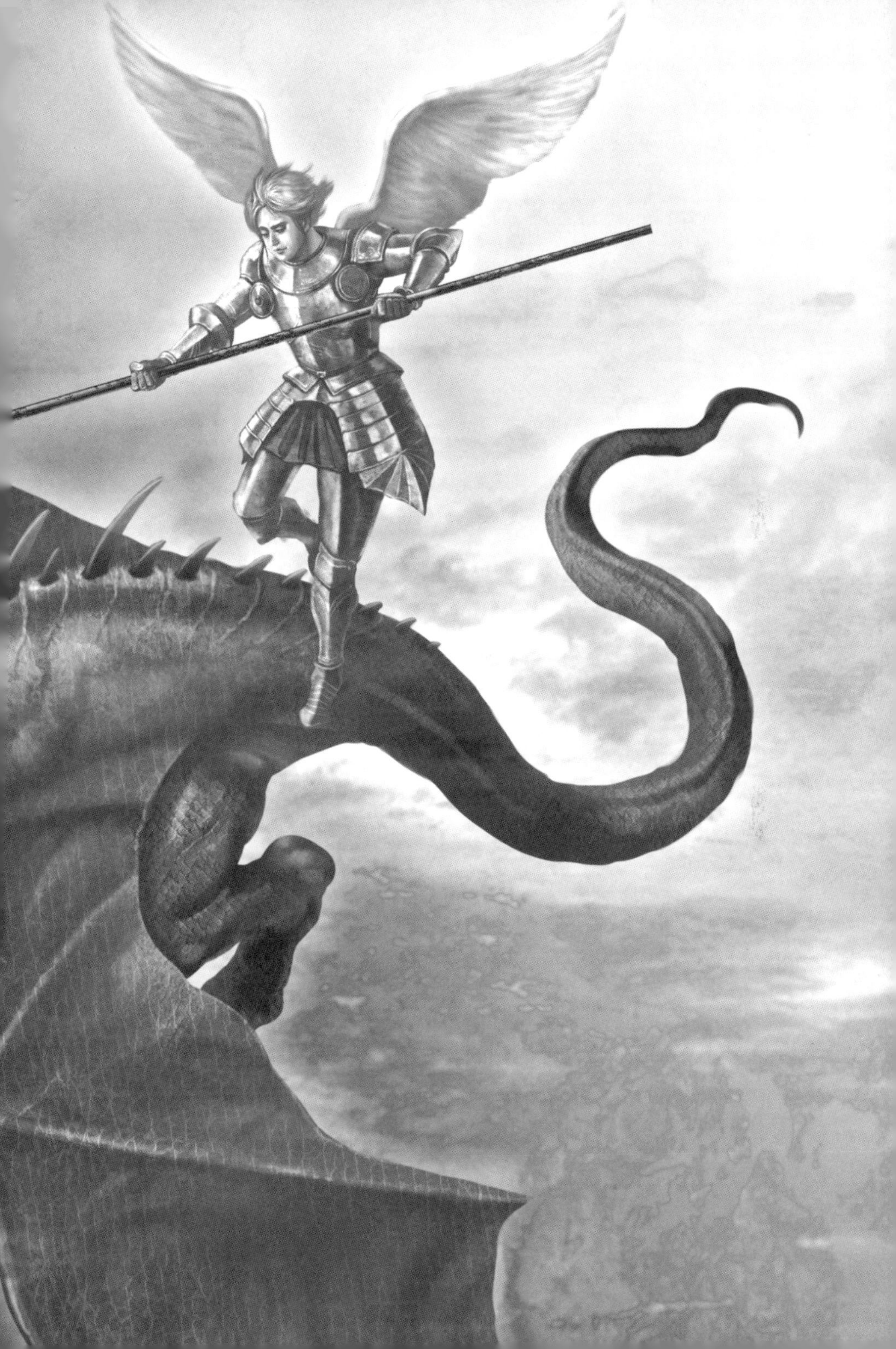

この「第一の獣」の頭の一つ、致命傷を被るが復活する特別な頭はネロ帝を指していると解釈される事が多い。ネロは死んだ後にもパルティアに亡命したという噂が絶えず、軍団を率いて反キリストとして再来するという俗信が根強かったために「ヨハネの黙示録」の著者は「第一の獣」の頭の一つをネロとして暗喩したという説が、現在では主流となっている。

「第一の獣」に続いて地中から現れた「第二の獣」は小羊に似た角を持つ。小羊はイエス・キリストの表象なので、この獣も反キリストを暗喩している。赤い龍と第一、第二の獣は悪の三位一体であり、獣への信仰（皇帝礼拝）と恐怖による暗黒の時代が始まる事になる。この段階が「ヨハネの黙示録」の著者にとっての「近未来」であったらしい。

獣とドラゴンの最期

黙示文学は世界の終末に関する秘密を明らかにする事を目的とするが、もう一つの主題として神の支配の実現を描写する。キリスト教の黙示文学である「ヨハネの黙示録」では、神の支配はキリストの再臨となる。この部分こそが、迫害に苦しむキリスト教徒たちにとっての慰めと励ましになるのである。

「第一の獣」による42ヵ月の支配の後、三人の天使による警告を経て、神による地上の浄化が始まる。七人の天使がその手にした鉢から神の怒りを地上に注ぎ、悪性の腫瘍（しゅよう）を流行らせ、海と川の水を血に変え、熱と暗黒をもたらす。さらにユーフラテス川の水を干あがらせ、ローマ帝国にとっての恐怖の象徴的勢力であるパルティア軍が侵攻するための道を開く。

ドラゴンと獣は自らの軍団を召集するが、バビロン（ローマ帝国の暗喩）は天使が誘発させた大地震によって三つに引き裂かれ、一タラント（約30キログラム）の雹（ひょう）によって徹底的に破壊される。そして、最後に強力（ごうりき）の天使が石臼の形をした巨大な石を海に投げこみ、ローマ帝国は完全に消え去る。

偽の救世主である反キリスト（ローマ皇帝）を礼拝した人々は、このようにして天使に殺戮（さつりく）される事になるが、第一と第二の獣は特別な存在によって滅ぼされる。

> そして、わたしは天が開かれているのを見た。すると、見よ、白い馬が現れた。それに乗っている方は、「誠実」および「真実」と呼ばれて、正義をもって裁き、また戦われる。
>
> ——ヨハネの黙示録　第19章第11節

「ヨハネの黙示録」のどこにもその名前は記されていないが、この白馬の騎士がイエス・キリストを指している事は間違いないだろう。この真の救世主は、偽の救世主である第一と第二の獣と戦い、これを捕らえて生きたまま硫黄の燃える火の池に投げこむ。

しかし、七つの頭の赤いドラゴンには、不思議な事に獣たちとは異なった罰が用意されていた。人間には知る事の出来ない神の深遠なる考えによって最後の審判までの千年の間、底無しの深淵に鎖でつながれ幽閉される事になった。この千年間、つまり、復活したイエス・キリストと殉教者によって統治される時代が「千年王国」であり、有名なミレニアム(千年王国思想)の成就とされる。しかし、このミレニアムは現代のキリスト教において、あまり大きく扱われる思想ではない。

千年を経て、七つの頭の赤いドラゴンは深淵から解放される。ドラゴンは再びゴグとマゴグという軍勢(ドラゴンの軍勢の二人の指導者という解釈もある)を召集し、千年王国の都を包囲する。ゴグとは本来、『旧約聖書』の「エゼキエル書」に記された「マゴグの地」の王の名であるが、非常な読書家で教養豊かな「ヨハネの黙示録」の筆者によって、ここではサタンの僕として引用されている。

復興した赤いドラゴンの軍勢は海の砂のように多いが、結局、千年王国の人々とサタンの軍勢との直接の戦いは起こらない。ゴグとマゴグの軍勢は天から降ってきた火によって焼き尽くされ、悪魔＝七頭の赤いドラゴンには今度こそ第一と第二の獣と同じ罰が下される。火と硫黄の池に投げ込まれ、赤いドラゴンは獣と同じように永遠に苦しむ事になる。

これが、七つの頭の赤いドラゴンの本当の最期となるのである。

第2章　神々とドラゴン

神が造りし大海竜　　　　　　　　　　　　　　Leviathan

レヴィアタン

審判の日に世界を滅ぼすと言われているドラゴン、レヴィアタン。この『旧約聖書』中で最も有名な怪物は、神が天地創造と共に造った海の支配者であった。だがレヴィアタンは、時代と共にその性質を変異させ、悪魔へと堕落していく。その背景には宗教的なユダヤ教及びキリスト教の黙示思想があるのだ。

時代：紀元前4世紀ごろ
地域：イスラエル
出典：旧約聖書
形状：厳密には不明

■海の支配者

　リヴァイアサンとも呼ばれるレヴィアタンは、『旧約聖書』に登場する「曲がりくねる蛇」「海にいる竜」と書かれている巨大な海の怪物である。

　その姿の描写は『旧約聖書』の中でも統一されておらず、一つの頭、あるいは多くの頭を持つ蛇やドラゴンとして描かれている。最も詳しく書かれている「ヨブ記」によれば、背中には風の吹き込む隙間もない程盾のような鱗が連なり、腹の鱗も鋭い陶器の破片を並べたかのようであり、レヴィアタンが進むだけで地面を砕き散らすとされている。また、心臓は石のように堅く、筋肉は幾重にも重なりあって、剣も槍も矢も投げ槍もレヴィアタンを突き刺す事は出来ず、棍棒で殴られても藁で触れられたくらいにしか感じない。両眼は光を放ち、口からは炎が、鼻からは煙が噴き出し、レヴィアタンが身動ぎするだけで海は沸き立つかのように荒れ狂い、レヴィアタンが通った跡には光の道が出来るという。また、恐怖を感じる事がないため、この地上にレヴィアタンを支配出来る者はおらず、「驕り高ぶるもの全てを見下し、誇り高い獣すべての上に君臨している」と『旧約聖書』にも記述されている。

　また、「創世記」に書かれている神が五日目に造った「おおきな怪物（獣）」もレヴィアタンであるとされている。これは「詩編」「ヨブ記」を始めとして、『旧約聖書』のあちらこちらに、神がレヴィアタンを造ったという記述があるためだ。だが、そのレヴィアタンも最終的には神自身が頭を打ち砕き、それを砂漠の民の食糧にしたと書かれている。

　このように『旧約聖書』において頻繁に書かれているレヴィアタンであるが、現在では聖書オリジナルの怪物ではなく、ウガリット神話のバアル神とモート神の戦いを描いた『バアルとアナト』に登場する「シャリート」あるいは「リタン（ロタン）」という名の怪物が原

レヴィアタン

点であると考えられている。シャリートは太陽や月を食い荒らして日食や月食を起こす七つの頭を持った多頭竜である。レヴィアタンと同様に「曲がりくねる蛇」と表現されるモート神の部下であるが、バアル神とモート神の戦いの途中、ウガリット神話の主神であるバアル神によって倒されてしまう。

　この神話を伝えるウガリットは、1928年に北シリア地方のラス・シャムラで発掘された遺跡によって発見された都市国家である。この遺跡からは多くの粘土板が出土したが、その粘土板には多くの神話が描かれていた。さまざまな研究の結果、これらの神話文学は、『旧約聖書』を始め、ギリシア、エジプト、中東、インドに至るまでの神話との関係が深いことも明らかになった。これらの事から、ウガリットの神話がユダヤ人に伝わり、シャリートが『旧約聖書』のレヴィアタンとなったと推測されるのである。

レヴィアタンとベヘモット

　『旧約聖書』に登場するもう一体の巨大な怪物にベヘモットがいる。レヴィアタンと対になって記述される事が多いこのベヘモットもやはり神に造られた獣である。筋肉は固く、骨は青銅の管であり、骨格は鋼鉄のようであり、牛のように草を食べ、尾は杉の枝のようにたわみ、川が押し流そうとしても全く動かないと「ヨブ記」に記されている。

　この二体の獣、レヴィアタンとベヘモットは、『旧約聖書』の外典や偽典などによれば、神による審判の日に再び現れ、この怪物たちが人々を滅ぼすとされている。そして、人々に神の裁きが下されるのだという。また、この二体の怪物は残された人々の食糧として使われるとも書かれている。この他にも、ベヘモットが雄であり、レヴィアタンが雌であるという記述も残されている。

　また、神に殺されたはずのレヴィアタンが、審判の日に再び姿を見せるために、レヴィアタンはつがいであったという物語も残されている。それによると、天地創造の五日目にレヴィアタンをつがいで造った神だったが、その力があまりに強大であったため、やむなく雄の方を殺して、雌はその巨体を水の源の底に隠してしまったのだという。審判の日に現れるのはこの雌の方であるとされている。実際、レヴィアタンの子供だというタラスクス(P45)というドラゴンが『黄金伝説』に登場している。

　また、「イザヤ書」や「ヨブ書」にはラハブという名の海の怪物が記されているが、その前後の関係から考えるとレヴィアタンとよく似ている。アッカド神話に登場する原初の女神ティアマト(P118)の子供にラハブ(ラハム、P120)という名の怪物がいるが、おそらくこのオリエントの怪物が『旧約聖書』に取り込まれたのではないかと思われる。この事から考えても、レヴィアタンがオリエント神話を元にしている事が分かるのである。

悪魔レヴィアタン

　しかし、時の流れと共にレヴィアタンやベヘモットが表すものが変化してくる。初めは神に飼い慣らされていたが、何度も神の支配に反抗し、審判の日には滅ぼされるという神への敵対者という位置付けへと変わっていったのである。つまりキリストに反抗するアンチキリスト、すなわち悪魔としてみなされるようになったのだ。

　レヴィアタンの固い鱗や心臓、炎を吐く息は破壊の象徴と見なされ、神がこの怪物を倒す部分だけがクローズアップされる。その他の記述もすべて悪魔と同一視する事によって解釈、理解されるようになる。そのため、宗教改革の時代にはレヴィアタンは「悪魔を指す湾曲的な言葉や形姿、あるいは比喩」として用いられる事もあり、マルティン・ルターはローマ教皇を「レヴィヤタン」と名付けている。神が造り上げた世界最大の生物は、その神に反抗する悪魔として甦る事になったのだ。

　このように悪魔として扱われるようになったレヴィアタンはクロコダイルあるいは蛇の姿で表され、「地獄の海軍大提督」「驕りの王」などの称号を持つとされている。これは「驕り高ぶるもの全てを見下し……」という記述の解釈によるものであり、この事からキリスト教の七つの大罪の「嫉妬」をつかさどるとも言われている。

第2章　神々とドラゴン

雷神の宿敵　　　　　　　　　　　　　　　　　　　　Jourmngald
ヨルムンガンド

北欧神話最大の怪物であるミッドガルド蛇（ヨルムンガンド）は、北欧神話の中心的資料である『詩のエッダ』中の「巫女の予言」の50、55〜56節、また同エッダに収録された「ヒュミルの歌」の22〜24節、さらにスノリ・ストルルソンがまとめた『散文のエッダ』の中の「ギュルヴィたぶらかし」で雷神トールの宿敵として描かれている。

時代	13世紀半ば
地域	アイスランド
出典	エッダ
形状	大蛇

ロキの子供たち

　北欧神話を読み物として楽しむ人々が最も注目する神であるロキは、その頭の切れと容姿の美しさ、アース神族に属しながらも神族の競争者である巨人族出身である出自、変身の能力などで、神話において異彩を放つ神である。本来、ロキは古代の北欧で信仰の対象として崇拝されていた神ではなく、神話を伝承する詩人たちが物語を劇的に展開させるために挿入した個性と考えられており、そのためにロキの悪戯は場当たり的で一貫性がない。

　そういったロキの数々の悪戯の中で、世界の秩序を揺るがす程に不吉な行動に見えるものが、最も愛された神であるバルドルの謀殺と、愛人である女巨人アングルボダとの間に三人の不吉な子供をもうけた事だろう。『散文のエッダ（新エッダ）』の編纂者であるスノリ・ストルルソンによれば、ロキとアングルボダの最初の子供は、神々が不安を感じる程に巨大に成長するオオカミのフェンリルである。これはただの獣ではなく知性的な存在でもあり、最終的に自らが神々の最大の敵になる事を生来的に心得ている気配の見える、末恐ろしい存在である。二番目の子供がヨルムンガンドで、その名前は「大いなる丸太」を意味する。神話においてはひと言も口をきく事はないが、兄フェンリルと同質の潜在的な世界の破壊者としての雰囲気を備えている。三番目はヘルと呼ばれる女性で、死者の世界の支配者となる。

　ヘルは別として、長男のフェンリルと次男のヨルムンガンドは北欧神話の世界において最大級の怪物といっていい。巨人族出身のロキと女巨人の間に生まれた事により、彼らは血筋からいえば巨人族に属しているが、一般の巨人族とは全く異なる静かで不吉な存在感を神々の未来に投げかけている。

雷神の宿敵

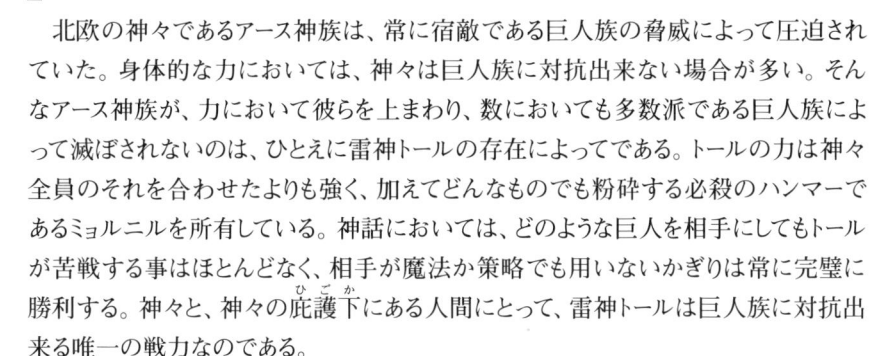

　北欧の神々であるアース神族は、常に宿敵である巨人族の脅威によって圧迫されていた。身体的な力においては、神々は巨人族に対抗出来ない場合が多い。そんなアース神族が、力において彼らを上まわり、数においても多数派である巨人族によって滅ぼされないのは、ひとえに雷神トールの存在によってである。トールの力は神々全員のそれを合わせたよりも強く、加えてどんなものでも粉砕する必殺のハンマーであるミョルニルを所有している。神話においては、どのような巨人を相手にしてもトールが苦戦する事はほとんどなく、相手が魔法か策略でも用いないかぎりは常に完璧に勝利する。神々と、神々の庇護下にある人間にとって、雷神トールは巨人族に対抗出来る唯一の戦力なのである。

　ロキの二番目の子供であるヨルムンガンドは、あたかもトールの対抗者として生まれてきたような怪物で、巨人族側のトールといってもいいだろう。力でトールと互角に太刀打ち出来る者は、巨人族の側にはヨルムンガンドしかいないのである。

　スノリによれば、ヨルムンガンドは兄フェンリル、妹ヘルと共に巨人の国ヨーツンヘイムで母アングルボダによって育てられていたとされる。神々はこの三人の子供から、巨人族の脅威を超えた、何か途方もない災難の気配を感じとったため、神々の王である主神オーディンは彼らを自らの元に連れてこさせた。この時、ヨルムンガンドは視覚的な恐ろしさを感じさせる程には大きくなかったらしい。「大いなる丸太」を意味するその異名もまだ与えられていなかったかもしれない。

　オーディンは、三人のロキの子供たちの中で、この蛇に対する処置を最初に決め、大地をとりまく海の中に投げこんだ。一番目の子供であるフェンリルの時のように、神々がこの蛇を自らの元で飼ってみれば、このような軽率な行動には出なかったかもしれない。フェンリルを飼った神々は、このオオカミの驚異的な成長速度に恐怖を感じ、戦いの神チュールの片手を犠牲にして、地面の底に住むドヴェルグ（ドワーフ）の魔法の鎖でフェンリルを拘束した。フェンリルの弟の蛇は海の底で兄と同じように、もしくはそれ以上の成長を遂げ、とうとう大地、すなわち人間の世界ミッドガルドをひと巻きにして自分の尾を咥えられる程に大きくなった。これによって、ヨルムンガンドは「ミッドガルドの蛇」とも呼ばれるようになったのである。

第2章　神々とドラゴン

力くらべ

　我々が現在読む事が出来る北欧神話を形成しているそれぞれの詩は、複雑で混みいった関係にあり、どの資料がどの資料を参考にしたかは確定する事が難しい。また、失われてしまった資料もおそらく多い。現在、再話化されている北欧神話はこのような理由によって、内容にしばしば年代的不統一が発生しているが、トールとヨルムンガンドとの因縁をそれぞれの資料から出来るだけ抜き出して破綻しないように並べると、両者の最初の遭遇はスノリが編纂した『散文のエッダ』の「ギュルヴィたぶらかし」の中に収録された、トールのウトガルド訪問の物語であるといっていいだろう。

　トールはロキと共に旅をしていた。宿をとった農民の家でそこの子供である少年シアルヴィと少女ロスクヴァを従者として召し抱えたトールは、巨人の国ヨーツンヘイムに向けてヤギに牽かせた戦車を走らせる。途上の森で出会った不思議な巨人スクリューミルからウトガルドという土地を支配する巨人王ウトガルド・ロキの話を聞いたトールは道を進むうちに、野原に建つ途方もなく巨大な城を見つける。それは件(くだん)の巨人王の城だった。ウトガルド・ロキはアース神族最強の者であるトールを少しも恐れず、挑発的な口調でトール一行と城の身内との力くらべを申し出る。

　まず、大飯食らいと早飯を芸とするロキが、ウトガルド・ロキ王が指名したロギという巨人と食べくらべをするが、用意された肉だけでなく骨まで飲みこみ、あげくに肉が入っていた桶まで食べてしまうロギの前に敗北する。

　次に、駿足のシアルヴィが、フギと呼ばれる巨人と駆けくらべをするが、これまた何度挑戦してもシアルヴィはフギに勝つ事が出来なかった。

　大将格のトールはウトガルド・ロキに酒の飲みくらべで挑戦するが、城の巨人がひと口か、そうでなければふた口で空にするといわれている角杯の酒をトールは三口でも飲みほす事が出来ない。ウトガルド・ロキはトールへの評価をますます下げたような口をきき、城で飼っているネコを持ち上げて見せろといった。

　その灰色のネコは小さくはなかったが、所詮、ただのネコのはずだった。トールは腕をネコの腹の下に入れて持ちあげようとした。しかし、ネコは背を曲げ、アース神族の中ではずば抜けた巨漢であるはずのトールが必死になってもその足を床から離す事が出来ない。トールは背も腕も伸ばせるかぎり伸ばしたが、ネコの片足を床から離したにとどまった。

　最後に自ら申し出た力くらべでも、トールはウトガルド・ロキの乳母である老婆エリとの相撲にも勝つ事が出来ず、完全に名誉を失ってしまう。

　自尊心を砕かれ、すっかり意気消沈したトールをウトガルド・ロキは手厚くもてなし、

翌朝になると城の外まで送った。
　ウトガルド・ロキはへこむトールに昨夜の芸くらべの種明かしをした。骨や桶まで食べてしまうロギの正体が炎だった事、異様に足の速いフギがウトガルド・ロキの「思考」を巨人に見せかけたものだった事、トールが飲みほす事の出来なかった角杯の底は実は海につながっていて、トールは大量の海水を飲まされていたのだという事、強力のトールを相撲で打ち負かしたエリは「老齢[註1]」を老婆に見せかけたものだった事。そして、そういった勝てるはずのないものを相手にしたトール一行の奮闘と善戦に、ウトガルド・ロキが内心、非常に驚いていたという事……。
　そして、トールが持ち上げる事の出来なかったあの灰色の大きなネコの正体は、大地をひと巻きにするミッドガルドの蛇だったという事をウトガルド・ロキは明かした。実はあの時、トールの手は天にとどく程の高さにまでさし上げられており、蛇の頭と尾は地面からもう少しで離れそうになっていたのだった。
　たばかられていた事を知ったトールは激怒にかられ、ミョルニルの槌(つち)でウトガルド・ロキの頭と彼の城を粉砕しようとするが、幻術に長けたウトガルド・ロキは即座に姿と城を隠してしまい、トールは意趣返しも出来ないままに引き返す事になった。
　このトールのウトガルド訪問の物語がスノリの作によるものなのか、それとも現在では失われてしまった古詩からスノリが借用したものなのかどうかは分からないが、スノリはここで語られているトールとヨルムンガンドとの遭遇を両者の宿命的な縁の発端として位置付け、次の物語に繋げている。

引き分け

　『詩のエッダ（古エッダ）』の中の「ヒュミルの歌」とほぼ同様の内容の物語をスノリはトールのウトガルド訪問に続く物語として紹介している。
　「ヒュミルの歌」の中では、海の王である巨人エーギルの城をトールがアース神族の代表として訪れて祝宴の場所とビールを提供する事を強要するが、反対に神々全員の分のビールを醸(かも)せる鍋を持ってくるように要求されてしまい、戦神チュールの父親である巨人ヒュミルが所有する大鍋を獲得するためにトールとチュールが旅に出る事が物語の発端となる。「ヒュミルの歌」は、アース神族がどのようにしてエーギルが求めた大鍋を手に入れたかという事が主題となる詩であり、トールとミッドガルドの蛇との戦いは副次的なものとして書かれているが、スノリが編纂した『散文のエッダ』の「ギュルヴィたぶらかし」ではウトガルド・ロキの城で争ったミッドガルドの蛇との決着をトールがつけようとするという点に内容が絞られているため、ヒュミルの館にトールが立ち寄る目

註1：どのような神や英雄も老いには勝てないという事を表している。

的はビールを醸す大鍋ではなく、また、チュールが旅に同行する事もない。

「ヒュミルの歌」では、客人であるトールの猛烈な食欲に驚いた巨人ヒュミルがトールの食事を確保するために、トールと共に海に漕ぎ出す。しかし「ギュルヴィたぶらかし」では、トールは最初からミッドガルドの蛇との対決を求めている気配が濃厚であり、魚を釣るために海に出ようとするヒュミルの舟に便乗する。「ギュルヴィたぶらかし」だけでなく「ヒュミルの歌」におけるトールも海に出る時にはミッドガルドの蛇との戦いがすでに頭にあったらしく、どちらの神話でもトールはヒュミルの飼っている牡牛の中で一番大きい一頭の首を引き抜いてこれを釣りの餌としている。

「ヒュミルの歌」のヒュミルはクジラを二頭同時に釣り上げたりしているが「ギュルヴィたぶらかし」におけるヒュミルの目的はヒラメだった。トールは沖に出すぎる事を心配するヒュミルの言葉を無視し、海底にミッドガルドの蛇がいる海域まで舟を漕ぐ。

そして、トールが海中に投げこんだ牡牛の頭にミッドガルドの蛇は喰いついた。トールはすさまじい力で怪物を舟縁までたぐり寄せた。「ギュルヴィたぶらかし」では、最初に当たりがあった時にトールの両手は舟縁に激突して音をたて、トールが釣り上げにかかるとその金剛力で足が舟底を踏み破って海底に着いたという描写が付け加えられている。スノリは「ヒュミルの歌」を引用したか、もしくは「ヒュミルの歌」の作者も参考にした現在では失われている資料からトールとミッドガルドの蛇とのこの競り合いを取材したと考えられるが、この光景には大いに想像力を刺激されたらしく、この部分の描写は脚本のト書を思わせる細密なものとなっている。

「ギュルヴィたぶらかし」では、舟に引き上げられそうになった蛇はトールを睨み付けて毒気を吹きつけた、とある。蛇にとどめを刺そうとしたトールの行動も「ヒュミルの歌」と「ギュルヴィたぶらかし」ではやや違っており「ヒュミルの歌」では、たぐり寄せた蛇の頭にトールは手にしたミョルニルのハンマーで一撃を加える事に成功している。しかし、これは致命傷にはならず、ミッドガルドの蛇は海中に沈み、戦いの決着は神々と巨人族の最後の戦いの時まで据え置きとなる。

「ギュルヴィたぶらかし」では、蛇の頭をトールが粉砕しようとハンマーを振り上げた瞬間、あまりに恐ろしい光景に耐えかねたヒュミルがナイフで釣り糸を断ち切り、自由になった蛇は海中に逃れたという事になっている。トールは潜る蛇に向けてハンマーを投げた。スノリはここで「トールの投げたハンマーは海底で蛇の頭を斬り落した」という世の噂を紹介し、作中の語り手に「しかし、おそらく蛇は生きている」と噂を否定させるという手法で両者を引き分けとし、決着を最後の戦いに繋げている。

因みに「ヒュミルの歌」の作者は23節でミッドガルドの蛇を「オオカミの兄弟」と表現し、続く24節ではオオカミを意味する「トナカイの敵」という言葉で蛇を呼んでいる。フ

ヨルムンガンド

ェンリルとヨルムンガンドが兄弟であるという事をはっきりと記している資料は、現在では『散文のエッダ』だけだが、この「ヒュミルの歌」のケニング（北欧の古詩独特の呼び変え表現）によって「ヒュミルの歌」が書かれたとされる11世紀後半の北欧では、ヨルムンガンドがフェンリルの兄弟である事は詩人たちには共通の認識であった事が分かるのである。

相討ち

　北欧神話の最大の魅力は「神々も滅びの運命を逃れる事が出来ない」という予言にあるといっていい。秩序の守護者であったはずのアース神族は、世俗的な欲望から生じた数々の失策や、もはや悪魔的と呼べる程になったロキの悪戯による損害によって次第に神聖な存在とは呼べなくなり、保身のためのその場かぎりの浅知恵によって次々に新たな危機を呼びこみ弱体化していく。そして、最後には敵性種族である巨人族を抑える事が出来なくなり、最初で最後の正面からの戦いの中でアース神族は巨人族と共倒れになって、世界を巻きこみ滅びていく。「神々の黄昏」という誤訳註2によって有名になったこの最後の戦いの中で、トールとミッドガルドの蛇の因縁の戦いにもついに決着がつけられる事になる。

　『詩のエッダ』の「巫女の予言」によれば、人心が乱れきり、この世の秩序が崩壊する時代に、神々の敵が一度に蜂起して神界に押し寄せてくる。神々によって罰せられ洞窟の中で拘束されていたロキや、父であるロキと同様にその潜在的な危険性を神々から警戒されて魔法の鎖で縛られていたフェンリルなどが枷（かせ）を壊して自由の身となり、神々の敵に加わる。「巫女の予言」では東方の陸路から巨人フリュムが進軍し、同じく東方の海路からはナグルファルという船に乗ったムスペルという巨人の一族が軍勢となって来冦する。ナグルファルの舵取りとして、あのロキも巨人族の軍勢に参加している。このナグルファルを陸に運ぶのは、大洋で身をくねらし高波を発生させるヨルムンガンド＝ミッドガルドの蛇である。そして、南方からはスルトという正体不明の神々の敵対者が炎を武器として攻め寄せてくる。

　『散文のエッダ』の「ギュルヴィたぶらかし」では、神々の敵側の人員配置が「巫女の予言」と若干異なっていて、死者の爪から造られた船ナグルファルの舵を巨人フリュムが取り、この船には霜の巨人族が乗っている。ロキはヘル（冥界）の亡者たちの指揮官として姿を見せ、スルトはムスペル（スノリはムスペルを炎の国として紹介している）の軍勢の首領として巨人族の軍勢とは連係せずに独自に神々を攻撃する（スノリが描くスルトとムスペルの民は巨人族としての雰囲気が薄い謎の種族で、『新約聖書』の

註2：ラグナ・ロクは「諸力＝神々の最後の運命」程度の意味だが、ワーグナーはこれを「神々の黄昏」とドイツ語訳した。美しい語感を持つためか、誤訳であるにもかかわらずこの訳が有名になった。

ヨルムンガンド

「ヨハネの黙示録」において世界を滅ぼす天使たちのイメージを借用しているという説がある)。そして、スノリはヨルムンガンドがフェンリルと共に戦場に到着するという描写を挿入している。

　スノリがヴィグリードの野と呼ぶ広大な平原で、神々と巨人の軍勢は激突する。まず最初に、神々の王である主神オーディンがフェンリルによって倒される。「ギュルヴィたぶらかし」においては、スノリはオーディンがフェンリルによって呑み込まれたと記している。

　そして、力においてそれぞれの陣営の中で最強のトールとヨルムンガンドが戦う事になる。神話の中における時の流れに沿っていえば、これは三度目の戦いである。オーディンの息子であるヴィーダルが父の仇討ちのためにフェンリルと戦うすぐ近くで、トールはヨルムンガンドを倒す。

　トールとヨルムンガンドの戦いの決着は「巫女の予言」と「ギュルヴィたぶらかし」とではかなり雰囲気が違っている。「巫女の予言」を解釈すればトールはヨルムンガルドに完勝している。トールが最後の戦いを生き残る事はないが、おそらくその死はヨルムンガンドとの戦いによるものではなく、世界の滅亡と共に消えていくのである。「巫女の予言」には「トールは名誉を損ねる恐れなく、蛇から九歩退く」と記されているが、これはトールがヨルムンガンドを確実に倒したため、退いても悪評の原因にはならないのだ、と解釈出来る。「巫女の予言」では、トールの死についての描写はない。

　スノリは「ギュルヴィたぶらかし」の中で、トールがこの時に討ち死にしたと解釈している。ヨルムンガンドを殺してトールが九歩退いた場所は、すなわち彼が死んだ場所だとスノリは語っており、つまり相討ちである。そして、スノリはトールの死の原因はヨルムンガンドが吹きかけた毒気のせいだという説明も挿入している。スノリはヨルムンガンドが毒気を吐く怪物だという事を繰り返し語っているが、一方の『詩のエッダ』ではこの毒気についての描写は全くない。

　このようにトールとヨルムンガンドという、巨人と神々の軍勢の中で最強の者たちの因縁の戦いは、世界の滅亡である最後の戦いの中でようやく決着がつく。「巫女の予言」と「ギュルヴィたぶらかし」の描写のどちらがより劇的であるかは、読者の趣味によって判断が分かれるところだろう。

その形態

　フェンリルとヨルムンガンドの兄弟は巨人族に属しながらも、どこか朴訥とした雰囲気を持つ一般の巨人たちと全く異なる不吉で凶悪で、底の知れない無気味な雰囲気を持つ。現に最後の戦いにおいては兄フェンリルは神々の王である主神オーディンを倒し、弟ヨルムンガンドは神界最強の勇者である雷神トールを向こうに回す。身体も巨人の姿をしておらず、その身体は巨人とは次元の違う大きさを誇る。神々の陣営に致命的な一撃を加えるために生まれてきた巨人族の決戦用の戦力であり、最終的な局面においてのみ動くその雰囲気は核兵器を思わせるものがある。

　では、この大蛇ヨルムンガンドはどのような姿をしていたのだろうか。『詩のエッダ』においても『散文のエッダ』でも、ヨルムンガンドは常に「オルム(蛇)」「ナズ(毒蛇、マムシ)」と表現され、「ドレキ(ドラゴン)」とは書かれていない。しかし、この大蛇がやがてドラゴンと呼ばれる事になる想像上の怪物の原型の一つとなっている事は、ほぼ間違いがない事だろうと思われる。北欧神話に登場する代表的なドラゴンであるニドヘグのイメージは「巫女の予言」の最終の66節で翼があると書かれている事を除けば、ヨルムンガンドとほとんど変わらない。ヨルムンガンド自体をドラゴンと呼ぶのは無理があるかもしれないが、この怪物じみた蛇が古代北欧の人々にドラゴンという生き物を想像させる母体となった事は十分に考えられるのである。

　『散文のエッダ』の1680年の写本にはミッドガルドの蛇の挿絵があるがその頭には角と耳のようなものがあり、舌は二つに割れておらず、顔も全く蛇とは異なり、さらに鉤爪が生えた前足を備えているため、その姿はもはや、蛇というより完全にドラゴンに見える。この時点ですでに、ヨルムンガンドは「ただ大きいだけの毒蛇」ではなくなっていたのである。

ケルトとサクソンの争い　The Red Dragon and The White Dragon

赤いドラゴンと白いドラゴン

イギリスの古い時代の『歴史書』では、巨大な赤いドラゴンと白いドラゴンとが、イギリスの領有を巡って相争うという物語が描かれている。この二体は神でも、悪魔でもない。ケルト人とゲルマン人という、対立する二つの民族の象徴だ。彼らの闘志と流れる血や彼らの住む大地、彼らの聞く大自然の叫びこそ、赤と白のドラゴンの姿なのである。

時代：中世イギリス
地域：ウェールズ
出典：マビノギオンなど
形状：巨大で翼を持つ赤いドラゴンと白いドラゴン

三つの災厄

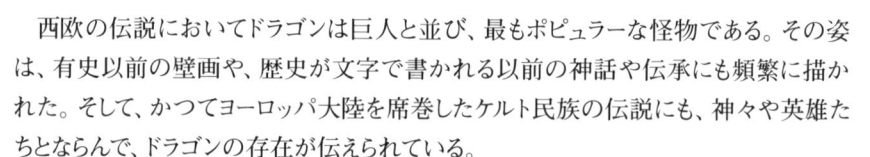

　西欧の伝説においてドラゴンは巨人と並び、最もポピュラーな怪物である。その姿は、有史以前の壁画や、歴史が文字で書かれる以前の神話や伝承にも頻繁に描かれた。そして、かつてヨーロッパ大陸を席巻したケルト民族の伝説にも、神々や英雄たちとならんで、ドラゴンの存在が伝えられている。

　そんな古いケルト神話に登場するドラゴンは、全身が真っ赤に染まった、翼と鱗を持つ巨大で恐ろしい怪物だった。その雄叫びは男の勇気を削ぎ、女は身ごもらず、子供の感覚を麻痺させる。そしてこの叫びを聞いた大地は植物の芽を出さず、木々は実をつけず、家畜たちは仔を生まなくなってしまうのだ。

　この紅竜は普段はその姿を現す事はない。このドラゴンは古代文明における自然神としての蛇神同様、ケルト民族の住む世界そのものを象徴した存在なのだ。ドラゴンは地中に眠り、その寝返りが大地を揺るがし、吐息が嵐を、いびきが地鳴りを引き起こす事はあっても、それは人々の守り神であり、本来は大地に雨を降らす恵みの神なのである。ところが、ひとたび紅竜が目覚め、その巨大な身体が天空に舞いあがると、世界には大いなる災いが巻き起こるのだ。そして、そんな大事件が、ある日ブリテンを恐怖に陥れたのだった。

雄王ルードと賢王レヴェリス

　かつてブリテンを治めていたバリ大王には四人の息子がいた。そのうち長男のルードは最も勇気に溢れ、人々を率いる器量に長けていたので父の跡を継いでブリテ

ンの王となった。そして彼の弟の一人で物静かで賢かったレヴェリスはフランスの王女と結婚し、やはり王となっていた。

　ルードは父の期待どおり、王としての才を発揮し、今日ロンドンと呼ばれる巨大な都を築いた。弟のレヴェリスも巧みに国を治め、世は戦もなく平和そのものであった。

　しかしそんなある日、ブリテンにそれまでだれも経験した事のない三つの災厄が襲いかかったのだ。

　一つめの災厄は「コラニア人」と呼ばれる魔術を用いる妖精たちが大挙して押し寄せてきた事だった。二つめの災厄は恐るべきうなり声が昼も夜も大地を覆った事だった。そして三つめの厄災は宮廷の食料がすべて、一夜にして消えるという不思議な現象であった。

　ルードはこの災難をどうにかして切り抜けようとフランスへ行き、たぐいまれな知恵を持っている弟レヴェリスに、この厄災の原因と解決法を尋ねた。

　レヴェリスが言うには、魔法を使うコラニア人には普通の武器では歯が立たないので、人間には無害で彼らにだけ毒となる虫の死骸を飲み物に混ぜ、一緒にそれを飲む事を勧めた。また宮廷から食料を持ち出しているのが大きな篭をもった巨人である事を突き止め、王がこの巨人と対決出来るようにした。

　そしてレヴェリスはついに、恐ろしいうなり声の正体が、ブリテンへとやってきた白いドラゴンと戦うため、地中から舞いあがった紅竜の雄叫びであると兄に伝えた。赤いドラゴンがブリテンの民の守護神であるように、白いドラゴンはゲルマン民族の守り神であった。ケルト人たちが住んでいたブリテンにゲルマン人がやってきたので、彼らの白竜もまたこの地へと飛来したのである。

　恐ろしく巨大で、しかも自分たちの守護神であるドラゴンを倒す事は出来ない。彼らの戦いをやめさせるには、術策が必要であった。

　レヴェリスはルード王に、まずブリテン島の東西南北を測量し、その中心を定めよといった。そしてそこに大きな穴を掘り、最高級の蜂蜜酒をなみなみと注ぎ、さらにその上に巨大な絹の覆いをかけ、そして王自身がその罠を見張るようにと助言した。

　ルードはさっそくブリテンに帰り、言われたとおりにブリテンの中央を測り、現在のオックスフォードにあたる地点に深い穴を掘って蜂蜜酒を満たし、絹の覆いをかけてドラゴン同士の戦いを見守った。

　上空では天を覆うばかりの巨大なドラゴンが凌ぎを削っていた。だが、ドラゴンたちは眼下の大地に大きな穴があるのを見つけると、互いに相手をその穴に落とそうと、くるくるとからみ始めた。そしてついに、二体の紅白のドラゴンはもつれあったまま、蜂蜜酒の池へ激しく落ち込んだのである。

ドラゴンたちはしばらく酒の池の中で戦いを続けていたが、次第に蜂蜜酒に酔い、ついに二体とも眠り込んでしまった。ルードはこれをみて、すかさず絹の覆いで眠っているドラゴンたちを包み、石で出来た巨大な箱に彼らを詰めこんで、地中深く埋めてしまった。

ようやく酔いが醒めたドラゴンも、大地に埋められた箱の中ではどうしようもなく、地上には平安が帰ってきた。こうして王はドラゴンたちを鎮め、災厄を乗り切ったのである。

ドラゴンの復活

かくして賢き弟の助言を受けた勇敢な王は、ブリテンに再び平和を取り戻した。しかし、ドラゴンたちは永遠の眠りに就いたわけではなかったのである。

ルード王が二体のドラゴンを大地に閉じこめてから数百年がたった。当時、ブリテンを支配していたローマ帝国は衰退し、ローマ軍はブリテンから去り、かわりにサクソン人を中心としたゲルマン民族が押し寄せてきていた。

ローマが去った後のブリテンの王ヴォルティガーンは新たな敵サクソン人に対して敗北に敗北を重ね、ロンドンは奪われ、ケルト民族は西方の山岳地帯に追いやられようとしていた。

ヴォルティガーン王はサクソン人の攻撃を防ぐため、オックスフォードに堅牢な要塞塔を建てようとした。しかし、土台を造る段階になって地面の下にある何かが、建設を邪魔していると知った。

王は国中の魔術師にこの謎を解かせようとしたが、だれも何が地下に眠っているのか分からなかった。だが、ただ一人魔法使いマーリンだけが、深い知恵によって事態の真相を悟っていたのだ。

マーリンはヴォルティガーンに「地下に何があるのか知りたければ、掘ってみればよい」といった。王がいわれた通りに掘ってみると、大きな泉が出てきた。王が泉の下には何があるのか訊ねると、マーリンは「知りたければ、泉の水を吸いあげてみればよい」と進言した。

水が吸いあげられた。現れたのは大きな二つの石の箱だった。王が「石の箱には何が入っているのか」と訊ねた。マーリンは「知りたければ開けてみればよい」というばかりだった。

箱が開けられた。中から遠い昔にここへ入れられた紅竜と白竜が出てきた。二体のドラゴンは、互いの姿を認めると再び戦い始めた。

王は訊ねた。なぜ、このドラゴンたちは戦っているのかと。マーリンは答えた。「この戦いは我々の未来を表している。今は紅竜が白竜に押され、負けそうになっている。だが、ブリテンの地が破壊され、荒廃するのを見れば紅竜は甦り、白竜を追い出すであろう。しかし、いつの日か、再び白竜がやってきて、紅竜を敗北させるであろう」と。

そして、マーリンの予言どおりヴォルティガーンは敗北し、白竜が象徴するサクソン人がブリテンを破壊する。再びケルト民族に勝利をもたらすのは有名なアーサー王である。だが、アーサーもつかの間の平和の後、近親者の裏切りによって力を失い、ブリテンはその時ついにサクソン人のものになるのである。

マーリンは来るべき戦乱を人々に知らせるべく、眠っていた二体のドラゴンを起こしたのだった。いや、このドラゴンを起こしたのはケルト人とゲルマン人という二つの民族の争いそのものだったのかもしれない。

今に生きるケルトの精神

マーリンの予言にあるように、紅竜と白竜の争いがケルト民族とゲルマン民族との争いを表している事は明らかである。

この伝説はネンニウスという人物が書いた『ブリテンの歴史』に描かれているが、後に、ジェフリー・オブ・モンマスは『ブリテン列王史』において、さらに未来であるサクソン人とノルウェー人との戦い、そしてノルマンディー公ウィリアムによるイギリスの征服までをマーリンに予言させている。

ともあれ、この伝説はそれぞれのドラゴンが民族を象徴するものとして、長く語られ続けた。前述の二冊の「歴史書」が、歴史と呼ぶにはあまりにも空想に満ちている事が明らかになってからも、ケルトの人々は自らと自らの土地を紅竜に例え続け、現在に至っている。

中世の伝説において、アーサーの父親であるウーサー・ペンドラゴンという人物の名は「竜族の頭目」という意味を持ち、現代の映画や物語の中でアーサー王の騎士たちが掲げる旗には真っ赤なドラゴンが描かれている。また、ラグビーのウェールズ・チームのチーム名は今も「レッド・ドラゴンズ」なのだ。

北アイルランドの紛争といった宗教と民族の絡んだ問題はさておいても、ケルト民族の末裔たちは今もなお、紅竜に自分たちの故郷を託し、スポーツや文化において、独自性を保ち続けようとしている。伝説に描かれる赤きドラゴンは、まだ生き続けているのだ。

第2章 神々とドラゴン

最果ての地に棲む眠らぬドラゴン　　　　　　　　　　Radon

ラドン

> ギリシア神話の中で最も謎に包まれた怪物、それがラドンである。ギリシア最大の英雄ヘラクレスの伝説に登場するこのドラゴンは、物語の中に一切その姿を現さない。巨大で恐ろしいという印象だけで語られるラドンは、存在を隠す事による恐怖の増大という現代的な創作手法で、英雄の立ち向かう試練の厳しさを象徴するという役割を与えられているのである。

時代：古代ギリシア
地域：エーゲ海
出展：ギリシア神話
形状：100の頭の多頭竜

　ギリシア神話に数多く登場するドラゴンの一つに、ヘスペリスの黄金と呼ばれる神々のリンゴを守る怪物がいた。黄金のリンゴはゼウスとヘラの結婚式の時に、大地の女神ガイアから贈られたものだった。
　そしてこの木を見張るヘスペリデスの乙女たちと共にリンゴを守っているのが、ラドンという名のドラゴンで、100の頭を持ち、けっして眠る事がないといわれているのだ。この地を訪れる者は皆、ヘスペリデスの警告を受け、それでも立ち去らないならば、昼も夜も休みなくリンゴを守るラドンの餌食となるのであった。
　ラドンはギリシア神話に登場する数多くの怪物と同様、テュポン（P110）とエキドナの子とされている。またこれとは別に、ゴルゴオたちの父である海神ポルキュスとその妹ケトの間に生まれたとする伝説もある。いずれにせよラドンは、その姿といい、生まれといい、典型的なギリシア神話のドラゴンである。だが実は、ラドンには他の怪物とは一線を画す、一つの謎があるのだ。

西の果て、世界の果て

　ヘスペリスというのは宵の明星の事で「西の果て」を意味する。太陽が沈む西方は大昔より黄泉の国の入り口とされ、ギリシア神話においても世界の果てであるとされていた。この最果ての地を統べるのはアトラスという巨人で、かつては狡猾な神の敵であった。神々はこの恐ろしい巨人の力を削ぐために、天空を支えるという終わりなき苦役を与えたのであった。
　黄金のリンゴが植えられたのは、このような冥界と地上との境目、神の国と人間世界との狭間だった。エジプトやギリシア、ローマといった当時の地中海世界において

は、この地は地中海が大いなる大西洋の海原に注ぎ込むジブラルタル海峡だったと考えられていた。現在北アフリカの西端に存在する山脈につけられたアトラスという名は、彼がかつて、英雄ペルセウスがもたらしたゴルゴオの首によって石に変えられたという伝説を物語っている。

　眠らないドラゴン、ラドンもこの世界の果てを住処にしている。その姿は飽く事なく寄せてはかえす大西洋の荒波かもしれないし、近づくものを威嚇するジブラルタルの大岩かもしれない。地中海文明の人々にとって、大西洋はまさに世界の果てであり、生きとし生けるものすべてを飲み込む恐ろしい存在だった事を考えれば、そしてラドンがテュポンの子という伝承とは別に海神の子孫だとする伝説があるという事は、100の頭を持つドラゴンとは、今もヨーロッパとアメリカの間に横たわる大海原の波頭そのものなのかもしれない。

知恵による勝利

　さて、ヘスペリスの黄金のリンゴを守る番人とされたラドンではあるが、物語で言及される事こそ多いものの、100の頭を持ち眠らないという他には具体的な描写は少ない。この怪物が守る黄金のリンゴを奪いにきた英雄ヘラクレスの物語においても、ラドンはその姿を現しさえしないのである。

　ギリシア神話を代表する英雄であるヘラクレスの、12の功業11番目の試練が、このヘスペリスの黄金のリンゴを手に入れてこいというものだった。しかし、力だけでなく知恵においても秀でていたヘラクレスは、奸計を用いてリンゴを手にする事になる。

　彼はヘスペリスへ向かう途中、人間に火をもたらした罪で永遠に岩に繋がれるという罰を受けていたプロメテウスを助け、その礼として、ヘスペリスのリンゴを奪うなら、自分で行かずにアトラスの力を借りるよう助言を受けていたのだ。

　こうして最果ての国へとやってきたヘラクレスは、天空を支えていたアトラスに黄金のリンゴを取ってきてほしいと頼んだ。アトラスは重い天を担ぐ仕事に嫌気がさしていたので、密かな企みを胸に秘めつつ、ヘラクレスの頼みをきいた。そして、彼がリンゴを取ってくる間、かわりに天空を支えていて欲しいと願い出た。

　ヘラクレスはアトラスの願いを承諾し、たった一人で天空を担ぎあげた。そしてアトラスが帰ってくるまでの間、耐え続けたのだ。しかし彼にはアトラスの企みも分かっていた。彼が自分の代わりに永久にこの仕事をやらせるつもりだという事を。

　アトラスは、ヘラクレスの頼みどおり、黄金のリンゴを三つもぎとって帰ってきた。彼がどうやってヘスペリデスとラドンが守るリンゴの木から実を取る事が出来たかは、伝

説では語られていない。けっして眠らないラドンも、アトラスには眠らせる事が出来たのか、それともアトラスはラドンよりも強かったのだろうか。あるいはヘスペリスの主であるアトラスには、無敵のドラゴンも逆らえなかったのであろうか。

だが、少なくともラドンがその姿を物語に現さないという事で、かえってそのドラゴンの恐ろしさ、ヒュドラを葬ったヘラクレスでさえ、自分ではなくアトラスに頼まねばならない程の強さというものは、強く印象づけられる。

ともあれ、リンゴを取ってきたアトラスは、自分はもう天空を支えるのは嫌だといって、黄金のリンゴを地面に投げ出し、立ち去ろうとした。ヘラクレスはこれを予想していたので、こういった。「あなたのかわりに天空を支えるのはかまわないが、私はあなたと違ってそんなに頑丈ではない。私の頭が天の重さで潰れないよう、わらの束を頭に乗せ支えにしたいのだが、それを用意する間だけいまひとたび天を支えていてはくれまいか」と。アトラスは迂闊にもこれを承諾してしまう。こうして、彼は自分が企てた奸計に自分で陥る事となり、ヘラクレスは黄金のリンゴをひろって、ヘスペリスを去ったのである。

力による勝利

このように、ヘラクレスはラドンに無謀に突進する事なく、プロメテウスから授かった知恵によって黄金のリンゴを手にした。しかし、ヘラクレスが実際にラドンと戦い、倒したとする伝説もある。というのは、ヘラクレスが12功業のためにヘスペリスを訪れてからしばらく後、アルゴー号に乗って金羊皮を手に入れた英雄イアソンの一行が、ここヘスペリスへとやってきた。その時、そこにはすでにラドンはいなかったのである。

飲み水を求めてやってきたイアソンたちに対し、ヘスペリデスは彼らを水の沸く岩へと案内すると、「この岩からは、少し前に大胆な勇者が叩いて水を出したのです。彼はこの地へやってくると、恐ろしいドラゴンをも殺してしまったのです」と告白した。

イアソンたちは彼こそヘラクレスであり、彼のおかげで自分たちも乾きから救われたと喜んだ。そうだとすると、ヘラクレスはどうやってラドンを倒したのであろうか。ラドンは、兄弟でもあるヒュドラ（P10）の毒によって倒されたのだろうか。

ある伝説によれば、ヘラクレスの冒険には、コルキスの王女で魔法使いのメディアが同行しており、彼女の魔術によって、けっして眠る事のないラドンも眠らされてしまったのだという。

だがやはり本当の事は分からない。いずれにしても、英雄がラドンを倒す瞬間は伝承でも語られず、美術作品にも描かれていないのである。この謎多きドラゴンは今も眠りを知らず、西の果てにて黄金のリンゴの木に寄り添っているのかもしれない。

ラドン

第2章　神々とドラゴン

すべての悪の根元　　　　　　　　　　　　　　　　　　　Typhon

テュポン

> ギリシア神話に登場する怪物は、そのほとんどがテュポンというドラゴンをその父としている。神々と巨人が戦っていたギリシア神話の古い伝説に現れるこのドラゴンは、神話における悪の象徴であり、怪物たちの生みの親として長く語り継がれていった。テュポンはいわば、ギリシア神話において神や英雄の敵となる、すべての悪の根元なのである。

時代：古代ギリシア
地域：エーゲ海
出展：ギリシア神話
形状：100頭のドラゴンを腕とする大蛇

■巻き起こる嵐

　ギリシア神話最大の怪物といえば、これから紹介するテュポンをおいて他にはない。多くの神々や英雄たちを恐れさせ、苦しめた怪物たちも、元をただせばテュポンが生み落とした子供たちなのである。

　テュポンは非常に巨大な怪物で、その大蛇のような身体には、肩の部分から100頭ものドラゴンが生えている。テュポンがひとたび暴れれば、その恐るべき力はすべてを破壊し、神々でさえおののいたと言われている。その名が今日の「台風」の語源となった事を考えると、その大きさ、そのすさまじい破壊力が想像出来るだろう。

　この巨大な怪物の父は、冥界よりさらに深い地中に住む闇の神タンタロスであった。彼は天空よりもさらに上層を統べるエーテルと大地の女神ガイアの子だったが、タンタロスは母であるガイアと交わり、テュポンを生ませたのだ。

　大地と暗黒が生み出す破壊。それこそがテュポンであり、それは人々に恵みをもたらすと同時に破壊をももたらす大地の、巨大な力の暗黒面なのである。

■火を噴く怪物

　テュポンと神々の戦いが神話の中で描かれる事はほとんどない。それは、英雄たちが活躍するギリシア神話の時代において、テュポンはすでに過去の怪物で、その恐ろしさ、その悪行はすでに過ぎた時代の出来ごととされているためである。

　数々の怪物がテュポンの子供と言われるのも、テュポン自身がすでに物語に登場しないという事を意味しているのだ。

110

実際にテュポンが神々と戦ったと語る伝承は、神々の王ゼウスとの一戦だけである。これとてゼウスの偉大さを示す神話の断片として、別の物語の中で部分的に語られているにすぎない。
　遙か昔、恐るべき力を身につけていたテュポンは、神々の支配に抵抗し、ゼウスに戦いを挑んだ。立ち向かった神の多くはさんざんに蹴散らされ、姿を変えてエジプトへと逃げるしかなかったという。確かに100本の手それぞれが巨大なドラゴンでは、神々とてたやすく勝利する事は出来ないであろう。だが、その時ゼウスが、すさまじい雷の一撃でこの怪物をシチリア島の大地に落とし、その上に大きな岩を乗せて動けなくしてしまったのだ。その岩こそ、シチリアにあるエトナ火山であり、その火口から今も吹き出している炎は、下敷きになったテュポンが吐く熱い吐息なのである。
　実は、この戦いで人間の英雄が神を助けたという説話もある。テュポンと戦おうとしていたゼウスだったが、ある時テュポンに踵（かかと）をかみ切られてしまう。すると後に大蛇を退治してテーバイを建設する勇者カドモスが、テュポンから踵を奪い返し、ゼウスを勝利に導いたというものだ。初期の英雄伝説の多くが、蛇やドラゴンを相手にしたものだった事を示す物語である。

怪物たちの父

　暗黒神の母との姦通によって誕生したテュポンは、数々の怪物の父であった。彼は自らの妹である怪物エキドナを妻とし、ゼウスを始めとする神々や、ヘラクレスやペルセウスといった英雄を苦しめる禍々しい生き物たちを、次々と世に送り出した。

　ペルセウスがアンドロメダを救うために戦った海の怪物（P18）も、ヘラクレスが苦戦したネメアの獅子やヒュドラ（P10）、地獄の番犬ケルベロスもテュポンの仔であった。また、ペガサスにまたがるベレロポンに倒されたキメラ、オイディプスに謎かけを挑んだスフィンクス、そしてヘスペリスの黄金のリンゴを守る眠らぬラドン（P106）でさえも、テュポンとエキドナから生まれたと言われている。テュポンこそ、ギリシア神話のほとんどの悪役を誕生させた、悪の総本山ともいえる存在なのだ。

　テュポンは、古くから伝え続けられてきた古代地中海世界における蛇への恐れ、悪の象徴としての毒蛇と、大地神としての蛇神が持つ破壊的な自然の力とが結び付き、人々を苦しめる敵そのものを象徴しているのである。数々の神話や伝説が、敵である怪物をことごとくテュポンの子として語る事によって、その名はギリシア神話において、悪の代名詞として残る事になった。

　なお、テュポンはエジプト神話において兄オシリスに刃向かった反逆神セト、及びヘブライの悪魔であるサタン（あるいはルキフェル）と同一視される事もあるが、その点では、ギリシア神話における悪魔的存在だったという事も出来るだろう。

　そしてテュポンは、木々や家々をなぎ倒す台風として、その名は今日まで語り継がれているのである。

王に化身した邪竜　　　　　　　　　　　　　Adi Dahhak

アジ・ダハーカ

邪悪の化身「ヨハネの黙示録」のドラゴンは、最古の祖であるティアマトから直接誕生したわけではない。二元論的宗教の先達として、啓典の宗教に多大な思想的影響を及ぼしたゾロアスター教には、この二つのドラゴンの中間的存在である邪竜、アジ・ダハーカ(蛇王ザッハーク)が登場する。

時代：紀元前1400年～
地域：ペルシア
出典：アヴェスタなど
形状：三頭竜

ペルシア神話とゾロアスター教

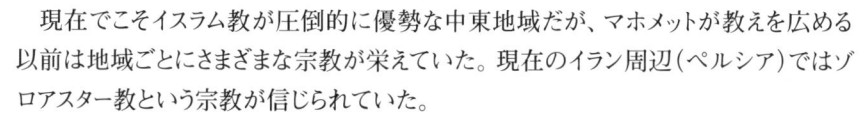

現在でこそイスラム教が圧倒的に優勢な中東地域だが、マホメットが教えを広める以前は地域ごとにさまざまな宗教が栄えていた。現在のイラン周辺（ペルシア）ではゾロアスター教という宗教が信じられていた。

炎を神聖視して崇拝の対象としたため「拝火教」とも呼ばれるこの宗教は、古代ペルシアの神話・宗教が開祖ザラスシュトラ（ゾロアスター）の思想によって統合整理されたものだ。その世界観は、明快な善悪二元論を軸に構成されている。世界は善と悪との二勢力に陣営分けされており、善側は光明神アフラ・マズダ、悪側は暗黒神アンラ・マンユ（アハリマン）に率いられ、戦い続ける宿命にあるものとされていたのだ。

アジ・ダハーカは、このゾロアスター教の聖典『アヴェスタ』、そしてイランの英雄叙事詩である『王書（シャーナーメ）』において、光に属するペルシアの民に仇なす邪悪の化身として登場する、凶暴な闇の下僕である。

最強の魔竜

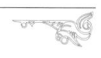

暗黒神アンラ・マンユは、光明神アフラ・マズダと配下の聖霊たちに対抗して、アカ・マナフ（悪思）、アエーシェマ（凶暴。キリスト教の悪魔アスモデウスの原型とされる）など数々の大魔を擁していた。

そしてその中で「最強の邪悪なる者」とされ最も悪名高かったのが、アフラ・マズダの被造物すべてを殺戮させるべくアンラ・マンユが生み出した強力無比なドラゴン、アジ・ダハーカ（ダハーカ竜）だった。その姿は「三口、三頭、六眼」の異形と言いならわさ

れ、千の術を操る恐るべき魔竜である。アジ・ダハーカは最も神聖で強力な精霊アータル（炎を司る大天使）と同格かそれ以上の力を備え、天上の戦いにおいては頭、頸、心臓を棍棒で打たれても死なず、剣で切り裂かれると傷口から蛇、トカゲ、サソリなど有害有毒な生物をほとばしらせたという。病や毒、苦痛はアンラ・マンユの特性だ。それらを運ぶ害虫を身に詰まらせたアジ・ダハーカは、正に暗黒神の力の結晶だったのである。

「光る光輪」をめぐる争い

『アヴェスタ』の一巻、「ザームヤズド・ヤシュト」には、アジ・ダハーカと火のアータルが、「光る光輪（アクワルタ・クワルナフ）」なる存在を巡って争った神話が記録されている。「光輪」とは、それを保持する者は大地を支配すると信じられた力（品）で、支配の象徴であった。例えば現存するゾロアスターを描いた肖像画を見ると、頭の背後から光が幾筋も放射されているのが明確に見て取れる。この後光のような光が「光輪」である。ペルシア神話では、支配者である王は即位の際に光輪をアフラ・マズダより授けられるものとされていた。アンラ・マンユの下僕である数々の魔物を退治した英雄、人民を守護した偉大な帝王は、いずれも光輪を備えていたと信じられていたのだ。

この「光る光輪」を獲得すべく、アンラ・マンユとスプンタ・マンユ（光明神の創造力を象徴する、アンラ・マンユの対極に位置する聖霊）が競い、それぞれ最も素早い者たちを派遣した事があった。

最初に「光る光輪」に追いついたのは、火のアータルだった。だがアータルが光輪を手にするより早く、三口三頭のアジ・ダハーカが背後から迫ってきてこういった。

「ひきかえせ、アフラ・マズダの火よ。光輪を得るというのなら、俺は貴様がアフラの創造した被造物を守護し煌（きらめ）く事が出来ぬように、滅ぼしてやる」

邪竜の威嚇に生命を惜しみ用心したアータルは手を引いた。それを見た邪竜は、自分こそが光輪を手にせんものと突進した。すると今度はアータルが背後から近づき、声をかけた。

「ひきかえせ、三口なるアジ・ダハーカ。光輪を得るというのなら、我は汝がアフラの創造した被造物を害する事がなきように、尾に火を灯し、口内で炎上してくれよう」

この警告に用心し生命を惜しんだドラゴンもまた、手を引いた。そのためいずれも捕捉出来なかった「光る光輪」はウォルカシャ海に漂着し、アパム・ナパート（水の子）という神の手中に収まったのだという。

アジ・ダハーカ

捕縛と終末の時の解放

　アジ・ダハーカは大いに暴虐を尽くして恐れられたが、天上の戦いにおいてスラエータオナ(『王書』など後期の文献ではファーリードゥーン)という神的英雄に打ち負かされた。だが前述した通り剣で刺しても害虫があふれてしまうので殺す事が出来ず、代わりにダマーヴァンド山に幽閉された。

　しかしアジ・ダハーカは終末の時に解放される事が決まっていた。縛(いまし)めから解き放たれた魔竜は、人類と動物の三分の一を貪(むさぼ)り、世界を襲う。そしてやはり神的英雄の一人である復活したクルサースパに倒され、最終的に殺される宿命を負っているのだ。

『王書』の蛇王ザッハーク

　古代ペルシアでは王がアジ・ダハーカを殺す「ドラゴン殺し」の儀式が新年祭の中心行事になっていた。この邪竜は根源的で代表的な悪の象徴として人々に広く認知されていたのだ。

　そうした状態は、イスラム教が勃興してゾロアスター教が衰えた後も連綿と続いた。イスラム教成立後に執筆された民族叙事詩『王書』にも、アジ・ダハーカの化身である邪悪な王ザッハークの物語が語られている。

　ザッハークは砂漠の地の王子で、大胆で思慮に欠ける人物だった。彼はアンラ・マンユにそそのかされるまま、父王を殺して玉座を奪った。新王ザッハークが即位するとアンラ・マンユは再度現れ、ザッハークの両肩に口付けした。すると、見る間に口付けを受けた場所から二匹の黒蛇が生えてきた。

　初めザッハークは恐れて幾度も蛇を切り落としたが、そのたびに新しく生えてくる。やがて彼は蛇を無害にするため、餌として人間の脳を食わせる残忍な王へと堕落した。おりしもその時期、イランでは英明な王ジャムシードが人心を失っていた。人々はザッハークが侵攻してくると、彼を立派な王と勘違いしてジャムシードを倒させたが、それは肩の蛇に毎日二人の生贄をささげる暴君に一千年間の統治を許す結果につながった(人の頭と二つの蛇の頭は、すなわち三口三頭六眼——アジ・ダハーカの化身たる事を意味する)。ザッハークはジャムシード王の二人の美しい姉妹を娶(めと)り、彼女らに黒蛇の世話をさせた。

　だがその恐怖の治世も永遠には続かなかった。ザッハークは己を打ち倒す宿命を

担った少年ファリードゥーンの姿を夢に見て、その行方を必死になって探させた。まだ少年だったファリードゥーンは父を黒蛇の生贄にされ、母によって聖なる牝牛に預けられていた。彼は実母のおかげで間一髪王の軍勢から逃れたが、そのために義理の母ともいえる牝牛が犠牲となった。

　安心を得られなかったザッハークは、悪魔の軍勢を召喚して宿敵に備え、また己は王たるに相応しいとした声明書を発行した。彼は怯えていたのだ。

　しかしその声明書は、己の息子を次々と蛇の生贄にされた鍛冶屋を招き寄せた。諸侯が居並ぶ中、勇敢な鍛冶屋がすさまじい剣幕で面罵してきたので、気圧されたザッハークは要望を容れるのと引き換えに自分の声明書を真実と認めるよう頼んだ。だが心正しい男であった鍛冶屋は敢然と王の言葉を拒絶し、最後の息子と共に兵を募って、ファリードゥーンを都エルサレムへと導いたのだ。

　鍛冶屋から大恩ある牝牛の頭を模った矛を贈られたファリードゥーンは、宮殿に侵入して悪魔を蹴散らし、捕らわれていたジャムシード王の姉妹を解放した。その時ザッハークは軍勢を率いて留守にしていたのである。ファリードゥーンに宮殿を奪われたと聞いた邪王は軍と共に舞い戻ったが、英雄の下に結束した市民にたちまち打ち破られ、ただ一人宮殿の屋根に取り残された。

　ザッハークの眼下にはファリードゥーンがおり、その傍らには二人の姉妹が侍っていた。姉妹の美しい姿を見て嫉妬に我を忘れた邪王は、飛び降りて女を刺し殺そうとした。だが疾風の如く前に出たファリードゥーンに、牛頭の矛で脳天を一撃され打ち倒されたのだ。

　ファリードゥーンはさらに打撃を加えて仇敵を殺そうとしたが、ザッハークの死すべき時はまだ来ていないとする天使に制止された。そこで彼は、邪王を獅子の皮で縛ってダマーヴァンド山の洞窟に運び、鉄杭に繋いだ鎖で幾重にも縛りつけたのである。

｢黙示録｣のドラゴンとの関連性

　ゾロアスター教的二元論に基づく、終末の時に解放され猛威を振るうが、神の威光の前に打ち倒されるドラゴン（原初的な悪）というモチーフは、同様に二元論的なキリスト教の黙示録に受け継がれた。

　アジ・ダハーカは「ヨハネの黙示録」のドラゴン（P78）の直接的な原型の一つであると見なす事が出来るドラゴンなのだ。

第2章　神々とドラゴン

西洋のドラゴンの起源　　　　　　　　　　　Tiamat

ティアマト

> その身から神々を創造した母なるドラゴン、ティアマトは、やがて自らの被造物と対立し、討たれて世界の礎（いしずえ）となった。原初の混沌が、秩序に統御される様が描かれたこの神竜打倒の神話は、後にユダヤ教に吸収されて西洋世界に広まり、神の敵として打倒される宿命を負った「ドラゴン」の物語へと変貌してゆく。

時代	前2500〜前600年ごろ
地域	メソポタミア
出典	エヌマ・エリシュなど
形状	厳密には不明

　チグリス川とユーフラテス川の恵みを受け、古代メソポタミアには世界最古の文明が興った。この文明の担い手であったシュメール人、次にはアッカド（アッシリア、バビロニア）人は、楔形（くさびがた）文字と粘土板を用いて自らの記録を遺した。象形文字から発展した独特な文字の発明者はシュメール人だったが、紀元前2500年ごろにシュメール人を征服したアッカド人は、神話・文化と共に文字も先進の文明から継承したのである。

　粘土板に刻まれた当時の神話や文学は、古代メソポタミア文明が滅び、だれも楔形文字を読める者がいなくなってなお、遺跡の中で静かに眠り続けた。無機物の粘土版は気が遠くなるような歳月を経ても、劣化を免れる事が出来たのだ。そして19世紀になってバビロニア楔形文字が解読されると、遥かな歳月を越えて、粘土板は再び古代の神話を紡ぎ始めた。こうして再生した神話の中で特に重要だったのが、英雄ギルガメシュの冒険を描いた『ギルガメシュ叙事詩』とバビロニア創世神話を物語る『エヌマ・エリシュ』だった。

　ティアマトは、このうち『エヌマ・エリシュ』の中で、世界のすべての存在を産んだとされている女神だ。だが母である彼女は自らの被造物である新たな神々と、ドラゴンに化身して争って敗れ、死骸を人々が暮らす天地として供した。アッカド神話で重要な役割を果たすこの女神ティアマトが、いかにしてメソポタミアの礎となり、そしてなぜ西洋のドラゴンの遠い祖と言われるのかを順を追って解説してゆくとしよう。

■原初の女神ティアマトと父神の殺害

　冒頭部の読みから『エヌマ・エリシュ（上天にまだ名がなく……）』と呼ばれている七枚組の粘土板には、神々がどのようにして生まれ、いかにこの世に秩序を勝ち取った

ティアマト

かを説明する創世神話が刻まれている。

　それによれば、天も地もまだ名を与えられぬ混沌とした古代には、世界には神々の父である男神アプスー（真水を象徴する）、すべてのものを生んだ母神ティアマト（海水を象徴する）、両神に仕える執事であるムンムー（霧状の生命力）だけが存在していた。

　アプスーとティアマトは交じり合い、その混合水の中からラフムとラハムという男女の神が生まれた。成長した両神はアンシャル（天霊）、キシャル（地霊）を誕生させた。そしてアンシャルは天神アヌを、アヌは神々の中で最も聡明で力も強いエア神をもうけた。

　こうして続々と誕生した新しい神々が神の住居で騒いだので、ティアマトは平穏を奪われて、塞ぎ込んでしまった。言う事を聞かぬ子供らに業をにやし、父神アプスーは子供らを滅ぼし平穏な眠りを取り戻したい思惑を、ティアマトとムンムーの前でぶちまけた。母なるティアマトは自分が誕生させた子らを庇（かば）ったが、ムンムーは父神の意見に全面的に賛成した。

　しかしこの計略は実行に移される前に、知恵の神エアに察知された。エアは呪文で固めた聖域を作ってそこに怯（おび）えた仲間を匿（かくま）うと、アプスーに対して呪文を唱えて父神を眠らせてしまった。そして諸々の力を奪い取って己の身にまとってから、アプスーを殺害したのである。力に劣るムンムーにはこれを阻止する事が出来ず、逆にエアに捕らわれて幽閉されてしまった。

■新たな神々との対立とティアマトの戦備

　勝利を収めたエアは妻ダムキナとの間に素晴らしい資質を持つ男神をもうけた。それがマルドゥクという神である。父神エアは優れた子の誕生を喜び、普通の神の二倍の能力をマルドゥクに授けた。そのためこの神は目も耳も四つあり、唇は動けば火を吹き、神々の中でも群を抜く体格と容姿を備える事になった。祖父にあたる天神アヌは、マルドゥクに四つの風を授け、それで遊ばせる事にした。

　騒がしいマルドゥクの風は、ティアマトと多くの神々を不快にさせた。復讐を訴える神々の声に、ついに母神は怒りを解き放った。すべての母なる彼女は、戦いに備えて数々の恐るべき子供を生み出した。七岐の大蛇（ムシュマッヘ）を筆頭に、角蛇（バシュム）、蠍尾竜（ムシュフシュ、P124）、海の怪獣（ラハム）、大獅子（ウガルルム）、猛犬（ウリディシム）、蠍人間（ギルタブリル）などを創造し、おのおのを武装させたのだ。

　そして彼女は神々の中からキングーという神を選び出し、本来はアヌが所持すべき天命のタブレット（神々の主権者の伝統的象徴）を授けて総大将とした。だが実質的な首領がティアマトであるのは、だれの目にも明らかであった。

自身もドラゴンに変化したと思われるティアマトの描写は『エヌマ・エリシュ』には見当たらないが、当時の捺印模様を見ると、全身に厚い鱗、鋭い鉤爪を生やした二本の前足、頭には二本の湾曲した角が備わった、巨大で細長い海竜に似た姿とイメージされていたようだ。また一説には、無敵の歯は鋭く、血のかわりに毒液が体内に循環し、神々の煌(きらめ)きを身に備え、見る者すべての戦意を挫(くじ)いたという七岐の大蛇（ムシュマッヘ）こそがティアマトの化身だったのだともいう。

ドラゴンを討つ者マルドゥク

　当然ながら、この事態に神々は恐れ慄(おのの)いた。責任を負う天神アヌは釈明のためティアマトの下に赴いたが、けんもほろろに追い返された。戦いが避けられぬと知った彼らは、神々の中から最強の勇士を選び出した。マルドゥクである。
　マルドゥクは勇躍してティアマトを討つ務めを引き受けたが、一つの条件を付ける事を忘れなかった。それは勝利の後、自分が神々の首座に就くという条件だった。神々から承諾を得て、宴を楽しんだ後、マルドゥクはティアマトを絡め取る網、弓矢と三

第2章　神々とドラゴン

叉の鉾、敵軍の逃亡を封じる暴風雨といった武器を携え、嵐の車に乗って、ティアマトと敵軍が待つ戦場へと飛来した。彼の背後には、味方する神々と嵐、そして洪水が付き従った。

マルドゥクの威容を目にしたティアマト軍は威圧された。キングーはマルドゥクの呪力の前に全く相手にならない。

ティアマトと対峙したマルドゥクは、彼女の責めに対し「かかってこい」といわんばかりの決定的な挑戦の言葉を叩きつけた。激昂し、ティアマトが大地を揺り動かす咆哮をあげる。それが決戦の火蓋となった。両陣営の神々が武器を準備する前で、ティアマトとマルドゥクの一騎打ちが始まったのだ。

マルドゥクは迫り来るティアマトを投網で包み込むと、すかさず凶風を放った。すると思惑どおりティアマトは巨大な口を広げて凶風を飲み込む。風は彼女の体内で暴れて腹を膨らませ、口を閉じられないようにした。弓を構えたマルドゥクが、その口めがけて矢を放つ。狙いあやまたず、矢はティアマトの腹を、内臓を切り裂き、そして心臓を射抜いた。どうと倒れた巨竜にとどめを刺して縛りつけ、マルドゥクは死骸の上に立った。

その姿を見たティアマト軍は戦意喪失して逃れようとしたが、すでに完全に包囲されていた。彼らはことごとく捕らわれ、キングーは天命の石版をマルドゥクに取りあげられた。天界を二分した戦いは決着したのだ。

勝利者マルドゥクは、縛り付けておいた母なるティアマトの頭蓋骨を三叉の鉾で砕いてから、その身体を魚のように二つに切り開いた。そして片割れを上に張り巡らせて固定し、これを天となした。残る半分は足元に張り巡らされ、これが地となった。彼女の頭は山となり、両目はチグリス、ユーフラテス両川の源流になった。乳房は一際高い山をなし、最後に尾がひねられ、天上の第一級地帯へと繋げられた。

これらすべてを終えたマルドゥクは、最後に戦争の責めを負う者としてキングーを引き出して殺し、その血から神々に仕える「人間」を創造した。

かくして太古の母、巨竜ティアマトは、死してメソポタミアの天地となり、同時にそこに住まう人間もまた、創造されたのである。

『エヌマ・エリシュ』が語る古代

メソポタミアという地域名は、和訳すると「河の間の土地」という意味になる。チグリスとユーフラテス、二つの大河に挟まれ、宿命的に水害とは切っても切り離せない関係にあった。洪水はこの地域の風物詩のようなもので、適度な洪水は地を肥やすも

のとして歓迎されたが、しばしば発生する大洪水は都市すら泥の底に沈めてしまう恐るべき脅威だった。『旧約聖書』に語られるノアの箱舟の説話が、この地域の神話を土台にしているのは有名な話だ。

　メソポタミアの人々、特に河口近くに住んでいた初期のシュメール人たちの生活は、この「古代の水」——混沌とした統御出来ない存在に左右された。すなわちティアマト(海水)やアプスー(淡水)といった古代の神(自然の猛威)の気まぐれに命綱を握られていたのである。

　だがやがて人々は政治組織を整え、敢然と自然の猛威に立ち向かう。堤防を築き、湿地を灌漑して大地を作り、混沌を秩序の膝下に組み敷こうと挑んだのだ。その新たな秩序を象徴しているのが、エア、マルドゥクら新しい神々である。そして長い歳月をかけて、メソポタミアの地には文化が花開いた。ティアマト(混沌)はマルドゥク(秩序)に征服されたのだ。

　『エヌマ・エリシュ』は単なる作り話ではない。荒れ狂う水を象徴するドラゴン(ティアマトや蛇)を、秩序の象徴である王(マルドゥク。メソポタミアでは王は神の奴隷として秩序を支える者と見なされた)が打倒し、文明を開いた。神話の形で歴史的な経緯を物語った寓話なのである。

西洋のドラゴンの起源として

　王権の更新行事であるバビロニアの新年祭では、例年四日目に『エヌマ・エリシュ』が朗読され、マルドゥクのティアマトに対する勝利が称えられた。これには(神話とは違い実際には)治水と灌漑に毎年のたゆまぬ努力が必要であったからだが、王権(マルドゥク＝王)と反王権(ティアマト＝敵対者)とが争い、最後には王権が勝利するという寓意も込められていた。

　主権に叛逆し、その身を天地として供するドラゴン。この通念は周辺地域の宗教に吸収され、啓典の宗教にも及んだ。例えばメソポタミアの宗教の影響を強く受けている『旧約聖書』の「創世記」には、主が淵や水を分けて天地を創造する場面がある。この淵(テホーム)という単語は、語源を辿ればティアマトに辿り着くのである。また「ヨハネの黙示録」のドラゴン(P78)を見ても分かるとおり、ドラゴン(蛇)は主に歯向かう存在のシンボルとされた。

　つまりキリスト教によって流布された欧州での普遍的な通念、社会秩序を乱す神(王権、秩序)の敵としてのドラゴン像は、その根源をティアマトに見る事が出来るのだ。

　ティアマトはすべてのドラゴンの母といえる存在なのかもしれない。

第2章　神々とドラゴン

バビロンのドラゴン　　　　　　　　　　　　　　　　Mushus

ムシュフシュ

湿地の多いシュメールには多彩な蛇が棲んでおり、それゆえに古来から人々は多くの怪物に蛇の姿を与えて描写してきた。その傾向はシュメールの文化を引き継いだ他の文化にも継承され、この地域では幾多のドラゴンを思わせる怪物が伝承されている。本項ではそれら魔獣の中から、聖獣として神々に仕えたムシュフシュを紹介しよう。

時代：前2500〜前600年ごろ
地域：メソポタミア
出典：エヌマ・エリシュなど
形状：四足歩行、複合型

■ メソポタミアの精霊たち

　メソポタミアの民は、実に想像力豊かな人々だった。多神教だったシュメール、アッカドの万神殿には無数ともいえる神が属し、人々はあらゆる物の中に精霊や悪霊、魔獣を見出した。彼らが想像した異界の存在──とりわけ精霊や魔獣といった存在には、一つの傾向があった。その多くが幾つかの動物の特徴が入り混じった、奇怪な姿として描写されたのである。

　例えばアッカドの創世神話において、女神ティアマト（P118）が神々との戦のために創造した魔獣の中にも、そうした合成獣の姿が見うけられる。ギルタブリル（蠍人間。擬人化された蠍）、クリール（魚人間。半人半魚）、クリッサク（牛頭人）などだ。映画『エクソシスト』に登場したバビロニアの悪魔パズスは鳥と人をかけあわせた姿をしているし、精霊ラマッスは五本足で有翼の人面獅子という姿で門などを守護していた。

　こうした異形の精霊の中でひときわ名高いのが、その図像をバビロンのイシュタル門に飾られていたバビロンのドラゴン、霊獣ムシュフシュ（シルシュ）だ。

■ バビロンのドラゴン

　一般的に知られている「恐ろしい蛇」ムシュフシュの姿は、このイシュタル門の図像を元にしている。つまり蛇の首、滑らかそうな鱗に覆われた細長い胴、蛇の尾で構成された胴体に、獅子の前足と鳥の後足が付属した姿である。頭の丸い目と伸びた舌は蛇を連想させ、頭頂からは一対の湾曲した角が突き出ている。メソポタミアの他の魔獣同様、様々な動物から優れて強靭な部分を集めてはいるが、この霊獣の基調とな

ムシュフシュ

っているのは明らかに蛇だ。ムシュフシュは強大な蛇の霊獣（ドラゴン）なのである。

　細かい部分では、諸々の図像に描かれたムシュフシュの姿は少しずつ変遷している。アッカド時代初期に属するものには角がなく、後期のものは翼を備えていたり、尾が魚のものだったりする。蠍尾竜とも訳される事から分かるとおり、尾が蠍のそれである事もしばしばだ。だが最も初期の、獅子らしき生物をモチーフとしていた時期を除き、この怪物は常にドラゴンに酷似した優美な姿で描かれてきた。

聖獣としてのドラゴン

　ムシュフシュがどのようなドラゴンであったのか、その具体的な実態は残念ながら不明だ。シュメール・アッカドの神話の多くは失われ、ムシュフシュが登場していたであろう物語の多くも、また忘れ去られてしまった。唯一『エヌマ・エリシュ』中でティアマトが生み出した魔獣の中にこの霊獣の名が見えるが、これは例外的といっていいケースだったようだ。というのは、ムシュフシュは本来神々の敵ではなく、配下の随獣とされていたのだ。ムシュフシュの頭に角があった事を思い出してほしい。メソポタミアでは、図像に角の付いた冠を被せる事で、その聖性を表した。ムシュフシュの「本来ありえない」角は、その聖なる由来の一つの証拠といえる。

　ムシュフシュの起源はとても古く、紀元前2500年以前の図像が存在する（といってもこれは頭部が獅子の四足獣で、よく似てはいるがムシュフシュそのものと断定は出来ない）。古くはエシュヌンナという都市の守護神ニンアズの聖獣として敬われ、エシュヌンナの守護神がティシュパクに交代すると、そのまま新たな神の随獣とされた。そして新バビロニアのころにはマルドゥク、その子ナブの随獣へと、主を変えつつも同じ役割を果たし続けたのである。ティアマトを退治し、その軍勢を捕らえたマルドゥクが、捕虜となったムシュフシュを従えたという事にでもなるのだろうか。想像するとなかなか興味深い。マルドゥク神に代表される神々を背に乗せたムシュフシュの姿は、バビロニアのレリーフでしばしば目にする事が出来る。

　むろんムシュフシュが仕えた神は、これですべてではない。記録に残っている以外にも、おそらくは幾多の神の随獣として敬われたに違いない。やがて人々はこの霊獣の姿を杯や印章、壁画などさまざまな工芸品に刻み、番人や護り手としての呪力、主の加護を期待するようになっていった。ニンギジュダ神（冥府・医療・治療の神）へ奉納された浮彫では、医療の象徴であるカドゥケウスを、二頭のムシュフシュが剣を手に守護している。イシュタル門に刻まれたムシュフシュは、都市を悪しき者の通行から護っていたのだろう。

ドラゴンの起源の一つバビロニアの地では、ドラゴンは必ずしも本質的な悪ではなかった。反権力・反社会の側面(ティアマトのイメージ)のみが西洋に伝わっただけの話であり、それは元来人間の守護者にもなりえる、偉大な力ある存在を意味していたのである。

───── **ダニエルと竜** (Daniel and Dragon) ─────

　『旧約聖書』の「ダニエル書補遺 ベルと竜」には、バビロンに棲んで神と崇められていたドラゴンの逸話が物語られている。
　主人公であるダニエルは四大預言者の一人である。イスラエル貴族の出身だったが、少年のころバビロンの捕虜となり、後にはネブカドネツァル王などバビロンの王に高官として仕えた。夢解きの力を持ち、幾度もの危機にも負けず主への信仰を貫いた人物だ。
　さてこのダニエルが、王位を継いだペルシア人キュロスの側近を務めていた時代。バビロンには一体の巨大なドラゴンがおり、人々によって崇拝されていた。
　先だって本当に供物を食するというベル神(アッカド語で主人という意味。エンリル、ネルガル、マルドゥクなどの大神を指す際に使われる。この話の場合は、時期的にマルドゥク、ないしその子ナブを意味していると思われる)の偶像を礼拝する事を拒み、青銅の像を生神に見せかけていた祭司のトリックを暴いたダニエルに、王が告げた。
「このドラゴンが生ける神でない、とはいかにお前でもいえまい。これを礼拝せよ」
　だが主を唯一の神とするダニエルにとって、偽神の偶像を礼拝するのは承服しがたい事だった。そこで彼は武器を用いずドラゴンを殺して見せると述べ、王の許可を求めた。
　許しを得ると、ダニエルはピッチと油脂と毛髪を煮込み、油団子を作りあげた。そしてそれをドラゴンの口に投げ込むと、ドラゴンは窒息したのか、はたまた天罰に当たったのか、身体を破裂させて死んでしまったのだという。
　この後ダニエルはドラゴンを死なせた咎を民衆に責められ再び生命の危機に陥るのだが、このコラムの目的はダニエルの生涯を追う事ではない。問題は聖人の機知によって退治された「バビロンのドラゴン」の方だ。
　このドラゴンは一体なんだったのか。聖書に「バビロンのドラゴン」の容姿に関する記述はない。だがベル・マルドゥク(ナブ)の聖獣でドラゴンと描写される生物であれば、それはムシュフシュだったのではないかと推測出来る。

マヤの最高神 — Itzamna

イツァムナー

太陽神、豊穣神、自然神、創造神といったあらゆる神格を備えたマヤの最高神イツァムナー。その姿は、二つの頭を持つ蛇として描かれている。水の神として、古くからインドや欧州と同じように蛇を崇拝していたマヤ文明では、数多くの神がひしめく神々の神殿の最高位にも、蛇の神を据えていた。中央アメリカでは、蛇神つまりドラゴンこそ、神々の王だったのだ。

時代：16世紀以前
地域：中央アメリカ
出典：マヤの年代記など
形状：蛇を抱く神など

マヤの最高神

　中央アメリカで最もその名を知られている神といえば「羽毛の生えた蛇」ケツァルコアトル（マヤの言葉ではククルカン、P132）だが、この神はメキシコを中心としたトルテカやアステカ文明の神であり、より東方のユカタン半島やグアテマラで独自の文明を発展させていたマヤ族にとっては、比較的新しい神でしかなかった。

　そんなマヤ族が主神として崇めていたのが、やはり蛇の神であるイツァムナーである。イツァムナーはマヤの写本においては鷲鼻をした、歯がない老人の姿をしている。だが、建築物に彫られた彫刻では、頭が二つあるワニまたは蛇で、片方が人間の頭という姿で描かれる事が多い。

　マヤの神話における創造神はフナブ・クーと呼ばれる神だが、この神は抽象的な存在で、その姿が描かれる事も物語が語られる事もない。この創造神の子供がイツァムナーと、その妻イシュチェルで、それぞれ太陽と月を表している。

　フナブ・クーに関する記録がほとんどない事から、この神がスペイン人の来訪後、西洋風の唯一神としてマヤ族に取り入れられたとする説もある。

　だとすれば、イツァムナーこそ、マヤ族にとっての最高神であり、万物の創造神であるといえるだろう。

イツァムナーの多彩な神格

　イツァムナーに限らず、マヤの神々はその多くが複数の神格を持っている。神々は昼と夜、善と悪といったさまざまな状況に応じてその性格や姿、場合によっては名前まで変えてしまうのだ。

　イツァムナーの場合は、その重要な神格は四つに分かれている。豊穣神としての「イツァムナー・カウイル」、太陽神としての「イツァムナー・キニチアハウ」、雨神としての「イツァムナー・トル」、そして創造神としての「イツァムナー・ガブル」である。

　太陽神としてのイツァムナー・キニチアハウは、毎日夕方になると西の地平に沈んでいく。地面の下には大地を支える蛇がいて、太陽神は毎晩この蛇に飲み込まれる。そして夜の間その体内を巡り、翌朝、蛇のもう一つの頭から顔を出し、再び天空に昇って大地を照らすのである。

　東の空にのぼる太陽神は、東から来る文明の神というケツァルコアトル神話と結び付けられた。アステカ人がケツァルコアトルから文字と火を教わったように、イツァムナーはマヤの人々に文字と火を授けた。

イツァムナーの妻であるイシュチェルは、太陽神であるイツァムナーの夜の面を表し、月の女神として、機織りや出産と共に死と破壊をつかさどっている。イシュチェルの神には蛇が巻きついており、手にはかぎ爪が生えて、この女神の恐怖の面、つまりイツァムナーの夜の部分を表している。

この二人は、最初に性交を行った夫婦とされていて、イツァムナーが持つ別の神格、創造神としての姿を表している。

マヤ族の自然神

マヤ族を始め、中央アメリカの諸部族は皆、作物を実らせる大地や、雨を降らせる雲に蛇の神をあてがって信仰した。彼らの最も古い神の一人である雨の神チャックは、身体に蛇を巻き付けた姿で、あるいは蛇そのものとして描かれている。別の自然神であるトウモロコシの神の像にも蛇の姿が描かれている。

また、同じ中央アメリカのアステカ文明においても、雨の神であるトラロックが蛇と共に造形される事が多く、チャックと同一視されている。

さらに、マヤ族はアステカ族同様、大地が四匹のワニまたは蛇の上に乗っていると考えていた。大地を這う蛇やワニは、インドや西欧の神話と同じように、大地の恵みや自然の猛威を表す存在として崇められていたのである。

事実、雨の神チャックは、作物を実らせる恵みの雨だけでなく、家を破壊し、すべてを押し流していく暴風雨のような凶暴な面をも持っていた。中央アメリカに多い地震もまた、こうした蛇神の怒りであると考えられていた。人々は不気味で毒のある蛇や凶暴なワニを畏れ、彼らの怒りを静め、穏やかな気候と豊穣とを願って崇拝したのだ。

神々の体系が形作られる以前からあった、このような蛇神への信仰は、マヤの最高神に対してももちろん影響を及ぼさずにはいなかった。マヤの神官たちによって数多くの神々が定義付けられ、その最高峰にイツァムナーが位置した時、彼らは最高神にやはり蛇やワニの形を与えた。

そして計画的な作物の栽培に欠かせない天候や暦といった神官の能力を、最高神イツァムナーに託した。もともと雨をもたらす自然神の役目は古くからチャックがつかさどっており、その信仰はイツァムナーが現れてからも続いた。だが、チャックは農民たちの崇拝する神であり、神官階級は自らの神として、雨や豊穣といった同じ能力を、イツァムナーにも持たせたのである。

こうしてイツァムナーは、マヤ族のあらゆる恵みをつかさどる神として、人々の支配者として君臨する事になったのだった。

ワイヴァーン (Wyvern)

　イギリスの紋章などに見られるドラゴンに似た動物がワイヴァーンである。鷲などの猛禽類に似た二本の足とコウモリのような翼を持っており、顔はワニのようで、尾は鋭い鏃(やじり)のようになっている空想上の動物だ。

　このワイヴァーンは紋章のために生み出されたと言われ、その語源はフランスに伝わる「ヴィーヴル(Vouivre)」とされている。ヴィーヴルはギーヴル(Guivre)とも呼ばれ、深い山や沼地、洞窟などに棲んでおり、背中に翼の生えた蛇の姿で描かれている。ヴィーヴルもラテン語の「マムシ(Vipera)」が語源となっている。

　紋章では、ドラゴン、グリフィン(鷲の頭を持つ翼を持った獅子)、ユニコーン(角を持った馬)などと並んで決して珍しいものではない。紋章におけるこれらの空想上の動物は、敵に対する威嚇効果を狙っているとされ、ワイヴァーンも敵意を象徴しているとされている。

　このようにシンボリズムと結びつけて考えられることが多いワイヴァーンであるが、イングランド南部のヘレフォードシャー州のモーディフォードには、少女が育てたワイヴァーンの伝説がある。

　モードという少女が森の中でワイヴァーンの子供を拾った。モードは両親に反対されながらも隠れながら育てていたが、やがてワイヴァーンが大人になると家畜や人間を襲うようになる。純真無垢な少女が育てても、本来持っている凶暴な肉食獣の性質は変えようがなかったのである。モーディフォードの人々は困り果て、モーディフォードの名家ガーストン家の者が槍や剣を携えて、ワイヴァーン退治へと赴くことになる。そして、少女の制止もむなしく、ワイヴァーンは倒されてしまうというものである。

　この伝説の残るモーディフォードの教会には、1811年ごろまで壁にワイヴァーンが描かれていたらしい。しかし、悪魔の象徴を飾るのはけしからんと考えた牧師が、住民の反対を押し切ってこの絵を消してしまったとのことである。

第2章　神々とドラゴン

火と文字をもたらした金星の神　　　Quetzalcoatl

ケツァルコアトル

中央アメリカに存在したアステカ文明の神であるケツァルコアトルは、自然や天体の神であると同時に、アステカの敵であるトルテカ人の王だった。近隣のマヤにおいても信仰されていた程強力なこの蛇神は、古来からの自然崇拝と農耕開始以降の神官階級による信仰とが結び付いたものであると同時に、歴史と神話とを結び付ける大きな役割をも果しているのだ。

時代：16世紀以前
地域：中央アメリカ
出典：アステカの年代記など
形状：羽毛の生えた蛇

■アステカの蛇神信仰

　16世紀、アメリカ大陸を「発見」し、次々とこの地に探検隊を送り込んできたスペイン人たちが出会ったのは、現在のメキシコにあたる地域に絢爛(けんらん)たる王国を築いていたアステカ人たちだった。

　ケツァルコアトルとはアステカの言葉で「羽毛の生えた蛇」という意味で、アステカ人の間では金星の神であった。その姿は大地に頭を這わせ、細長い身体を天へと伸ばした、黄色い羽毛の生えた蛇の姿で描かれる。また、同じ形状で頭を上にし、天へとのぼっていく姿で描かれる事もある。また、蛇を抱いた人間の姿をしている事もある。

　ケツァルコアトルは強力な力を持っていた。彼が岩を叩けば手の跡がくっきりと残り、弓を放てばどんな大木も貫かれた。いくつもの岩を四方に投げる事が出来、それで森や山を平地に変える事が出来た。また人々に語りかけるその声は雷のごとく響いた。こうした力は、ケツァルコアトルの嵐や地震を呼ぶ力を象徴しており、もともとこの神が大地や雨といった自然神に近いものだった事をうかがわせる。

　この神は、スペイン人による征服以前の中央アメリカでは広く信仰されており、マヤではククルカン、あるいはグクマッツと呼ばれ、雨の神と混交してトヒールと呼ばれる事もあった。

　だが、ケツァルコアトルが最も重要な神とされていたのは、中央アメリカの多彩な文明のうち、10世紀から13世紀にかけて覇権を握っていたトルテカ文明においてである。それより後のアステカ文明では、ケツァルコアトルは主神テスカポリトカの敵として追放されてしまったのだ。

しかし、追放されてもなお、ケツァルコアトルはアステカ人の神であり続けた。さらに同時期のマヤでは、「西方からやってきた神」としてこの羽毛の蛇に対する信仰が高まっていくのである。

ケツァルコアトルの神話における役割は複雑で、ある時は創造神、ある時は部族の王、またある時は風や金星の神として描かれている。時代が進むにつれてその地位が変化したのか、それとも後の人々が様々な神格をすべてケツァルコアトル一神にまとめて与えたのかは定かではないが、いずれにしてもこの神が長い間人々に崇拝され続け、神としての高い地位に達していた事を物語っている事だけは確かである。

羽毛と蛇

グアテマラとユカタン半島にマヤ文明が華開こうとしていた紀元前の昔、後にトルテカやアステカ文明を築く事になる、メキシコや北米南西部に住んでいた人々は、まだ狩猟採集生活を行う「チチメカ[註1]」であった。彼らの蛇(あるいはワニなどの爬虫類)を神格化する信仰は、そのころから始まっている。

中央アメリカにはもともと、蛇を大地の神や雨の神として崇拝する伝統があった。大地の女神はコアトリクェ(蛇を履いた女神)であり、狩猟の神はミシュコアトル(雲の蛇)であった。

さらに、雨の神の姿もその身体に蛇を巻き付けて描かれている。もともと河川の少ない中央アメリカでは、人々の生活に欠かせない水は、雨に頼る他なかった。それゆえ、雨神はマヤでもトルテカでも、最も重視された神格だったのである。

密林に住む蛇たちはこうして、人々の生活に欠かせない大地や雨をつかさどる神として、古くから信仰されていたのである。

一方、メキシコにはケツァルという美しい羽毛を持つ鳥が生息していた。その羽根は宝石と同等の価値を持ち、高貴な人々は競ってケツァルの羽毛を身につけようとした。

つまり、「羽毛の生えた蛇」であるケツァルコアトルは、長い間人々の信仰を集めていた蛇神と、高貴な存在であるケツァルとが結び付いたものなのだ。

註1:マヤ族はトルテカ人やアステカ人を、蛮族を意味する「チチメカ」と呼んでいた。

文明神

　トルテカ及びアステカ文明、あるいはマヤの後期の神話においては、ケツァルコアトルは創造神の一人で、他の神々と共に人間を作り、さらに人々に火と文字を授けたとされている。ケツァルコアトル自身は創造神オメ・テクトリとオメ・シワトリの子供で、この二神は世界の様々な事象を創造するために、ケツァルコアトルを生んだのである。

　神々は人間を生み出すために何度も世界を造ったが、四度は出来あがった世界に不満で、破壊してしまった。ケツァルコアトルは二度目の世界を嵐によって滅ぼし、人間たちを猿に変えてしまった。そして現在の世界は、ケツァルコアトルが造り、かつて滅ぼした人間を冥界から甦らせてそこに住まわせたのである。

　ケツァルコアトルは新たな人類が言葉も話せず、冷たいものしか食べられず、冬に寒さに凍えているのを見て、火と言葉を授けようと考えた。

　そして人々を呼び寄せ「これからそなたたちに便利な力を与える。それが何か、あててみよ」と命じた。人々はそれぞれ槍だ、食器だ、着物だ、家だと、様々な贈り物を想像したが、どれもはずれであった。

　ケツァルコアトルは「そうではない。それは火というものだ」と、人々に食べ物や食器を焼き、部屋を暖める火を教えた。だが、彼は人々と問答する事によって、彼らに言葉をも与えたのである。

聖戦

　ケツァルコアトルはこうして、人々に文明をもたらした事でトルテカ族の神の最高位に就いた。ようやく農耕を始めた彼らは、マヤ族から仕入れた天体観測の知識や、それに基づく収穫の予測、正確な暦を作成する数学に長けた神官たちに支配され、ケツァルコアトルは神官を代表する神となった。

　だがそんな時、西方から新たな民族がトルテカ族の住むメキシコへとやってきたのである。それがアステカ族だった。凶暴な狩猟採集民族だったアステカ人は、武力でトルテカを圧倒し、彼らをメキシコから追い出して自らの王国をたてた。13世紀の事だ。

　この歴史は、アステカの軍神テスカトリポカと、トルテカの主神ケツァルコアトルとの戦いという神話として語られた。

　テスカトリポカはケツァルコアトルの兄弟であったが、ケツァルコアトルがトルテカ族の王である事が気に入らず、どうにかして追い払えないものかと思案していた。そしてそこで思い付いたのが、ケツァルコアトルを酔わせて、人々の信頼を失わせるという作

ケツァルコアトル

戦だった。

　彼はまず自らを蜘蛛の姿に変え、ひっそりとケツァルコアトルに近づいた。そしてプルケという酒を彼に勧めたのである。これを飲んだケツァルコアトルは、テスカトリポカの思惑通り毎晩この酒の虜となった。そして毎晩飲み続けたあげく正体をなくし、妻をそっちのけでみだらな遊びに耽ったりし始めた。

　この醜態を見た神官は信仰を失い、ケツァルコアトルはトルテカの地から出ていかねばならなくなった。そして軍神テスカトリポカが新たに人々の王となった。

東方への旅立ちと帰還

　追放を余儀なくされたケツァルコアトルは、持っていた宝をすべて隠し、田畑を焼き払い、神殿を破壊して立ち去った。彼はわずかな臣下を連れて一艘の船を漕ぎだし、東の海に消えた。また別の伝説では、彼は自ら炎の中に身を投じ、天へ上がった。そして東の空に輝く「明けの明星」、つまり金星になったという。

　戦いの神を得た人々ではあったが、火と文字を教え、天文学と作物の栽培をつかさどっていた神を失い、彼らはいかにケツァルコアトルが尊い存在であったかに改めて気づき、追放した事を後悔した。そしていつの日か、この神が再び帰ってきて、またメキシコの民を治めてくれるだろうと信じ、信仰を続ける事にした。

　一方、マヤの伝説では同じころ、西の方からククルカン（マヤの言葉で「羽毛の蛇」を意味する）という王がやってきて、彼らを支配したという。これは先述の通り、テスカトリポカを信仰するアステカ族に破れたトルテカ族が、マヤ文明が栄えていたユカタンやグアテマラに移動したという歴史的事実と符合する。トルテカ族を率いていた英雄的な王が、アステカやマヤにおいて神となったともいえるだろう。

　16世紀、「東方の海」からスペイン人たちがやってきた時、アステカの人々はこの白い肌の訪問者たちをケツァルコアトルの化身だと考えた。予言された神の復活だと信じたのだ。彼らが反撃の機を失し、コルテス[註2]に破れた背景には、軍事的な優劣と共にこうした運命論が影響していたともいわれている。軍事力によってトルテカ族を追い出したアステカ族は、同じ力によってその報いを受けたのだった。

註2：アステカ帝国を倒したスペイン人の"征服者"。1521年に総督に任ぜられる。

神話の解明

　ケツァルコアトルは創造神であると同時に、人々を率いる民族の王であった。その名は神話にも歴史にも登場するのだ。いや、マヤやアステカにおいては、神話と歴史は同じものだったのかもしれない。
　民族の神話は、記録される以前の彼らの生活や歴史を表したものである。神々の世界創造は大昔の民族のルーツであり、神々の戦いは太古の部族間の戦争や権力争いの物語化なのだ。
　水や大地に蛇の神をあてるという信仰は中央アメリカに限らず、インドや西欧の神話にもみられる。これは古代アーリア人の信仰が各地へ広まったもので、共通のルーツを有しているという事が出来る。
　だが、中央アメリカの民族は氷河期のころアジアから移動した後、彼らとは接触していない。つまり、もし水や大地を司る蛇神が彼らに共通の信仰だったとすれば、それは数万年前から続くものだったという事だ。いうなれば神話は、数万年前の人々の暮らしを、考古学的遺物とは別の視点で解明するヒントなのかも知れないという事になる。
　また、そう考えると、歴史的な事実であるトルテカ、アステカ、マヤを行き来したケツァルコアトルという神の名を持つ王の存在は、重要な意味をもってくる。
　中央アメリカは今世紀の中ごろまで、インドや西欧が紀元前数千年前に通過した文明段階に暮らしていた。そしてその歴史は神話として語り伝えられているのである。ギリシアやインドの神話が我々の知る事の出来ない太古の歴史なのに対し、アステカの神話はさほど昔の事ではないのだ。
　「羽毛の生えた蛇」にまつわると歴史と神話の関係を詳細に研究すれば、インドやギリシアの神話が語る物語を、彼らの歴史として読み解く鍵となるかもしれない。
　ケツァルコアトルは、アステカやトルテカの人々に文字を授けた文明神だった。そしてこの蛇神は、我々に古代の知恵をもたらす現代の文明神なのかもしれないのだ。

第2章　神々とドラゴン

夢の蛇　　　　　　　　　　　　　　　　　　　　Rainbow Serpent
レインボー・サーペント

> オーストラリア先住民アボリジニは、周辺から隔絶された環境にもかかわらず、世界他地域の人々と同様に巨大なドラゴン（蛇の精霊）を水と生命の象徴として敬ってきた。偉大で気高いこの精霊を、彼らは天空の虹の中に幻視し、レインボー・サーペント（虹蛇）と呼んで畏敬した。

時代	不明〜現代
地域	オーストラリア
出典	アボリジニの伝承
形状	大蛇

　オーストラリアの先住民アボリジニは、約五〜六万年程昔、まだ東南アジアと陸続きだった時代にオーストラリアに定住した狩猟採集民だ。海面の上昇に伴って他地域と隔絶された彼らは、オーストラリアの広大な自然に抱かれて独自の哲学と神話を育んだ。最盛期には30〜50万人に達したといわれるアボリジニは、19世紀にイギリスに植民地化された影響で急激に人口を減少させ、文化消失の危機にさらされた。しかし差別、抑圧、強引な同化政策を乗り越え、近年は文化復興運動に乗り出している。

　このアボリジニの人々は、夢を自らの生活の規範として重視しており、世界は「夢の時代」(ドリーム・タイム)と呼ばれる途方もなく古い時代に作られたと語り継いでいる。「夢の時代」とは天地創造の時代、人や動物や地形、様々な伝統や物事の所以が今ある形に定められた時代である。だからアボリジニが語り継いでいる「夢の時代」の伝承には、彼らの身の回りの事物の起源や理由を説明する起源神話が多い。

　レインボー・サーペントとは、この「夢の時代」からアボリジニの人々に敬われ続けている、大蛇の姿をした偉大な精霊の事である。

■ 偉大なる蛇

　一口に「夢の時代」の伝承といっても、そこで語られる内容には地域性が強い。トーテム集団ごと、地域ごとに異なった伝承があり、統一された神話大系などといったものは存在しない。しかしこと「虹の蛇」に関する限り、その存在は広くオーストラリア全域のアボリジニが語り継いでいるといっていい。

　やはり地域ごとに受け持つ役割は少しずつ違っているが、どの伝承においてもレインボー・サーペントは深遠な叡智と神のごとき力を備えた偉大な精霊として登場する。

レインボー・サーペント

虹色に輝く美しい巨体を持ったこの大蛇は、「夢の時代」に他のトーテム生物と共に、平坦だった世界に様々な地形を作り出した。峡谷、山、谷……、そしてとりわけ蛇行する大河はレインボー・サーペントが這った跡であると信じられていた。

「夢の時代」が終わった後も、虹の蛇は人々の側に留まった。彼らは美しい清水がわく泉、水溜りといった水飲み場の底、あるいはエアーズロック（周辺のアボリジニはウルルと呼んでいる）といった奇勝に棲み、アボリジニの人々とオーストラリアの大地を見守ったのである。そうした場所には、今もなお虹蛇たちが留まっていると考えられ、人々はそこを神聖な地として厳重に管理した（例えばアランダ族は水飲み場を女人禁制の聖地としていた。オーストラリアでは、宗教的世界は男性に支配されており、女性は宗教儀式上で男性と同等の役割や権利を許されていなかった。このタブーに違反した場合、死の刑罰すら与えられたという）。偉大なる虹蛇が、創造に携わった神聖な精霊である一方で、侮辱したり怒らせたりすると大変な災害をもたらす二面的な存在だったからだ。

虹蛇の恵みと怒り

乾いたオーストラリアでは、乾季の後の雨は生命の生育に不可欠な、まさしく恵みの雨であった。水を支配するレインボー・サーペントは、稲妻、虹、雨、雲といった事象をも支配し、それゆえに生命と再生をもたらす創造の力の象徴でもあった。例えばポンガポンガ族が語る人間を生み出した虹蛇エインガナは、乾季の終わりに自分の泉から頭を出して、雨を降らせるという。虹蛇は両性具有的な多産のシンボル（場合によってはすべてを生み出した「偉大なる母」）、あるいは「偉大な母」の配偶者である「偉大な父」として敬われたのである。

だが強大なレインボー・サーペントたちの力は、使い方次第では大いなる災いをもたらすものでもあった。大雨、洪水、干ばつ、大嵐。水を与えるも断つも自在の虹蛇は、自分の清浄な泉を汚されたり侮辱されたりすると、怒って人間に罰を下した。人々はこれを恐れるがゆえに、精霊の機嫌を損ねないよう様々な禁忌を定めたのである。アーネムランド北東部には、誤って虹蛇ユルルングルを怒らせた姉妹の物語がある。

故郷を追われ、子供を連れながら海を目指して旅していたこの姉妹は、それと知らずにユルルングルが棲む泉の側に野営してしまった。彼女たちは食事のために泉に水を汲みに近づき、誤って経血で清浄な水を汚してしまった。これは多くの地域で重大な禁忌とされている行為である。この冒瀆に気づいたユルルングルは腹の底から怒って、姉妹を罰するために身を起こした。泉の水があふれて周辺地域は大洪水となり、

また大雨にも襲われた。姉妹は儀式の歌の呪力を用いて大雨を止ませ、また虹蛇の怒りをなだめようとした。しかしユルルングルが猶予したのは歌声が続いている間だけで、ついに姉妹が眠ってしまうとぱくりと二人と子供を丸呑みにしてしまった。

罰を下したユルルングルは満足して泉に戻ったが、今度は彼がその行為で糾弾される事になった。虹蛇たちが集う天の集会において、おのおのが最近食べたものを教え合う事になったのだ。ユルルングルは正直に言うのが恥ずかしくてごまかし続けていたが、執拗な追求につい口を滑らせてしまった。掟破りを仲間にさんざん非難された彼は、地上に帰ると二人の姉妹と子供を吐き出した。すでに彼女らは死んでいたのだが、緑色のアリが噛むと生気を取り戻し、甦った（飲み込み、吐き出す行為は、虹蛇の「偉大なる母」としての性格を示している）。

呪術師と虹蛇

癒しと破壊を同じようにもたらす水、そして生命を支配するレインボー・サーペントは、その力と偉大さゆえに人々から深く畏敬された。一般的な人々は虹蛇の怒りを恐れ、敬いつつも直接の関与を避けた。

しかし呪術師や呪医、雨乞師といった特殊な人々は別だった。彼らは虹蛇がそれを通して力を振るうと伝えられている水晶や真珠を用いて、レインボー・サーペントの治癒の力や雨を呼ぶ力を駆使した。多くの人々が近づく事すら避ける虹蛇に捧げられた泉に、彼らだけが身を浸した（むろん虹蛇の怒りを買う危険を犯している）。

アボリジニを見守り、守護する役目を担った虹蛇は、適切な儀礼を知る者にとっては恐れる必要のない、偉大な導き手だったのだ。レインボー・サーペントは、「ドリーミング」中の呪医を背に乗せて天空まで導く事があるという。美しく、気高く、偉大な虹色の蛇は、人々に世界の真理を教える叡智の化身でもあった。

レインボー・サーペントの姿はオーストラリア各地の壁画に描かれ、彫られているので、目にする事は容易だ。しかし、この精霊は記憶の彼方に忘れられた存在ではない。アボリジニは今なお虹蛇に神聖な踊りを捧げている。秘密の水場の中には、いまなお隠されたままの場所もあるだろう。アボリジニが宝物とする装飾された石は、虹蛇の卵なのだと伝えられている。

オーストラリアの大地に虹がかかり、恵みの雨が降り続ける限り、レインボー・サーペントは湖水の奥底で、いつまでもまどろみ続けているのだ。

第2章 神々とドラゴン

インド土着の蛇の神　　Naga

ナーガ

> ある時は神として、ある時は悪魔として、神話や伝説に登場する蛇の神。それがインドにおけるナーガ信仰である。ナーガは有史以前からアーリア人の侵入、仏教やヒンドゥー教の興隆を経て現代に至るまで、インドで最も古くから崇拝されている。そこには生活に不可欠な水をもたらす神への崇拝や、野生動物への畏敬など、様々な人々の意識が込められている。

時代：古代インド
地域：インド
出典：リグ・ヴェーダなど
形状：人頭蛇尾の蛇神

　インドでは古くから蛇が神として崇拝されてきた。紀元前1万1500年ごろ、インドに現代のインド人の祖先であるアーリア人がやってくる遙か以前から、この地に住んでいた人々の間では蛇神(ナーガ)に対する信仰があった。アーリア人がやってきた時にも、ドラヴィダ人というインド南方に住む人々の主要な信仰の対象だったようだ。また、ヒンドゥー教の神殿には上半身が人間で、下半身が蛇の身体を持つ神の姿が数多く描かれている。全身が人間の姿、蛇の姿、虫など、別の姿をとる事も出来る。

　ナーガが蛇の形をとる時は、その蛇はたいていの場合インドに数多く生息するコブラで、上半身が人間の姿の時も、その頭部には背後にコブラの頭のようなものが描かれている事が多い。また、神話ではナーガが複数の頭を持つとするものもある。

　ナーガとは、もともと「蛇」という意味で、特定の神の固有の名称ではない。これは蛇神すべてを表す言葉で、女性形はナーギニーとなる。またナーガ族には王がいて、これはナーガラージャ(蛇王)と呼ばれる。いうなればナーガは、ナーガ族という蛇神一族の、すべての神格を示しているのだ。

　土着のアニミズム信仰として崇拝の対象だったナーガは、後から移住してきたアーリア人にとっては異教神だった。しかし、その怪しげな姿や脱皮をするという神秘的な生態、そしてその恐ろしい毒は、蛇に対する人々の畏れをもかき立てた。

　そのためナーガは、悪魔として恐れられ、また神としても崇められるという、変わった崇拝をされるようになった。おそらく異人種の融合の中で、アーリア人にとってもともと悪及び神の敵としての竜に、土着宗教の神である蛇が吸収され、しだいに混じり合っていったのであろう。

　神としてのナーガは、地下世界の王あるいは、冥界の守護神という事になっている。

ナーガ

ナーガの誕生

　ナーガは、神々や悪魔などの父である仙人カシュヤパの子である。カシュヤパには21人の妻がおり、それぞれが神や悪魔などの母となっていたが、その中のカドルーが、すべての蛇と蛇神を生んだのだ。そのためナーガは「カドルーの子」という意味のカードラヴェーヤと呼ばれる事もある。カドルーからは大地に住む蛇の他に、千のナーガが生まれた。

　カシュヤパは誕生したナーガ族を、パーターラと呼ばれる地下世界に住まわせる事にした。こうしてナーガは地下世界を支配する存在となったのである。

　ナーガはどんな願いでも叶える事が出来る宝石を頭に持っているといわれる。これは彼らが、宝石や貴金属を算出する地中の支配者であるという事と無関係ではないだろう。また、大地に姿を現したナーガであるコブラが、美しい頭を持っているという事から連想された逸話なのかも知れない。

ナーガとガルダ

　ナーガの母であるカドルーは、妹ヴィナターと賭けをして勝ち、ヴィナターの子であるガルダという鳥を支配していた。ガルダは何とかナーガの支配を逃れようと、ナーガの王に慈悲を願い出た。蛇王は天界にある神の飲み物アムリタ（またはソーマ）を持ってくれば、母子を自由にしようといった。

　そこでガルダは天へのぼり、そこにいた神や蛇を倒してアムリタを手に入れた。ところが、彼が地上へ戻ろうとした時、最高神ヴィシュヌが行く手を阻んだ。両者は激しく戦ったが、勝敗は決しなかった。

　そこでヴィシュヌは、ガルダが自分を乗せて運ぶ馬になるのであれば、ナーガの支配から逃れさせるという条件を出し、ガルダはこれを受け入れてヴィシュヌの乗り物となった。この時、この戦いでガルダが持っていたアムリタが数滴地下へと落ち、数匹のナーガもこの神の飲み物を口にして神聖な存在になった。

　以来、ガルダとナーガは激しく対立し、ガルダはたくさんのナーガを殺した。そのため、ガルダにはナーガンタカ（ナーガを殺すもの）という別名が与えられたのである。

ヴィシュヌ神とナーガ

　ナーガはもともと神々の敵であったが、最高神ヴィシュヌはナーガを従え、己の僕(しもべ)とする事に成功している。

　カドルーから生まれたナーガの一人にシェーシャという蛇王がいた。シェーシャはヴィシュヌが世界創造をしている間、地下のマニヴィーティという宮殿に住み、七つの頭で大地を支え、ヴィシュヌが休む時にはその多頭を広げて、あるいはとぐろを巻いて彼の寝床となる。シェーシャが自分の口で自分の尻尾をくわえ、輪を描いている時はアナンタ(永遠)と呼ばれる事もあり、これはナーガの不死性を示しているのだ。

　大地を支えているシェーシャがあくびをすると地上には地震が起こる。世界の終わりがくると、ヴィシュヌが世界を再生する前にシェーシャが口から炎を吐き、古い世界を焼き尽くす。こうしてシェーシャは蛇の王であると当時に、ヴィシュヌの片腕となって世界の輪廻をつかさどっているのである。

　ヴィシュヌ神はまた、ヴァースキという蛇王も僕にしていた。その昔、世界を大洪水が襲い、何もかも破壊された時、神々の飲料であるアムリタも失われてしまった。そこで

神は悪魔と結託し、アムリタを作るために山を乳の海に突きたて、これで乳海を攪拌(かくはん)する事にした。

　山は大きく重かったので、彼らは地下世界から蛇王ヴァースキを呼び出し、その巨大な身体を山に巻きつけ、頭と尻尾を悪魔と神がそれぞれ引っ張って山を回転させたのだ。

　強く引っ張られたヴァースキの身体は絞られ、体内の毒が口から抜けていった。そのためにヴァースキは清浄な存在となり、神の仲間入りをしたのである。ヴァースキの口から溢れた毒は乳海に落ちてアムリタを汚そうとしたが、これはシヴァが飲み込んでことなきをえた。シヴァの妻パルヴァティは、夫が毒を飲み込まないようにその首を絞め、彼を救った。だがそのためにシヴァの喉は毒のために青くなってしまった。

　こうしてヴァースキは聖なる蛇王となり、この功績を称えて、ヴィシュヌは彼を腰に巻き、常に武器として持ち歩く事にしたのである。

　このヴァースキはある時、風の神ヴァーユと力比べをした事があった。勝敗はつかなかったが、この時トリグータパルヴァカという山は崩れて、インドの南の海へと落下し、大きな島になった。彼らの戦いによってランカーという島（現在のセイロン島）が誕生したのである。

　なお、このヴァースキとシェーシャは、同一の存在であるという説もある。

クリシュナのカーリヤ退治

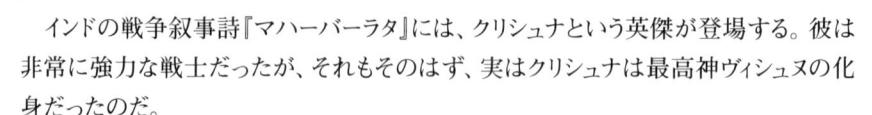

　インドの戦争叙事詩『マハーバーラタ』には、クリシュナという英傑が登場する。彼は非常に強力な戦士だったが、それもそのはず、実はクリシュナは最高神ヴィシュヌの化身だったのだ。

　クリシュナがまだ若いころ、牧場で遊んでいると、彼の友人が川の水を飲んで死んでしまった。クリシュナが調べてみると、その川にはカーリヤという蛇王が毒を流していたのだ。

　怒ったクリシュナは水に入り、毒を吐いていたカーリヤの頭を踏みつけた。カーリヤはクリシュナに襲いかかろうとしたが、彼がヴィシュヌの化身である事を見抜き、配下のナーガもろとも、彼に降参した。

　クリシュナは潔く頭を下げたカーリヤを許し、頭に付いた足跡こそ、カーリヤとクリシュナの友好を表すものだと宣言した。ヴィシュヌの乗り物でナーガを嫌っていたガルダは、カーリヤとその一族を襲う事を主人から禁じられ、カーリヤはガルダと同列の、ヴィシュヌの僕になったのである。

解毒の女神マナサー

このように、ナーガのほとんどはヴィシュヌの力によって神に帰順した。しかし、自らの力で神となったナーガもいる。

蛇王シェーシャの妹マナサーは、彼女自身が蛇の毒を消す力を持っていたので、人々に慕われていた。ところが彼女は蛇王の妹である。愛されてはいても、なかなか神としては認めてもらえなかった。

ある時マナサーは、ある商人の息子をすべて殺すと脅して、崇拝を得ようとした。だが商人はたくさんの息子を殺されてもマナサーを神とは認めず、怒ったマナサーに家を焼かれても屈しなかった。

そこでマナサーは戦法を変えた。商人がラクシュミンドラという息子をつくった時、彼がだれかと結婚するまで待ったのである。そしてラクシュミンドラがベフラという女性を妻にした時を見計らい、彼に毒を与えた。そしてベフラに対し、商人がマナサーを神と認めれば、夫の命を救ってやろうといったのだ。

ベフラはこれを受け入れ、商人を説得した。愛らしい息子の嫁に言い聞かされ、ついに商人はマナサーを神として崇める事を約束する。

こうしてマナサーはナーギニーでありながら、解毒の女神として後々まで崇拝される事になったのであった。

人間の妻になったウルーピー

女のナーガ、つまりナーギニーの中には、その姿を美しい人間へと変えられるものもいた。そして川辺で水浴びをしつつ、人間の若者を誘惑する事もあった。アルジュナというインドの英雄も、その幾人かの妻のうち一人はナーギニーだったと伝えられている。

アルジュナは美しい女性を巡って兄弟たちと対立し、その女性を兄弟全員の妻とする事でどうにか合意に達した。だがひょんな事から、兄弟が彼女と共にいる時には武器をとらないという一族の掟を破る事を強いられて、罰として13年間追放され、放浪の旅に出た。

そんな旅のある日、アルジュナがガンジス川で水浴びをしていた時、蛇王シェーシャの妹であるウルーピーというナーギニーが、アルジュナの美しい身体を見て恋に落ち、彼を川底にある自分の国へ引きずり込んで自分の夫になるよう願い出た。

自分と結婚しなければ地上へ返さないと訴えるウルーピー。アルジュナはその強引さ

第2章　神々とドラゴン

はもちろん、彼女の美しさにも圧倒され、結婚を承諾。ウルーピーと一夜を共にした。そして翌朝、アルジュナは再び放浪の旅に出て、後には彼の息子を宿したウルーピーが残されたのである。

アルジュナは色多き英雄で、その後も様々な国の王女と恋に落ちる。これは、後の叙事詩の作者たちが、各地の王家にそれぞれ「アルジュナの子孫」という箔をつけるために創作したからだ。

彼がナーガの王女に子をもうけたのは、蛇神を崇拝する民族と、ヴィシュヌやシヴァを信仰するアーリア人との融和を示しているのかも知れない。

狡猾なタクシャカ

ナーガは冥界の王であるが、蛇の住む密林を守る、大自然の守護神でもある。彼らは人里離れた土地へ侵入してくる人間たちに目を光らせ、その暴虐には復讐をもって報いるのである。

蛇王の娘を妻にした英雄アルジュナの孫に、パリークシットという王がいた。彼はアルジュナらが戦った激しい戦争の後に生まれ、王位に就いて60年の平安をもたらした。

しかしある時、狩りに出たパリークシットが獲物の鹿を追って密林に入っていくと、一人の聖人が瞑想している場所へとたどり着いた。パリークシットは鹿の行方を聖人に尋ねた。だが瞑想にふけっている聖人は彼に気がつかない。パリークシットは「王を無視するとは」と立腹し、腹いせに蛇を一匹殺し、その死骸を聖人の頭に乗せて立ち去った。

この聖人には一人の息子がいたが、この息子は父の頭に死んだ蛇が乗せられているのをみると、復讐を決意する。そして「この許されぬ侮辱を行ったものは一週間以内に蛇神に殺される」という呪いをかけたのだ。

一方、王もこの聖人の息子がもたらした呪いを知り、蛇神を恐れて対策を練った。彼は解毒の術を持つ医師を雇い、宮殿を要塞へと変え、用心に用心を重ねた。

しかし一週間後、蛇王タクシャカは虫に姿を変え、王に差し入れられる果物に身を潜めて、宮殿に潜入したのである。呪いの期限が切れるその日の夕刻。パリークシットは夕食後、デザートの果物を手に取り、中から虫が出てくるのをみつけた。

パリークシットは「蛇が出てくるかと思えば虫か」と安堵の息を吐き、果物にかぶりついた。だが、その虫こそタクシャカだったのである。タクシャカはパリークシットの喉に噛みつき、猛毒を注ぎ込んだ。さらにタクシャカは虫の姿から蛇へと戻り、宮殿に雷を落として天へと上がっていった。宮殿は燃えあがり、パリークシット王は毒に苦しみなが

ら、炎上する宮殿で死んだのである。

　タクシャカとこの王家との関係はその後も続いた。パリークシットの息子で、彼の死後跡を継いだジャナメージャの妻が持っている宝石を、タクシャカが欲しがったのである。ナーガは何よりも宝石を愛していたからだ。

　王妃はこの宝石をあるバラモンへの贈り物としたが、これを届ける仕事を授かった青年ウタンカに、「この宝石は蛇王が欲しがっているので気をつけるように」と忠告した。

　ところが、ウタンカが旅の途中、密林で水浴びをしている時を見計らって、タクシャカがこの宝石を奪ってしまったのだ。地面に開いた小さな穴に逃げ込み、タクシャカは地中へと隠れてしまった。

　ウタンカはどうしたら宝石を取り戻せるか神に尋ねた。これを聞いたインドラ神が地面に大穴を開け、ウタンカが蛇の支配する地下へと行けるようにしてくれたのだ。

　ウタンカはナーガの宮殿に入り、彼らを祝福する歌を歌ったが、タクシャカは宝石を返そうとはしなかった。そこで彼は今度は神を讃える歌を歌う。するとインドラは穴に炎を吹き込み、ナーガたちは煙に燻されて、ウタンカの背後にインドラがいる事に気が付いた。そして、神に逆らわない事を約束してウタンカに宝石を返したのである。

　狡猾な蛇王も、神の力にはかなわなかったのであった。

天空から冥界まで

　古くから人々の信仰を集めていたナーガ。彼らは時に神々の道具となり、時に神々と戦った。そして人間と結婚する事も、彼らを陥れる事もあった。彼らは水に、毒に、そして永遠に結び付けられ、様々な形で崇められた。神と悪魔の狭間にあって、天にも地中にもその地位を築いたナーガではあるが、その崇拝の根本には、やはりもともとのアニミズム的信仰、つまり自然に対する畏敬の念がある。

　パリークシット王は密林を荒らし、そこで瞑想する聖者を侮辱したために殺された。ナーガは地中に住み、大地を揺らす事も、破壊する事も出来た。

　つまり人々は、密林を始めとする自然の守護神として、ナーガを崇拝していたのである。自然を侵すものはナーガに呪われる。これは権力者たちによる自然破壊を戒めた、当時の社会における環境保護のようなものだったのだろう。

　いまでも、ナーガの像は木の下に祀られねばならないとか、蛇神を祀った場所の周囲には、手つかずの空き地を残さねばならないといった風習が残っている。このような自然に対する信仰があってこそ、ナーガは様々な神話を経て、今もインドの人々に崇められているのである。

第2章　神々とドラゴン

仏教における蛇神　　　　　　　　　　　　　　　Nagaraja

龍王

> 蛇は仏教においても崇拝の対象だ。インド神話の蛇神ナーガは、仏教に龍王という名で取り込まれ、崇められている。それは密林に棲む蛇と天空をかける竜との合体であり、民間信仰と仏教との混交でもある。龍王は、原始時代のインドと、古代の中国や日本を結び付ける役割を果たしている。蛇のように長い時間をかけて、異文化を結び付けるひもとなっているのだ。

時代：古代インド
地域：インド、中国、日本
出典：仏教経典など
形状：人頭蛇尾の蛇神

■ 神から仏へ

　仏教には釈迦を始め、様々な如来、菩薩、明王といった尊格が存在するが、その中に龍王と呼ばれる蛇の神がいる。この龍王とはすなわちインド神話の蛇神ナーガ（P142）で、密教の曼荼羅では、ブラフマー（梵天）、シヴァ（大黒天）といった神や、ラークシャサ（羅刹）、ヤクシャ（夜叉）などの悪魔と共に、「仏教に帰依した異教神」が祀られる「天部」に所属している。

　龍王という名称は仏教がインドから中国へ伝わった段階で付けられたもので、蛇の王を意味するナーガラージャを漢訳したものである。もともとコブラに代表される蛇神であったナーガは、この時に中国的な竜と混同され、龍王と呼ばれるようになったのだ。

　曼荼羅に描かれる龍王は、インド神話のナーガ同様、上半身が人間で下半身が蛇の姿をしている。ただし、インドでは裸体であったが、中国や日本では中国風の役人服や、十二単などを身に着けているため、蛇の下半身は見えず、わずかに着物の裾から尻尾をのぞかせているだけである。また、完全に人間の姿で、ただ蛇の上に乗っているだけ、あるいは背後に複数の蛇が描かれるという図柄もある。

　インドで誕生した仏教は、もともと釈迦による哲学的な悟りの世界があるだけだったが、その信仰が広まっていく過程において、古来よりのインド神話の神々をその体系に取り込んでいき、しだいに多神教的な「神々の神殿」を持つに至った。インドで最も古くから崇められてきた蛇神ナーガも、そうした中で仏陀に帰依し、インドラやシヴァといった神々と共に仏教の尊格に加えられたのである。

　そしてインド神話においてそうだったように、仏教でも龍王は時代の変遷によって、それぞれ異なった伝説が語られているのだ。

龍王と仏陀

　龍王、すなわちナーガは、仏教の比較的古い教典においてすでに、仏陀を守る存在として描かれている。

　まず、後に仏陀となるゴータマ＝シッダールタがこの世に生を受けた時、二匹の龍王がその図上に現れ、それぞれ冷たい水と温かい水を彼の身体に振りかけ、その誕生を祝福した。この二体の龍王はナンダとウパナンダ、あるいはカーラとウッカーラという兄弟であったという。

　続いて、ゴータマが仏陀となるべく山で苦行を続けている時にも龍王は彼を助けた。苦しい断食が悟りへの道ではないと気が付いたゴータマは、空腹を感じて村へと降りていった。そこへスジャータという若い娘が現れて、ゴータマに乳糜という粥を差し出した。このスジャータは実は、龍王の娘だったのである。

　またある時、悟りを開いたゴータマが森で瞑想を続けていると、七日間にも及ぶ暴風雨が襲ってきた。するとムチャリンダという名の龍王が彼の頭上でとぐろを巻き、その身体が濡れるのを防いだ。そして嵐が収まると、少年の姿となって仏陀の前に姿を現し、仏教へ帰依したという。

　仏陀は敵対する竜を退治する事もあった。火炎を吐く悪竜が現れると、仏陀は自らも火炎を発してこの悪竜を退治し、アパラーラという龍王は、仏陀が連れてきた金剛夜叉によって降伏させられた。

　さらに、仏陀が入滅した時、彼の遺骨である仏舎利を納める塔を建設し、マウリヤ朝の王アショーカが仏舎利を奪おうとした時、これを防いだのも龍王であった。

　こうした説話は、蛇神信仰の厚い土地に仏教が伝わる時生まれたものだとされている。農耕が生活の中心だったインドでは田畑に不可欠な雨をもたらす蛇神が広く信仰されていた。仏教においても、土地の蛇神が仏陀に帰依した、あるいは仏陀を助けたという伝説によって、人々への仏陀への信仰を促したのであろう。

　また、火を吐く竜を退治した物語は、ペルシアの拝火教との対立を表すものだとする説もある。

　いずれにせよ、龍王は仏陀の誕生、開眼、悟りへの到達、入滅といった重要な時期に登場し、彼を祝福し、守り、帰依したのだ。この時以来、仏教における地位は低いものの、龍王は仏陀と人々とを結ぶ、重要な役割を担ってきたのである。

密教の龍王

　仏教が広まり、しだいに民間信仰や呪術をとりこんでいくと、密教という儀式を中心とした思想が誕生する。密教ではその修行が単なる瞑想から、様々な印や真言と呼ばれる呪文を用いる、形式的な方法へと発展した。そして仏教のたくさんの尊格に明確な役割を与え、それを世界を表す図式として描いた曼荼羅が生まれた。

　仏教は古い神話の神や、土地神を吸収し、膨大な独自の神話世界を形成していったのだ。そして、密教において、この神話は曼荼羅という「神々の神殿」を表した図によって体系化される事になったのである

　さらに密教は民間信仰の影響を逆に受けるようになり、成仏を目的とした修行のためだけでなく、病気の治癒や学業成就、田畑の豊作といった現世利益をも追求するようになっていった。もともと水に関する信仰と強く結びついていた龍王は、さっそくこうした儀式や図式に用いられ、請雨修法という「雨乞い」をつかさどる事になったのである。

　大日如来を中心とする胎蔵界曼荼羅では、龍王は西方を守護する尊格として描かれている。龍王は西方に位置する水天の、あるいは四天王のうち西方を守る広目天の眷属である。

　また、不動明王が持つ剣に巻き付いているクリカという蛇も、龍王の一人である。不動明王が悪魔と対決した時、敵が智火剣という炎の剣を持ち出したので、不動明王がこれにうち勝つ武器を念じ、クリカという蛇に化身して剣となり、悪魔を倒したのだ。

　龍王は八部衆と呼ばれる、仏教を守る八種族の一つにも加えられていて、『法華経』には、仏陀に帰依した龍王としてナンダ、ウパナンダ、サカラ、ワシュウキ、トクシャカ、アナパダッタ、マナス、ウッパラという八体をあげている。これらはどれもインド神話にも登場するナーガたちであった。

インドから中国、日本へ

　インド全土に広まった仏教はさらに、インドから東南アジア、チベット、中国、朝鮮そして日本へと広まっていった。そして仏教、特に密教が中国やチベット、日本へ伝わるうち、龍王のイメージには中国神話における想像上の動物である竜（P171）や、日本の土地神である蛇神（P63）が加わっていく。こうして、現在我が国の仏教画に見られるような、和服を着た人間の姿をしている龍王が生まれたのである。

龍王

第2章　神々とドラゴン

　中国の『西遊記』や、日本の『浦島太郎』に登場する竜宮城は、龍王の住む都として、インド神話のナーガと、土地の蛇神が混交した代表的な例である。水の中にある宮殿で、豊富な宝物があるという部分が、インド神話の影響を強く受けている事を表している。
　一方、チベットに伝わった密教ではヨーガの一種として、男根から体の中にある七つのチャクラという器官を昇っていくエネルギーをクンダリーニといい、これは男根に巻き付く蛇として表される。蛇は水を象徴する事から、体内のエネルギーあるいは血液の循環を示し、また蛇が無限を意味する事から、宇宙の際限なきエネルギーを象徴しているともいえるだろう。
　チベットのクンダリーニは中国や日本にも伝わり、軍荼利明王となった。彼の身体には蛇がからみついており、龍王との関係を表している。

大地に根を張った信仰

　インド古来の蛇神信仰に始まり、アーリア人の神話、仏教においても信仰を失わなかったナーガ、つまり龍王は、チベットや中国、そして日本の民間伝承をも吸収し、非常に多彩な意味を持つに至った。
　龍王はインド神話以来の水神で、地中あるいは水中に棲む蛇の王で、無限と輪廻を象徴する存在だった。そして仏教において仏陀の守護者、田畑に恵みをもたらす雨の神、さらには神秘的なエネルギーの象徴にまでなったのである。
　これは宗教というものが広まっていく時に常に起こる混交だ。しかし、これ程までに長く、様々に語られる神はそうはいない。そこには人々を魅了する蛇という動物の不気味な形状、恐ろしい猛毒、不思議な生態がある事は確かだ。
　いま我々が目にしている蛇という動物は、宗教や民族を越えて、あらゆる人々を畏れさせ、崇めさせてきたのだ。そしてそれは竜というイメージになり、今も我々を魅了し続けているのである。

さまざまな悪を体現する神々の敵　Vrtra

ヴリトラ

> 雷神インドラと悪竜ヴリトラの戦いは、インド神話を代表するエピソードである。この物語はかなり古い時代に誕生し、物語のヴァリエーションの豊富さという点でも、この神話が人々に愛され、語られ続けてきた事を示している。ヴリトラは原初的な蛇神信仰から、有史以前の民族対立、歴史上の階級闘争まで、様々な時代の人類の敵の権化なのである。

時代	古代インド
地域	インド
出典	リグ・ヴェーダなど
形状	光り輝く巨大な竜

悪竜の誕生

　ヴリトラの物語はアーリア人がインドへやってきたころに生まれた古い伝説である。この悪竜を倒す雷神インドラは、アーリア人の最も古い神の一人で、彼らが中東からインドへやってくる以前から、広く信仰されていた。

　このインドラの最大の敵である悪竜がどのようにして生まれたのか、そこには二つの物語がある。

　ある神話では、ヴリトラはインド神話において神々の父であるカシュヤパという仙人から生まれた。カシュヤパは創造神ブラフマーの魂から生まれた存在で、世界の様々な事物を創造する力を持っていた。

　カシュヤパは数多くの神を生んだが、アスラやナーガといった悪魔も生み出した。そのために神々とは敵対しており、最高神ヴィシュヌはカシュヤパの子供たちのうちヒラニヤカシプという悪魔を殺し、インドラはその弟ヴァラを殺してしまう。

　息子を殺されたカシュヤパは怒り、生贄を捧げてインドラを倒す子供を授かろうと悪魔の儀式を行った。すると炎の中から黄色い目と大きな牙を持つ、真っ黒な魔物が姿を現した。その手には剣を持ち、獣の毛皮をかぶって、雷のような声を発したという。カシュヤパはこの魔物ヴリトラに、インドラを倒す事を命じた。

　もう一つの物語は、やはり神に敵対する僧侶トヴァシュトリがヴリトラを生んだという神話である。

　トヴァシュトリは人間たちの父であると共に鍛冶の神でもあり、カシュヤパ同様、創造神の一種であった。彼は人類の父という肩書きでは満足出来ず、神々が持っている世界の王の地位をも手に入れようとしていた。

彼はインドラを殺して王位を奪おうと、三つの頭を持つトリシラスという子供をもうけた。トリシラスは神々をも凌ぐ力を身につけていたので、インドラはその力を奪おうと様々な方法を試みたが果たせず、ついに彼を殺してしまった。

王位を担う息子を殺されたトヴァシュトリは、インドラに復讐をすべく悪魔の儀式を行った。そして儀式の八日目、炎の中からまばゆく輝く悪魔が現れ、「父よ、私は山を砕き、大地を干あがらせ、太陽を隠す事が出来る。私は父のために、どのようにこの力を用いればよいのか」と尋ねた。トヴァシュトリは喜び、それではインドラを殺してくれと頼んだのである。

いずれの物語も、造物主が自らが生んだ神々の力の増大を恐れ、これに対向するためにヴリトラを造ったという点で共通している。つまりヴリトラは、そもそも神と敵対するために現れた、ねっからの神の敵だったのだ。また、ここには当時の世相も反映している。軍神でもあるインドラと神官の子ヴリトラの争いは、インドにおける戦士階級（クシャトリヤ）と神官階級（バラモン）の争いの転嫁を見る事も出来るのだ。

インドラとヴリトラの戦い

戦いの神でもある雷神インドラは、自分たちの敵が現れたと知り、さっそくこれを退治しようと試みた。しかし、創造神が生み出した悪竜は、神をも越える力を持っていた。頑丈な皮膚はどんな攻撃にも耐え、その巨大な身体は、神を飲み込む事が出来る程だったのである。

ヴリトラが一声咆哮を発すれば神々はたじろぎ、慌てて身を隠すありさまであった。ヴリトラから神が逃れたため、ある時は太陽が隠れ世界に冬が訪れ、またある時は雨をもたらす雲が遮られ、大地は乾ききり、食物は枯れた。

インドラはこの強大な怪物を何とかして倒すため思案を重ね、偽りの和睦を申し出て、その条件として神々の世界の半分を与えると共に、ランバーという美しい乙女を妻として差し出した。ヴリトラはこの提案を受け入れ、世界の半分の王となった。悪竜は美しい妻に夢中になり、彼女が「私への愛があるのなら、私の願いはどんなものでも聞き入れて下さい」と願い出ると、一も二もなく承諾した。

だが、送り込まれたランバーは実は、神々のためにヴリトラを陥れるという使命を与えられていたのである。つかの間の新婚生活の後、ランバーはヴリトラに、バラモン階級には禁じられている酒を勧めた。ヴリトラは約束ゆえ、これを断る事が出来ない。

酒を飲んだヴリトラは、予想通り酩酊し寝込んでしまった。これを見たインドラはすかさず眠っている悪竜に近づき、持っていた金剛杵でヴリトラの弱点を探した。そして

ヴリトラ

悪竜が眠気のあまり大きなあくびをした時を狙って、その柔らかい喉を貫き、退治してしまったのである。

ドラゴンを眠らせて退治するという説話は、ギリシア神話にも日本神話にもある。その昔、蛇は眠らない生き物だと考えられていたので、無敵のドラゴンを倒すにも、何らかの方法でその意識を奪う必要があると考えられたのかもしれない。

また、酒はライバルであるインドラの好物で、インドラは酒を飲むとその力が倍増するという力を持っていた。それが逆に、ヴリトラの命取りになるという点が、両者の対比として興味深いともいえよう。

ヴィシュヌの化身

神話において稲妻を表す金剛杵によって倒されたヴリトラではあるが、これとは別に、インド神話を代表するもう一つの神であるヴィシュヌの化身によって退治されるという物語も存在する。

神々を恐れさせたヴリトラにインドラは戦いを挑んだが、そのあまりの大きさ、恐るべき強さに、普通の手段では勝利を収められないという事が判明する。そこでインドラは、ヴリトラ退治の策を練るべく、時間稼ぎのためにこの悪竜と和解するのだ。

だがヴリトラもインドラを信用しておらず、和解の条件として、インドラが自分を昼も夜も攻撃しない事、そして木、鉄、及び石で出来た武器で攻撃しない事、さらに乾いた武器でも濡れた武器でも攻撃しない事を誓わせた。インドラがどのような手段を講じても、自分を倒せないよう画策したのである。

この条件にインドラも従う他なかった。彼は必死で頭を働かせ、この条件に抜け道がないか考えた。

まず彼は攻撃を日暮れ時に行う事を思い付いた。太陽が今にも沈む黄昏であれば、それは昼でも夜でもない。これは名案だった。だが、木でも鉄でも石でもなく、乾いても濡れてもいない武器を思い付く事は出来なかった。しかたなく彼は、最高神ヴィシュヌに助けを求めたのだ。

ヴィシュヌは、それでは自分がヴリトラを倒せる武器を用意するから、安心して戦いへ赴くようにとインドラを励ました。これで絶望的になっていた神々も勇気付けられ、インドラは日暮れ時を狙ってヴリトラの前へと丸腰で躍り出たのである。

するとその時、海辺の水面から大きな泡の柱が立ち上った。その柱は泡のくせに固く、槍のようにとがっていた。インドラはすかさずこの泡の柱を掴むと、悪竜に向けて力一杯はなった。

泡は木でも鉄でも石でもなく、乾いても濡れてもいなかった。この攻撃にはさすがのヴリトラもひとたまりもなく、悪竜は砂浜にどうと倒れ、息絶えた。この武器は、泡の柱に姿を変えたヴィシュヌ神そのものだったのである。

大いなる自然の脅威

このように、インドラとヴリトラの戦いは長い間、時代によって物語を少しずつ変えながら、語られ続けてきた。ある意味、それは永遠の戦いなのかも知れない。インドでは蛇が脱皮する事から、蛇や竜は不死、あるいは常に生まれ変わりを続ける存在と考えられていた。ヴリトラも倒されては生まれ変わり、幾度となくインドラと戦い続けているのかもしれない。

インドの神話や伝承には、数多くの竜が登場する。その多くは古い時代における動物信仰から続く、蛇の神格化である。だが、アーリア人の古い神話に登場する悪竜ヴリトラは、より抽象的な大自然の猛威を表す存在という側面がある。その点でヴリトラは、ギリシア神話において暴風雨を象徴し、神ゼウスに倒されるテュポンにも似ているといえるだろう。

ヴリトラが象徴する自然には諸説ある。一つは大地に雨をもたらす雲を遠ざけてしまう干ばつ。そもそもヴリトラとは古代のアーリア人の言葉で「遮る」という意味で、大地に恵みをもたらす雨あるいは雨雲を遮る悪魔とされたのだ。この悪竜を倒すインドラが雷神である事から、その物語が「雨乞い」と結び付けられている事が分かる。

もう一つはヴリトラが、田畑に流れ込む水と、草木を育てる太陽を遮る冬の象徴だという説。この場合はインドラは春の嵐、あるいは天空神としての太陽の象徴で、彼がヴリトラを倒すと冬が終わり、雪解けと共に、固く凍っていた川に恵みの流れが満ちるというわけだ。こうしてインドラとヴリトラは季節の変わり目には毎年激戦を繰り広げ、そしてインドラが勝利を手にするのである。

そもそもヴリトラは悪魔であるアスラ族の仲間とされ、インドラとの戦いは、インドへやってきたアーリア人の原住民に対する争いに基づいているといわれる。かつて民族の敵を表していた悪竜は、後にアーリア人がインドを制覇すると、今度は彼らを困らせる大自然の猛威と結び付けられ、後にインドラが代表する戦士階級(クシャトリア)が打倒すべき神官階級(バラモン)の象徴となった。

つまりヴリトラは、それが敵対種族であれ、戦士階級に対する神官バラモンであれ、あるいは干ばつや厳しい冬であれ、人々のあらゆる敵を体現する大きな悪そのものとして、これに対するアーリア人に結束をもたらす存在だったのである。

第2章 神々とドラゴン

中国古代の偉大なる蛇皇　　　　　　　Fuxi / Nuwa

伏羲・女媧

古代中国の神話世界においては、偉人や皇帝は人と獣、両方の特徴を備えた異形の神人だった。その中でも最も偉大な皇帝に数えられる伏羲（庖犧）と女媧という夫婦の二帝は、竜の下半身と人の上半身を併せ持つ異様な姿をしていた。人類の祖であると広く信じられた、二柱の竜神の伝承を紹介しよう。

時代	古代中国
地域	中国南域（全域）
出典	史記など
形状	人首竜身

■伝説の皇帝"三皇"

『史記』は司馬遷の手による史書で、中国古典の代表的な著作に数えられる。黄帝から前漢の武帝に至る通史を記した130巻に及ぶ大著は、中国の歴史書の模範とされ、後世の人々の手で多くの校中や補筆がなされた。

こうして補筆された部分にあたる、唐の時代に司馬貞が追加した「三皇本紀」には、黄帝以前──すなわち中国の神話伝説の時代に君臨統治したという伝説上の皇帝（三皇五帝）についてが記されている。そこに登場する古代の皇帝はいずれも高い徳を備え、人類に生きる術を教授した偉大な人々であるが、その一方で常人とはかけはなれた異常な姿をしていた。例えば人間に百薬を教えた神農は牛首人身、八卦を教えた伏羲とその業績を継いだ女媧は人首竜身として描写されているのだ。

これは早くから神話が淘汰され始めた中国において「神話の歴史化」という現象が起こり、超自然的な存在である神々が理想的な皇帝として擬人化された結果であるという。もともと伏羲、女媧、神農などの聖王は古い時代の神であり、深い崇敬を集めていたがゆえに、古代帝王として擬人化されたのだ。だが擬人化されてなお、古代の神々の力はそれぞれの異形の中に色濃く形を留めている。

これら異形の皇帝たちの中にあって、本書にとって興味深いのは伏羲・女媧の両帝だ。兄妹であり、また夫婦であったとされる二人は、人類の祖と伝えられ、人首蛇身（または竜身）というインドのナーガ（P142）を彷彿とさせる姿をしていた。

伏羲・女媧の「人首竜身」の姿は、主に漢代（前206年～後220年）の石刻画に描かれているケースが多い（この時期が両帝に対する信仰が最も盛んだった）。長衣を着、冠を被り、時には太陽や月、巻尺などを捧げ持った人間の上半身に、大蛇を連

想させる下半身(場合によっては後足がある、つまり竜形だった)が付属している様子は異様なものだ。

この時期の画像では、伏羲と女媧は二人一組で、しばしば尾を絡めあった図案で描かれている。ナーガの図像にもよく見られるポーズだ。これは伏羲と女媧の交合の様を示している。当時の伝説において、伏羲と女媧は夫婦であると信じられていたのだ。実際、前述の「三皇本紀」では、伏羲が占めていた帝位を自然に女媧が継いでいるし、多くの資料には両神の婚姻関係が明記されている。

中国の伝説上の聖王とされた伏羲と女媧の両神。この二人がなぜ人首蛇身という異形で描かれたのか。なぜ夫婦一組と見なされるに至ったのだろうか。断片化された中国の神話伝説から両皇の伝承を拾ってみよう。

八卦の祖、伏羲

伏羲は庖犧、宓犧など多彩な名で呼ばれ、広く名を知られた神であるが、現存している伝承は非常に少ない。『淮南子(えなんじ)』によれば、伏羲は東方の天帝であり、句芒(こうぼう)という人面鳥身、白い服を着て二頭の竜に乗った木神の補佐を受け、春を管理しているという。「三皇本紀」は伏羲を、初めて八卦を画し、明文化された法を定め、婚姻の制度をたて、網による漁猟を民に教えた王として称えている。また別の説では、火を人類に教えたのも伏羲であるという。

この「三皇本紀」では伏羲の母を、華胥(かしょ)という女性であるとしている。これについては次のような伝説が残っている。

中国の北数千里の地に、住民のすべてに寿命がなく、だれもが過剰な欲望を抱かない国があった。人と神との中間に位置する神仙が住むこの「華胥氏の国」に、ただ華胥氏とだけ呼ばれている名なしの娘がいた。

ある時この娘が雷沢という景観の美しい沼に遊びに行った。すると沼のほとりに巨大な足跡がある。興味を抱いた華胥氏は、その足跡の上に自分の足を降ろしてみた。その瞬間、身体を異様な感覚が走り抜け、不思議な事に彼女は身ごもっていたのである。そうして産まれた赤子が伏羲だったというのだ。

この足跡は雷神の残したものだったと考えられる。雷沢の雷神は人頭竜身の風雨や水をつかさどる天の神で、現存する図が伏羲の姿ととてもよく似ている。人々は伏羲を聖徳が備わった竜の子と信じ、蛇身として描かれるその姿に肯定的な敬意を寄せていたに違いない(余談になるが、中国の傑出した皇帝はしばしば竜の化身、子、ないし生まれ変わりといわれる)。

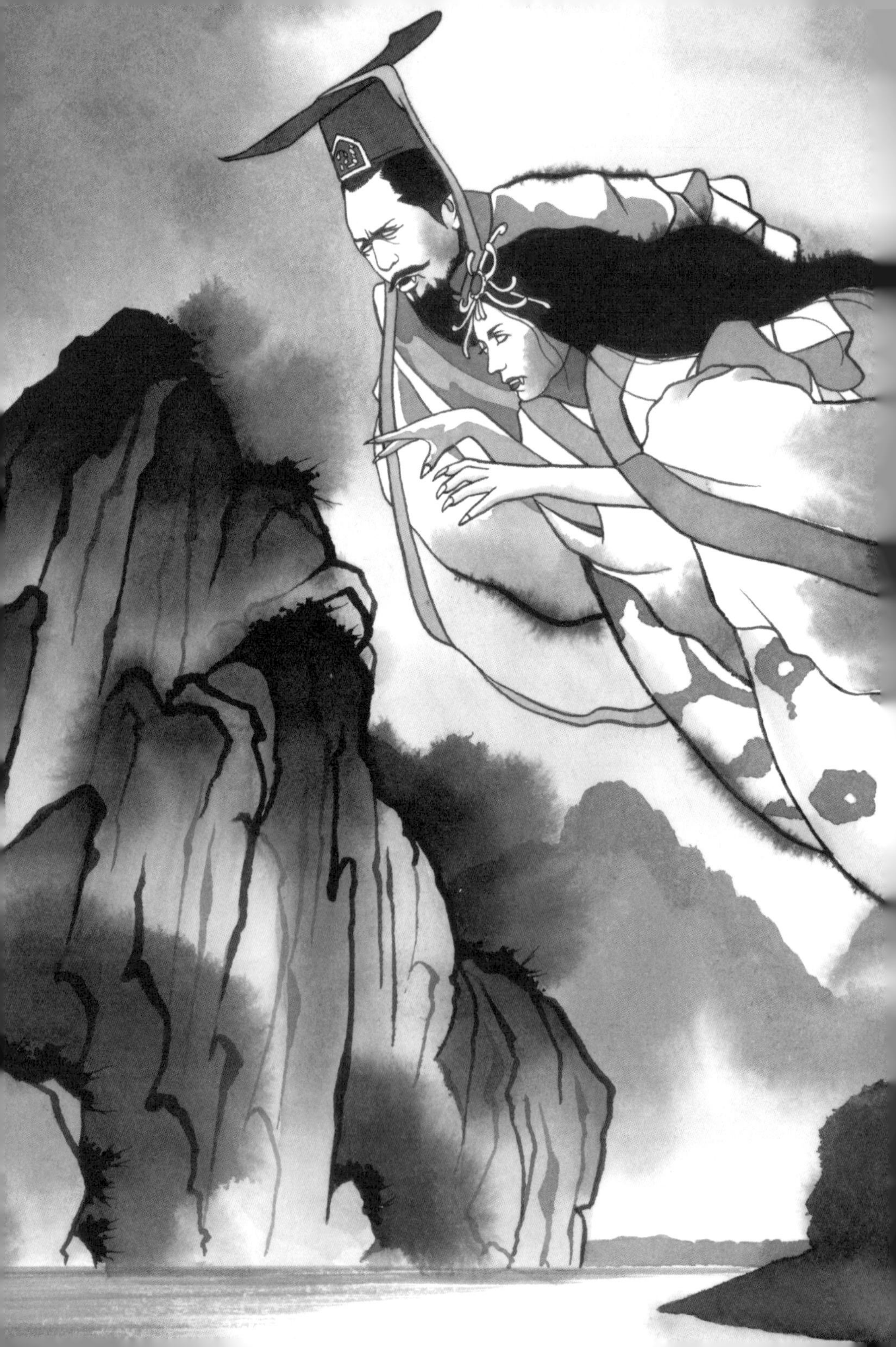

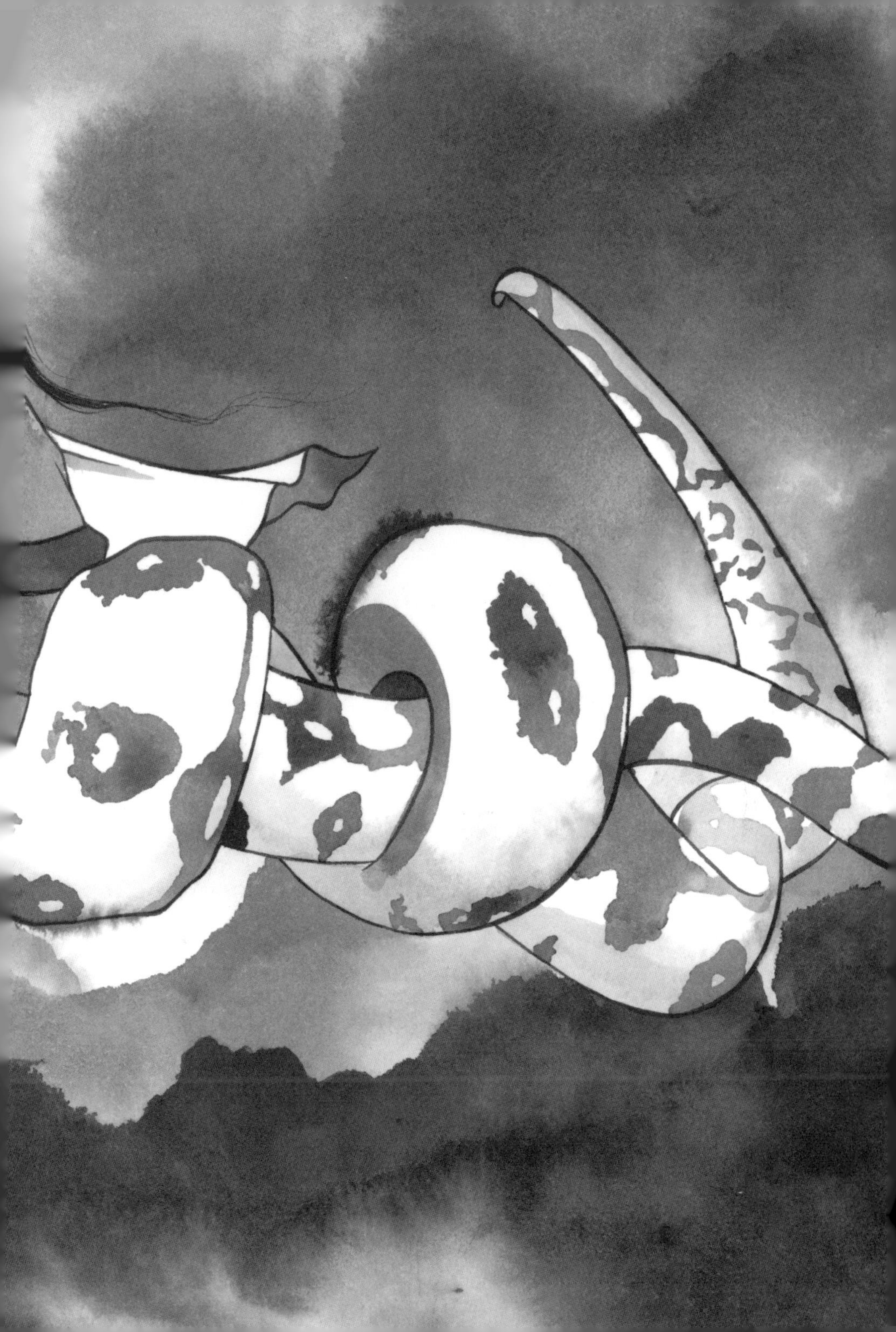

しかし単に風雨をつかさどる竜の子である以上に、伏羲と水との関係は深い。『拾遺記』の逸話を紹介しよう。

やはり伝説的な皇帝である禹は、中国全土を悩ませていた洪水を治め、舜から帝位を禅譲された聖王である。だが彼の水との戦いは長く苦しいものだった。そんな苦闘の時期の話である。禹が竜門山を開削していると、不意に洞窟に突き当たった。禹が数十里にも及ぶ深く暗い洞窟を不思議な黒い豚と犬、大蛇に導かれて進むと、やがてとても明るい殿堂のような場所に出た。

そこで禹を待っていたのは人面蛇身の神だった。神が八卦図を取り出し、その周囲に八柱の従神が控えていたので、禹はその正体にハタと思い当たった。

「華胥が神聖な子を産んだと聞きますが、それがあなたでしょうか？」

すると神は「華胥は九河の神女で、私を産んだ人です」と答えた。これが伝説の伏羲だったわけである。伏羲は長さ一尺二寸の玉簡を禹に授けた。それは天地の測量に役立ち、禹の治水を大いに助けたという。

なぜ伏羲が洪水に抗い、治める術を知っていたのか。むろん水を治める雷神の子だからであるが、それだけではない。もともと伏羲はルーツから洪水と深い関係があり、古代中国の人々が共通して持っていたその認識がこの逸話に反映されているのだ。しかしその話の前に、次は女媧について解説しよう。

人類の母、女媧

女媧はやはり人首蛇身の神で、「三皇本紀」では夫の引退後、その制度をそのまま引き継いで賢明に治めたと簡潔に記されているだけだ。しかし伏羲と比較すると豊富に残っている神話伝承では、逆に女媧の方が大いなる神力を備えた偉大な女神として語られている。

女媧が世界に果した偉業として広く伝えられているのは、人類の創生と天地の補修の逸話である。

『楚辞』の「天門篇」に「女媧は人を作った。ではだれが女媧を作ったのか」という問いかけがある。『楚辞』は前三世紀の壁画に取材した中国南部の祭祀的歌謡であるから、女媧が人類の創造主であるという認識は非常に古くから中国の人々に抱かれていた事になる。この創生の情景を後漢代の『風俗通義』という書籍はこう語っている。

天地が出来あがった時、そこに人間はいなかった。ただ天神の女媧だけがいた。寂しく感じたのか、彼女は川辺の黄土をこねて、人型の人形を作ってみた。するとそ

れは生きた人間へと化した。女媧は次々とこねては作り、こねては作りを繰り返したが、これは大変な重労働で、ほどなくしてすっかり疲れ果ててしまった。しかし人の数は、広大な大地を満たすにはまだまだ足りない。

そこで女神は縄を手にすると、それを黄色い泥に浸した。彼女がたっぷり泥水を含んだ縄を引きあげ、一振りすると、地面に滴った泥水の雫がことごとく人間へ変じた。しかし最初に作った人間に対し、後から作った人間はいま一つ出来が悪く、それゆえに人間には能力の差、貧富の差があるのだという。

ともかくこうして人類は生まれた。だが人には寿命があるので、放っておけばいずれは死に絶えてしまう。そのたびに新しい人間を作るのは骨だ。一考した女媧は、人間に結婚し、自ら子孫を養育するよう教えた。こうして女媧は、人類創生の神としてだけでなく、婚姻の神としても祭られるようになった。

だが彼女が人を住まわせた天地は、まだ創造されて間もなかったせいか、自壊の危機に見舞われた。この時の様子は『淮南子』『列子』などに、東西南北の極が壊れ、大地が割れて裂け、天空が綻びたなどと描写されている。大地は炎や洪水に覆われ、妖しい猛獣や猛禽が人々を襲って食い殺した。

この古代世界壊滅の危機に、女媧は自分の生んだ人々と世界を救うべく、敢然と立ち向かった。彼女は様々な石を練って天空の綻びを繕い、切り取った大きな亀の足を大地の四極に立てて天柱とした。そして水害の元凶である黒竜を切り殺し、灰を撒いて洪水を鎮めた。人々は救われた。

しかし後になって、世界の安定は再度破られる。叛逆の水神、共工（P167）が顓頊に戦いを挑んで敗れ、激怒のあまり天柱の一本である不周山に頭を打ち付け、へし折ってしまったのだ。けれどこの時にはもう世界を補修する程の力を持つ女媧は天界に隠遁しており、世界は傾いたままだった。我々が知る天体の運行はこうして始まったのだという。

伏羲・女媧のルーツ

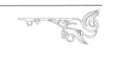

これまでに紹介した数々の逸話は、それぞれ原典から何がしかの影響を受けているものの、伏羲・女媧神話のルーツではない。「漢族に吸収された後」の一般的に知られている伏羲・女媧神話なのである。

では本当のルーツはどこにあるのかといえば、それは古代中国南方に定住していた苗族の神話だったと考えられている。この苗族は竜を自分たちのトーテム（祖霊）として信奉した人々で、当然ながら彼らが民族の祖とした伏羲・女媧の二人は人首竜身

でなければならなかったのである。なぜならトーテム的な思想上からは、苗族は竜の子孫である民なのだから。あるいは記録に残されていないくらいの古代には、両神は完全な竜形だったのかもしれない。

　苗族とその周辺の民族には、原型的な伏羲・女媧神話が継承されている。

　それによればこの二人はもともと兄妹だった。幼い彼らは偉大な勇士である父に養われていたが、ある時この父が雷神を捕らえた。翌日、兄妹に「雷神に水を与えてはならない」と言いつけて、父は外出した。だがあまりに哀れな雷神の様に、兄妹は乞いに応じてつい一杯の水を与えてしまった。

　元気を取り戻した雷神は、たちまち檻を破って逃げ出してしまった。ただ兄妹に恩を感じた彼は、じきに災害が来るからそれから逃れるためにこれを地面に埋めるように告げ、自分の歯を残していった。

　やがて雷神の言葉どおりに大地を大雨が襲った。雨はいつまでたっても降り止まず、やがて世界はことごとく水に覆われた。人々が皆溺れ死ぬ中、ただ伏羲・女媧だけが無事だった。二人は歯の種から芽吹いた不思議な瓢箪（ひょうたん）の船に乗り、災害を無事に乗り切ったのである。

　とはいえ天まで届く洪水を生き延びたのはこの兄妹だけだった。二人は妙齢に達すると、実の兄妹ゆえに神意を伺ってから結婚し、人類再生の祖となったのだという。

　この神話が漢族に継承され、形を変えたのが様々な伏羲・女媧伝説だったらしい。そうして見ると、伏羲が洪水と関連付けられた理由、女媧が人類の祖と信じられた理由が、この中国版ノアの箱舟といっていい伝説の中に集約されている事が分かる。

　中国には他にも創生神話に類するものは存在した。しかし最も広く民衆に支持されたのは、女媧（と伏羲）による人生み神話だった。中華の人々は、偉大なる竜神を祖先として戴（いただ）く事にしたのである。そして竜こそ我が民族にふさわしいシンボル（トーテム）であるという認識は、苗族から漢族へ、そして現代の中国に至るまで連綿と受け継がれている。という事はつまり、伏羲と女媧は、竜を瑞獣として愛し、自分たちの象徴として様々な意匠にあしらう中華の人々すべての祖であると、こういえるのではないだろうか。

叛逆の水神　　　　　　　　　　　　　　　　　　　　　Gonggong

共工

中華は多様な民族を受容した世界である。それぞれの民族にはそれぞれの神がいるのが当然だったが、それらはある段階で中華世界に受容されるか、あるいは叛神（はんしん）として汚名を着せられる宿命を負っていた。漢民族に吸収され、敬われた竜の代表を伏羲（ふくぎ）・女媧（じょか）とするなら、この共工はその逆——洪水をもたらす悪神として貶（おとし）められた竜である。

時代：中国神話時代
地域：中国
出典：淮南子など
形状：人面蛇身

天の闘争

共工（きょうこう）は中国神話時代の強力な水神である。伝説的な聖王として敬われた（炎帝）神農（しんのう）を祖父に、神農の補佐をした火神の祝融（しゅくゆう）を父に持ち、その姿は人面蛇身、炎のごとく赤い髭を生やしていた。強大な神威を持つ竜神だったのである。

この水神共工は、天帝 顓頊（せんぎょく）（他にも祝融、神農などの説がある）と天の覇権を争って敗れた、叛逆の竜神として名高い。しかし共工が秩序に叛旗をひるがえしたのは、それだけの宿怨があったからなのである。

古代中国の人々は、天は五つの部分に分かれ、それぞれをそれぞれの天帝が支配していると考えていた。ある時期天の勢力は、南方の天帝で人々に医薬を授けた（炎帝）神農、中央の天帝で最も尊厳のある黄帝の間で二分されていた。両者は異父兄弟であったという。どちらも偉大で賢明な帝だったのは確かだが、行う仁道の違いから不可避の対立が発生し、やがて大規模な戦争となった。

共工も炎帝の臣下として参戦したが、結果は敗北。炎帝の勢力は大きく衰え、天の一隅にひっそりと隠棲する身となってしまった。炎帝ゆかりの諸神の受難はここから始まった。新たな黄帝の支配の下、彼らは意に添わぬ屈従を余儀なくされた。

叛逆の系譜

黄帝に恨みを抱いた神としては、まず悪神として名高い蚩尤（しゆう）がいた。「人身牛蹄（ぎゅうてい）、四目六手」という奇怪な姿の蚩尤は炎帝の孫にあたる。暴虐な魔神の代表格としてあげられるこの荒ぶる神は、厳しい支配に反感を抱く魑魅魍魎（ちみもうりょう）を集めて黄帝に雪辱

戦を挑み、世界を揺るがせた。その勢いは黄帝が全力を投入して辛くも勝利を得た程だった。

　敗れた蚩尤は捕らわれ涿鹿(たくろく)で処刑されたが、叛逆の狼煙は絶えなかった。続いて黄帝に挑んだのは、炎帝の臣下で音楽を愛した巨人、刑天(けいてん)だった。この巨人は蚩尤が死んだのを知ると、斧と盾を手にたった一人で黄帝の宮廷に押しかけ、勝負を挑んだ。彼は黄帝の剣で首を切り落とされても敗北に甘んじず、乳首を目に、臍(へそ)を舌に変化させいまなお荒れ狂っているという。

　こうした宿命的な反目を背景に、共工と顓頊の戦争は勃発した。顓頊は黄帝の曾孫にあたり、黄帝が帝位を退くにあたり中央の天帝の座を譲り受けた皇帝である。顓頊もまた、曽祖父黄帝と同じように、暴政は少ないもののいささか厳格に過ぎる天帝だった。もともとは行き来出来るほど近かった天界と地界の間を隔て、神力持つ者にしか往来出来ぬようにしたのも顓頊だったという。また秩序を重んじるあまり、太陽、月、星といった天体を北の天に縛りつけ、移動を禁じたために人々が難儀していたともいわれている。

共工、不周の山を崩す

　挙兵した共工は、破竹の勢いで地上を奪った。当時の世界は地表が三割、海や湖沼が七割という割合だったので、水神である共工にとっては実に力を振るいやすい状況だったのである。共工は九州の覇者となったというから、一時的には顓頊の実権を乗っ取ったのかもしれない。

　しかし肝心の標的である顓頊は屈せず、軍を率いて共工に対抗した。両軍は女媧が天を補修する際に立てた四本の天柱のうち一本で、天までそびえる不周山の麓で激戦を繰り広げた。そしてその最中に、顓頊の軍を撃ち破れぬ事に激怒した共工は、憤懣(ふんまん)のあまり不周の山に突進し、自分の頭を山肌に打ちつけたのである。共工はこの愚挙とも壮挙とも取れる行動のせいで自滅したようだが、巨体を誇る共工の突撃を受けた天柱もへし折れた。共工の突然の行動は謎であるが、敗色濃厚の状況に陥り、せめて顓頊の支配を打ち崩すべく己の身を捧げたのかもしれない。

　ともかく天柱の一本が欠けた結果、天は傾き、世界を大変動が襲った。天地を繋ぎとめていた綱が切れ、天はグラリと西北に傾いた。すると平均を失った天体は運行を再開し、民衆の苦しみは取り除かれた。大地は逆に傾き、東南の方に大穴が空いたので、以来河川の多くはそちらの方角に流れるようになったという。

　こうして共工とその一党は敗北し、天帝の威厳は取り戻された。けれどこの叛逆の

共工

竜神がもたらした変化は修復されぬまま残り、現在に至っている。天地に活気を取り戻した共工の霊は、大荒の北の野と遠い北の海に設けられた台に祭られたという。

姜族の治水の神

古代中国の河南地方に住んでいた姜人（きょうじん）は、山岳信仰を持つ牧羊民だ。共工はもともと彼らが崇める神だった。しかし穏やかな気性の姜人は夏系民族に次々と生活圏を奪われ、辺境へと退かざるをえなかった。彼らが聖地とした山も失われ、やがて姜人は屈服を余儀なくされた。

姜人の神話では、共工は天地を支配した帝――すなわち顓頊と同じ立場の存在だったと考えられている。しかし、虐げられる側だった姜族の神は、勝者たる夏系民族の神話、そして剽悍な苗（みゃお）族の神話においても、洪水を引き起こし天に叛逆する悪竜として記憶された。中華の人々に敬われた竜といえど、災いしかもたらさぬとあれば、やがてそれは世界の他の地域と同様に邪悪な存在と見なされるに至ってしまうのである。

しかし本来の共工はけっして悪一辺倒の神ではなく、単に抗争に敗れて零落しただけの偉大な竜神だった。天体に運行をもたらし、死後に台（か）（姜族の山岳信仰との関連が深い）に祭られた神話が残る限り、実際には敬われていたに違いない共工の真実の姿が完全に忘れられる事はないだろう。

中華民族のシンボル　　　　　　　　　　　　　　Chinese Dragon

中国の竜

中国において、竜は西洋世界とは全く異なる発展を遂げた。同じように人に嫌悪感を抱かせる蛇体でありながら、竜は中華民族全体のシンボルと呼んでも過言ではない程愛され、そして敬われているのである。皇帝と同一視され、今なお人々から畏敬されている代表的な霊獣「竜」の概要を解説しよう。

時代	さまざま
地域	中国全域
出典	本草綱目など
形状	蛇身主体の合成獣

■竜とドラゴン──似て非なるもの

　中国の竜と西洋世界のドラゴン。この二つの幻想生物を同列において論じる事は出来ない。身体的にいくらか似てはいるが、全く異なる種に属していると考えた方がいい。

　西洋世界、とりわけキリスト教の影響が強い地域のドラゴンは、絶対悪の象徴だった。凶暴で邪悪、強欲なドラゴンは、神の敵として災害や苦痛を招いて社会や人々を苦しめ、やがて信仰の力の前に討ち果される。

　しかし中国の竜は、偉大な霊力を備えた霊獣、水に棲み自在に天を飛翔する神に近い精霊、あるいは神そのものとして敬われた。歴代の皇帝たちは、己が支配者たるに相応しい事を示すため、しばしば自分が竜の子であるという伝説を喧伝した。そして民衆もそれを信じた。竜の出現は時に大雨などの災害を招いたが、おおよそにおいて瑞祥(めでたい印)として歓迎された。風雨を操る竜は、大自然の猛威の象徴であると同時に、その大いなる恵みをも体現していたのだ。中国の竜は、人間を遥かに上回る力と、知恵と、徳を備えた聖獣とされた。

　西洋のドラゴンとの決定的な性格の相違には、西洋人と東洋人の自然への接し方の違いが根源にあるという説がある。自然を統御しようとした西洋人に対し、自然との共存を選んだ東洋人。その文化性の差が、大自然の力(特に水害)の象徴たるドラゴンの扱いに表れているというのだ。この説には大いに頷かされる。ともかく、中国の竜は西洋のドラゴンとは正反対の環境で、独特の進化の過程をたどった。その姿をこれからご紹介していこう。

竜の素描

　一口に中国の竜といっても、その姿は伝承によってまちまちだ。棲家や特徴、性質によって、例えば蛟竜(淵や湖に潜む蛇に似た竜。ただし四足がある)、虬竜(蛇身の竜。角があるのが特徴)、螭竜(角が無く、赤か白か蒼の竜)といった具合に種類が細かく分類されている。

　だが特に「竜」とだけ呼ぶ場合、それは多くの亜種ではなく、蛇・竜族(鱗を持つ種族。魚なども含まれる)の長として君臨する、神威を備えた特定の種類の竜を指した(蛟竜などは齢千年を数えると竜に成ると信じられていた)。そしてこの「竜」の特徴は、後漢の学者・王符によってまとめられた。彼の唱えた説は竜の典型的な描写として広く認知されているので、これが一般的な「竜」のイメージであると考えていいだろう。

　王符の記述を基本とした通念では、竜は九つの生物の特徴を併せ持っている。つまり頭はラクダ、目は鬼(一説には兎)、角は鹿、首(項)は蛇、腹は蜃(蜃気楼の源とされた竜の一種)、鱗は魚(鯉)、爪は鷹、掌は虎、耳は牛に似ているというのだ。だからこれを「九似説」と呼ぶ。竜は九種の獣の優れた部分を併せ持つ、並外れて強力な存在であるという事だろう。

　さらに口元には髭があり、顎の下には明珠(図などでは構図のためか手に握っている事が多い)、頭頂部にはこれがないと飛翔出来ないという博山(尺木ともいう)なる山状の突起があった。竜は秋分には淵に潜み、春分には天に昇る習性を持つといわれていたから、もしかすると博山は季節に応じて膨らんだり縮んだりする器官だったのかもしれない。竜は西洋のドラゴンと違い、普通は翼を持たない(応竜という神竜のように、鳥の翼を持つ竜もまれにいた)。しかしこの博山のおかげで自在に空を飛翔出来たのだ。

　また竜の背中には81枚の鱗があり、喉の下には「逆鱗」と呼ばれる逆向きの鱗があったという。竜はうまく飼い慣らせば人が乗る事が出来る程大人しくなる生物だが、ただ一点だけ泣き所がある。それが一尺程もある「逆鱗」で、そこに触れると竜は猛り狂い、触った者を誰彼構わず噛み殺すという。

　竜の雌雄は、その外見から判別出来る。雄は角が太く、波のような形状をしており、鋭い枝が上向きに伸びている。鼻筋がすっきりと真っ直ぐで、たてがみが柔らかく、尾が太い方が雌であるらしい。

中国の竜

竜の習性

　雨の支配者である竜は、体内から気を生じさせ、それを雲に変える力があったという。よく竜が雲をまとった図があるが、あの雲は竜が己の身を隠すため、自ら生じさせたものなのかもしれない。竜はこの雲を自在に水（雨）や火に変化させる事が出来た。
　一部に哺乳類の特徴を備えているものの、竜は巨大な蛇の性格が強い。だから多くの鱗があるもの（爬虫類、魚類）と同じように子供は卵で産む。交尾は小さな蛇に変化してから行われるという。もっともその情景は危険で、蛟の交尾を見てしまった人は三年のうちに死すという。通力を持った竜は、身体の大きさを自在に変えられるのはもちろん、人間に変化する事さえ出来たのだ。
　彼らは鳥類のように産まれた卵を温める事をせず、その場に放置する。これは竜が冷酷である事を意味するわけではない。竜は「思抱」、すなわち心に強く思う念の力で卵を抱き、雄は風上から、雌は風下から咆哮するのだ。風に乗った親竜の声が、卵の孵化を促すのだという。しかし一説には、竜の卵は孵化するのにさえ、一千年の歳月を要するそうだ。
　こうして竜の子供は誕生するわけだが、生まれたばかりの小竜は水蛇同然の姿をしている。これが五百年を経ると鯉の頭を獲得し、蛟と呼ばれるようになる。この形態の時は魚のように見える。さらに千年を経ると四本の短い足、尾と竜の顔、髭などを発達させて蛇竜の姿に変形し、蛟竜へと成長する。
　この段階で小竜は「竜」の姿を獲得するが、彼らの成長はまだ続く。続く五百年の間には角が発達し、虬竜と呼ばれる姿になる。そしてさらに千年の齢を重ねると、竜の背中には翼が生じ、ついに完全体となる。この成長を終えた竜こそが、黄帝が蚩尤の軍を撃ち破る際に大功があった応竜（応竜は両腕の代わりに翼を備えた、特に神聖とされる竜）なのだという。
　この成長過程は一つの説に過ぎないが、竜が他の生物（例えば鯉）などから「成る」という観念は、「登竜門」の逸話を見ても広く中国の民衆に浸透していたようだ。
　竜の好物は美玉、空の青色、燕の肉だといわれている。ゆえに燕の肉を食べた人は、竜に襲われるので水を渡ってはいけないのだ。逆に雨乞いの際には竜を呼ばなければならないので、燕の肉を用いて降臨を誘う。苦手としているのは鉄、イグサ、百足、センダンの葉、五色の糸という。蛇、蝦蟇、百足三すくみの構図は竜にまで及んでいるのだ。蛇と竜が親族である事は、この一事からでも読み取れる。
　中国の漢方には何でも薬として処方してしまう印象がある。むろん霊獣である竜の肉体もそのご多分に漏れず貴重な薬剤として珍重される。化石化した竜の脳は「竜

脳」と呼ばれ万病の薬とされた。また現在も「竜骨」というものが漢方薬として存在している。邪魅妖怪を退けて心を落ち着かせる効用があるそうだが、実は化石となった犀や象の骨が原料である。しかし古い文献には数十丈もある巨大な竜骨が出土したという記録があるから、中には恐竜——あるいは本物の竜の骨を服用した古代人もいたのかもしれない。漢の昭帝は白い蛟を釣り上げ、あろう事か鮨にして食ってしまったという。別に祟りなどなく大変美味だったそうだ。

皇帝のシンボル、竜

そもそもの発祥までたどって推察すると、中国の竜は一部民族（特に少数民族の苗族や夏系の民族）のトーテムであった可能性が高い（同じように重要なトーテムに鳥、すなわち鳳凰がある）。偉大な神力を備えた竜は個人ではなく集団全体、民族全体の守護神だった。

しかしやがて竜はその偉大さゆえに、皇帝の権力の象徴、皇帝個人の私有物へと変えられていく。人である皇帝が、他の多くの人々に抜きん出て支配を行う理由付けとして、「竜」という存在を利用したのである。彼らは自分を竜と同一視し、皇帝が竜の種から生まれた特別な神人であると喧伝した。

例えば漢の高祖劉邦には、母が蛟竜の力で懐妊して産まれたという伝説があった。伝説の神農は母が神竜に感応して産んだ子であったし、伏羲（P160）は華胥氏が雷神（竜形だった）の足跡を踏んで懐妊し、産み落とした父なし子だった。

古代中国においては皇帝の重大な職務の一つに雨乞いの儀式があった。これは雲を呼び、雨を降らせる竜の化身としての皇帝の力が期待された証拠に他ならない。

こうして時代を経るに従って、皇帝個人を竜とする認識は広まり、皇帝の顔を竜顔、皇帝の血脈・子孫を竜種、皇帝の乗り物を竜車・竜船などと呼ぶ事が定着した。有名な「逆鱗」は、もともとは君主に的確な進言方法を指南するため韓非が発明した言葉だという。それが翻って竜の特徴となるのだから、竜と皇帝の同一視はかなり完成していたと考えられる。

しかし竜が天子個人のトーテムとされたことにより、竜が高貴な生物であるという観念もまた相乗的に高めた。西洋のドラゴンの如く無知で貪欲な獣に堕する事なく、神聖な霊獣としての立場を保ち続けられたのだ。そして中国において帝政が潰えた今、竜は太古のように中華民族全体のトーテムへと回帰した。

これからの21世紀は中国の世紀——すなわち竜復権の世紀になるかもしれない。

青龍(四霊) (Qinglong)

　日本人になじみ深い四神——すなわち青龍、鳳凰、白虎、玄武の四霊獣の概念は、他の多くの竜同様、古代中国に起源を持つ。この四種は何かしら縁起のよいことが起こる前触れとして出現する瑞獣と信じられ、獣の中でも特に霊格の高い神聖な生き物として「四霊」と呼ばれた。四霊の姿形については、ごく一般的なので描写するまでもないだろう。

　この四霊、日本では龍鳳虎亀の組み合わせが一般的だが、歴史を通して常にこれらが聖獣とされていたわけではない。初期には麒麟が入って白虎が抜け「麟鳳亀龍」とされる場合が多かった。また五行説に従えば、麒麟を中央に、四方を四霊が守る形になる（中央に麒麟ではなく黄龍が配される例もあった）。

　これらの霊獣がいつごろから霊獣と見なされるようになったのかは定かでないが、少なくとも前漢時代には各々が四方の方角を守護するという概念が定着していた（古墳などから推察すると、もっと古い概念のようだ）。すなわち青龍が東、朱雀（鳳凰）が南、白虎が西、玄武が北の守護神であるとして、さまざまな意匠に姿を見せるようになっていたのだ。この考えは中国の発達した天文学にも導入され、各々の霊獣はそれぞれ夜空の七つの星宿（星座）を統括しているものとされた（たとえば青龍は角、亢、氐、心、尾、房、箕の七星宿）。

　中国の人々にとって四神は四方を守る身近な守護神であった。しかしその中でも、やはり龍は特別な扱いを受けていたらしい。それは四神のうちで唯一、竜だけが十二支に加えられていることや、後年に四方の方角をすべて竜が守護しているという観念が誕生したことからもわかる。北宋の皇帝・徽宗は青龍神、赤龍神、黄龍神、白龍神、黒龍神にそれぞれ王の位を与えている。また『封神演義』には、四海——すなわち四方の海を統括する敖光、敖順、敖明、敖古という四柱の竜王の名が記されている（仏教の影響を受けているものの、これらは仏典の八大竜王とは似て非なるものである）。この四海竜王は海中の豪奢な宮殿に住むと信じられており、民話に登場する「竜宮」の主であった。

　残念ながら青龍そのものが登場する逸話はほとんどない。だがそもそも「青」が五行思想に従って付け加えられた色（鳳凰には赤、亀には黒、虎には白、麒麟には黄）であることを考えれば、青龍とは中国の龍すべてを包括するシンボリックな存在なのだと理解すべきなのだろう。

第3章
甦ったドラゴン

REBIRTH OF DRAGONS

第3章　甦ったドラゴン

太古の言葉を知るものたち　　Dragon of Earthsea
アースシーのドラゴン

ファンタジー小説、そして児童文学の名作『ゲド戦記』。この物語の中に登場するドラゴンは、人間の言う善悪を越えた魔法的な存在として描かれている。『ゲド戦記』のドラゴンは、太古よりの魔法の使い手であり、そしてその魔法自身でもあるのだ。

時代：1976年～
地域：アースシー
出典：ゲド戦記
形状：翼のある
　　　トカゲ型ドラゴン

ゲドの武勲

　『ゲド戦記』はアーシェラ・K．ル＝グウィンによって描かれたファンタジー小説で、大小さまざまな島からなるアースシーという世界を舞台にした、"竜王"と"大賢人"の二つの名誉を受けた大魔法使いゲドの物語である。

　2002年現在、『ゲド戦記Ⅰ 影との戦い(A Wizard of Earthsea)』『ゲド戦記Ⅱ こわれた腕環(The Tombs of Atuan)』『ゲド戦記Ⅲ さいはての島へ(The Farthest Shore)』『ゲド戦記 最後の書 帰還(Tehanu)』が日本でも翻訳されている。そして、『帰還』刊行から八年後の2001年には、短編集の『Tales from Earthsea(未訳)』と第五部に当たる『The Other Wind(未訳)』がそれぞれ発表された。第一巻の『影との戦い』から実に25年。人気のあるシリーズだからこそ可能となる息の長さである。

　この『ゲド戦記』の世界、アースシーでは魔法は決して珍しいものではない。ロークという名の島には魔法使いの学院があるし、領主に仕える魔法使いもいる。小さな村にも、病気を治療したり、壊れた物を直す程度のちょっとした魔法を使う呪い師がいる。もちろん100を越える島々の中には魔法とは全く縁がなく、その存在を知らない人々も住んでいるが、それ程多くはないようである。

　このアースシーで使われている魔法は「名前」である。この世界のものには必ず「真の名」というものが存在し、それを知る事によって、そのもの自体を支配出来るようになるというものである。例えば、石ころの真の名はトーク、波間に浮かぶ泡の真の名はエッサという。魔法とはこれら真の名を覚える事に他ならないのだ。

　また、ものに真の名があるように、人も二つの名前を持つ事になる。この物語の主人公のゲドという名は真の名であるため、普段はハイタカという名前を使っている。も

し、真の名がだれかに知られてしまうと、その者に支配されてしまう事になるからである。真の名は親と名付け親しか知らないものなのだ。せいぜい家族や親友に教えるくらいで、それも人が大勢いるような場所では絶対に真の名でその人を呼ぶ事はない。真の名を他人に教えるという事は信頼の証を意味するのだ。

この真の名を表す言葉は、神々が使っていたものであり、今ではほとんど失われてしまっている。魔法使いたちが魔法を使うために苦心して勉強したり、発見したりしているのがせいぜいである。だが、太古の言葉をいまだに通常の言葉として使っているものたちが、アースシーに残っている。

それが千年を越えて生きる事が出来るドラゴンたちである。

ペンダーのドラゴン

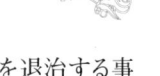

ゲドが学院を出てしばらく後、ロー・トーニングという島を襲うドラゴンを退治する事になる。棲んでいる島の名をとって、「ペンダーの竜」と呼ばれているこのドラゴンは、城の塔程の大きさで、頭には角があり、口から三つに分かれた舌がのぞき、瞳はエメラルドのようであった。そして、全身の鱗は岩のような灰色で、巨大な翼を持っていた。

前に書いた通り、ドラゴンは人間の魔法使いたちが使う太古の言葉を話す事が出来る。つまり、魔法を使う事が出来るのである。しかも、人間がこの太古の言葉を使う場合は真実しか語る事は出来ないが、ドラゴンはこの言葉を自由自在に使う事が出来るため、嘘をつく事も可能だし、言葉の本来の意味を曲げて使う事すら出来る。従って、ドラゴンと話すという事は、それなりの覚悟をしなければならないのである。

魔法使いの名誉ある称号である"竜王"は、ドラゴンと話し合いが出来る者のことを意味する。幼年のドラゴンならばともかく、成長したドラゴンを倒す事はほぼ不可能に近い。つまり、ドラゴンを倒すという事は、ドラゴンに食われず、交渉してドラゴンを制するという事なのである。

ゲドはこのペンダーのドラゴンの真の名を探し出した。ドラゴンに関する記録を調べ、このペンダーのドラゴンが、魔法使いエルトに追われたドラゴンではないかと推測したのである。ゲドの推理は見事に当たり、このドラゴンの真の名を材料とする事で、ゲドはドラゴンと交渉する事が出来た。こうしてゲドは竜王となったのである。

ゲドが制したペンダーのドラゴンの真の名は「イエボー」であった。

第3章　甦ったドラゴン

オーム・エンバーとカレシン

　だが、イエボーのようなドラゴンはアースシーでは珍しく、大半のドラゴンたちは、「竜の道」と呼ばれる小さい島々、危険な岩場、船が座礁するような浅瀬などがひしめく場所の最西端に、カレシンという名のドラゴンを長老として棲んでいる。

　このドラゴンの集落の中には最強のドラゴン、オーム・エンバーもいる。

　全長27メートル。広げると27メートルはあろうかという黄金色の膜質の翼、弓のようなほっそりとした身体にトカゲのような足、黄金色の輝きを帯びた鉄灰色の鱗を持ったオーム・エンバーは年齢こそ最長ではないが、アースシーの英雄エレス・アクベと相打ちになったドラゴン、オームの血を引く由緒正しいドラゴンである。

　目は切れ長で黄緑色。四メートル近い口の中には、剣のように長くて鋭い、黄みがかった白い歯がずらりと並び、大人の身長の倍もあろうかという幾筋にも分かれた赤い炎のような舌があり、そして喉の奥からは火山の洞窟のように煙が見えたという。背中にはバラのトゲのようなギザギザがあり、背中の一番突き出ているところは一メートル近くあり、トゲが小さくなっている尾の先でもナイフ程の大きさがあった。

　オーム・エンバーは最強ゆえ、自らの名前を隠さなかった。自分を負かす者が想像できなかったのである。『さいはての島へ』でゲドに助けを求めたのも、オーム・エンバーが『こわれた腕環』でエレス・アクベの腕環の情報をゲドに教えた見返りの意味あいが強い。ゲドはオーム・エンバーを「あいつは竜なりのやり方で実に正直」と称している。だが、それでも彼が助けを求めた事に対しては、ドラゴンが人間に対して助けを求めるなど信じられないと言い、まして、オーム・エンバーならばなおさらだとも付け加えた。竜王たるゲドにそう言わしめるオーム・エンバーこそ最強の名にふさわしい存在だ。

　そしてドラゴンの長老、カレシンは生きているドラゴンの中で最も古いドラゴンである。その年齢に見合った巨大な身体を持っているが、雄なのか雌なのかは分かっていない。全体的な色は黒鉄色であるが、鼻と目とあご、そして翼だけ赤さびや血のような深紅の絹を思わせる暗い赤色をしている。尾はたくさんのトゲによってギザギザに見え、太い足には四本の鋭い爪と鶏のような蹴爪が一本生えている。切れ長の目は黄金色で、そこには「幾重にもなった年月」が感じられたという。

　このドラゴンの長老カレシンこそ、『帰還』の中ですべてを終えたゲドを、彼の懐かしの故郷へと、愛する女性の元へと運んだドラゴンであった。

　『ゲド戦記』の中でドラゴンたちが活躍する場面はあまり多くない。しかし、物語のあちらこちらで語られる彼らについての描写からも、ドラゴンという生き物がアースシーの中で特別なものであることが分かるのである。

アースシーのドラゴン

第3章　甦ったドラゴン

幸運をもたらすドラゴン　　　　　　　　　　　　　　Fuchur

フッフール

『はてしない物語』は、夢や物語を忘れかけた大人に、そして夢や物語にあふれている子供たちにさまざまなものを見せてくれるファンタジーの名作である。この現実と幻想が混じり合う『はてしない物語』に登場するドラゴン、それが幸いの竜フッフールである。この美しく、優しいドラゴンは『はてしない物語』という幻想譚の象徴ともいえる存在なのである。

時代：1979年
地域：ファンタージェン国
出典：はてしない物語
形状：獅子の頭を持った真珠貝色のドラゴン

希望をもたらすドラゴン

『モモ』と並ぶミヒャエル・エンデの描くファンタジーの名作として『はてしない物語』がある。『ネバーエンディング・ストーリー』というタイトルで1984年に映画化(日本公開は1985年。その後、1990年に『ネバーエンディング・ストーリー2』、1994年に『ネバーエンディング・ストーリー3』が公開)されているので、こちらをご存じの方も多いのではないだろうか。この中で主人公のバスチアン少年やアトレーユ少年を乗せて、大空を飛んでいたのがフッフール(映画や英訳版ではFalkor——ファルコンという名前になっている)という名のドラゴンである。

フッフールは、『はてしない物語』という本の中の世界、そして夢の中の世界ファンタージェン国に住んでいる「幸いの竜」というドラゴンの一族である。その名前の由来は、彼らが常に喜びと希望に満ちており、いついかなる時でも幸運を信じているためだ。彼らは普通のドラゴンのように洞窟にいたり、宝を守っていたりはしない。また、コウモリのような翼も持っておらず、東洋のドラゴンのようにまるで泳ぐかのごとく大空を飛行する。その様子は、まるでゆっくりと通り過ぎる稲妻のようであると書かれている。身体は美しい桃色や白色に輝く真珠貝色の鱗に包まれ、その顔はルビーのような赤い瞳を持った獅子のようであるという。そして、ふさふさとしたたてがみを持ち、口元には長い髭が生えている。彼らはその美しい真珠貝色の鱗を通して、全身で絶えず呼吸し、それと同時に呼吸した空気と熱とで身体を養うため、その他の食べ物は一切必要としない。

だが、幸いの竜で最もすばらしいのは、彼らの青銅の鐘の音にも似た歌声である。幸いの竜の歌声を一度でも聞く事が出来た者は、それまで聞いた美しいもの、そして

フッフール

第3章　甦ったドラゴン

今後耳にするであろう美しい音を遙かにしのぐと感じてしまうとまで言われ、その声を生涯忘れる事が出来ず、孫子の代までも語り伝えるとまで言われている。バスチアンとアトレーユがフッフールの歌を聞いた時、二人は互いに友であることの幸せを感じ、思わず手を取り合い、心を奪われるようにしてじっと耳を傾ける程であった。

しかし、そんな幸いの竜たちにも弱点は存在する。彼らは大気と火のエレメントから生まれた生物であるため、水に非常に弱い。もし、幸いの竜が水に入れば、炎と同じように消えてしまうのだ。もっとも、鱗を通して呼吸している彼らが水の中に入れば窒息して死んでしまうだろう。

だが、フッフールはアトレーユの落としたアウリン(ファンタージェン国のお守り)を拾うために、自ら海の中に飛び込んだ。彼らは決して希望を捨てる事はないのである。

はてしない物語

『はてしない物語』は、バスチアン少年が本屋から一冊の本を盗んだところから物語が始まる。

バスチアンは、学校では同級生からさまざまな悪口を言われ、さまざまな嫌がらせを受けている、いわゆるいじめられっ子だ。そして、家で一緒に遊んだり本を読んでくれるはずの父親は、死んだ妻(つまりバスチアンの母)を忘れる事が出来ず、立ち直れないでいる。そんなバスチアンが手に入れた本が『はてしない物語』というタイトルだったのである。

物語はこの本の中の世界、つまりファンタージェン国とバスチアンのいる現実世界とが交互に描かれていくという形式で進んでいく。ファンタージェン国では、ファンタージェンの女王「幼ごころの君」の病気の原因と治療法を探すためのアトレーユの冒険の旅が描かれ、現実世界ではバスチアンがその物語を読んでいる様子が描かれる。このアトレーユが旅の途中で出会ったのが、フッフールである。アトレーユがフッフールと出会ったのは、死の山脈の奥深くにある奈落の裂け目である。群集者イグラムールと呼ばれる怪物の張った巣に引っかかってしまったフッフールを偶然通りかかったアトレーユが助けたのだ。これらのアトレーユの冒険物語を読むうちに、バスチアンは次第にファンタージェン国へと惹かれていき、やがて本に書かれている物語からの呼びかけに応え、本の中に入り込んでしまう。そして、自分自身の冒険を繰り広げる事になるのだ。だが、これはファンタージェン国だけでなく、現実の世界を救う事にも繋がっていたのである。

勇者ヒンレックと竜

　『はてしない物語』の中には、アトレーユとバスチアンの物語以外にも小さいいくつかのエピソードが載っている。『勇者ヒンレックと竜』もそのうちの一つである。この物語には幸いの竜とは別のドラゴンが登場する。

　『勇者ヒンレックと竜』は、銀の都アマルガントでの競技大会に負け、愛するオグラマール姫に愛想を尽かされた勇者ヒンレックが、スメーグという名のドラゴンにさらわれたオグラマール姫を助けに行くというものである。

　スメーグは、冷たい火の国とも呼ばれるモーグール国の中程にある、ヴォドガバイという名の石化の森の真ん中にある鉛の城ラーガーに棲んでおり、千年の間、美しい処女をさらっては死ぬまで家事をさせていたドラゴンである。

　その姿はかさぶただらけのねずみに似ており、触れるだけで死んでしまう毒針を持ったサソリの尾、バッタのような大きな後ろ足、赤ん坊の手のような前足、広げると32メートルにもなるねばねばとした膜で出来た翼を持っている。首は長く、かたつむりの触覚のように出し入れ可能で、この首の上にはワニに似た頭がついており、その口からは氷の炎を吐く。さらにこのワニの頭の両目にあたるところが二つのコブのようになっており、右の頭は見聞きするためのもので年を取った男、左の頭はしゃべるためのもので老婆のようになっているというおぞましいものであった。だが、スメーグにも弱点があった。それは、ラーガー城の地下室に保管されている鉛の斧で小さい二つの頭を切り落とされる事である。

　騎士ヒンレックは冷たい火の国モーグールを探し当て、石化の森ヴォドガバイを分け入り、ラーガー城を探し当て、鉛の斧を手に入れる事にも成功し、スメーグを打ち負かす。

　だが、この話には秘密の裏話がある。実は、このスメーグを作り出したのがバスチアンであるという事だ。なぜ、バスチアンがスメーグを作り出す事が出来たのか。また、なぜバスチアンは勇者ヒンレックをこのような試練に追い立てるような事をしたのか。それは、バスチアンだけがファンタージェン国で物語を作る事が出来る存在だからなのである。そして、この事こそ『はてしない物語』の重要なキーワードとなるのだ。ここから先は、この本を読んでいる方がご自身で『はてしない物語』のページをめくって欲しい。きっと忘れかけていた何かを見つける事が出来るはずだから。

第3章　甦ったドラゴン

王道を歩む長虫　　J.R.R.Tolkien and Dragons
トールキンとドラゴンたち

> 19世紀の末期、英国の田園セアホールで一人の少年が赤い表紙の本に収録された昔話に登場するドラゴンに心をときめかせていた。ウィリアム・モリスが英訳したドラゴン退治の物語を収録したその本の編纂者はアンドリュー・ラング。彼が紹介した物語は『ヴォルスンガ・サガ』。ドラゴンはもちろん、ファヴニル。そして、物語を読む少年はJ.R.R.トールキンといった。

時代：1800年代末期〜1949年
地域：イギリス
出典：J.R.R.トールキンの諸作品
形状：さまざま

■トールキンのドラゴン

　ファンタジーの名作と言われる『指輪物語』は、作者であるJ.R.R.トールキンの二つの創作的な流れが合流する事によって誕生した作品である。若き日のトールキンがどんな読者をも想定せずに自分自身と愛する英国のために書き始めた創作神話である『失われた物語の書』（後に「シルマリルの物語」へと変化する）と、1930年頃、トールキンが自分の子供たちのために創作した『ホビットの冒険』の二つの作品を基盤として『指輪物語』は書かれている。

　『失われた物語の書』が変移する事（もっとも、作者が存命のうちには完成しなかったのだが）によって形となった『シルマリルの物語』の中には、トールキンが創造した背景世界である中つ国の歴史の中で最初のドラゴンである「竜の祖グラウルング」が登場する。そして『ホビットの冒険』の中で最大の悪役は、中つ国におけるドラゴンの系譜の最後に位置を占める「黄金のスマウグ」である。この最初のドラゴンと末期のドラゴンは、『シルマリルの物語』『ホビットの冒険』『指輪物語』という中つ国を描く三つの作品の中に名が記されているドラゴンたちの中で最も多くの頁を作者によって割り振られた、いわばトールキン世界のドラゴンの代表格である。

　伝承における架空の種族を自らの作品に登場させる時、トールキンは独自の設定と起源を与えて雰囲気を刷新する事が多かったが、ドラゴンについてはほとんど独自の解釈を加えず、北欧のサガ（伝承譚）に登場する姿のまま描いている。

メルコオルの被造物

　トールキンが創造したドラゴンたちの中で、最も強い印象を残すグラウルングは『シルマリルの物語』に登場する。『シルマリルの物語』は『ホビットの冒険』や『指輪物語』の背景世界である中つ国の神話であり、歴史書でもある。

　『指輪物語』の世界は、現在の我々の世界の紀元前何千年前という過去を想定して描かれているが『シルマリルの物語』前半の世界はさらに古く、創世の時代にまでさかのぼる。地球の前身であるアルダという天体は、まだ球体ですらなく、ユダヤ・キリスト教の唯一神に似た絶対の神エル＝イルーヴァタアルから遣わされたヴァラアルとヴァリエア（下級神。位階の高い天使のような存在。多神教の神々に似ている。ヴァラアルは男性。ヴァリエアは女性）が整えたアルダには、唯一神イルーヴァタアルの計画の中から生まれた最初の種族である美しく力あるエルフや、ヴァラアルの一人であるアウレが創造した頑健で手先が器用なドワーフ、さらにエルフの弟種族であり、やがて世界の支配種族となるがこの時はまだ少数種族である定命で弱々しく不器用な人間が住んでいる。

　こういったアルダの種族はすべての悪の根源的存在である悪霊のメルコオルの猛威にさらされ、常に心が休まらない状態にあった。メルコオルは本来はヴァラアルの一人で、しかも唯一神イルーヴァタアルによってヴァラアルの中でも最高の能力を与えられた存在であった。

　メルコオルはアルダの創造の最中、支配欲と独占欲を心に生じさせて唯一神に反逆する悪霊となったが、能力においては同族である下級神のヴァラアルに匹敵するものを堕落した後も保持していた。その能力をもって、メルコオルは『指輪物語』の時代にまで影響を及ぼす邪悪な獣や怪物たちを創造した。オークやトロル、邪悪なオオカミ、人狼、そしてドラゴンである。

シルマリル

　唯一神イルーヴァタアルの考えによって、アルダの最初の住人となる事を運命付けられていたのは不死のエルフであった。彼らがやがてアルダ＝地上に現れる日のために、ヴァラアルたちはこの世のどんな山よりもはるかに高い二本の柱を築き、北と南のこの柱の上に第一世代の月と太陽ともいえる灯火を点した。しかし、北方の要塞ウツムノから到来したメルコオルはこの灯火を破壊し、あまりに巨大な柱の倒壊によって陸地は変形してしまった。この災害によって、ヴァラアルたちは彼らの地上最初の居住地

第3章　甦ったドラゴン

であったアルマレンの島を失い、世界の最も西の領域であるアマンに移住してその地にヴァリノルという至福の領域を建てた。ヴァリエアのヤヴァンナはここに銀の木テルペリオンと金の木ラウレリンという二本の輝く木を創造した。いわば第二世代の月と太陽である。アルダの創造から二本の木の時代まで、およそ一万年が経過している。

ヴァリノルに二本の木が創造されてからさらに一万年が過ぎたころ、世界の中心の大地である中つ国にエルフたちが姿を見せた。中つ国北方の要塞ウツムノに篭るメルコオルはエルフたちの幾人かを捕らえ、ウツムノの地獄のような地下で拷問し、堕落させ、邪悪そのものの種族であるオークに作り変えた。

このような事態を放置出来ず、中つ国のエルフを救うために西方のヴァラアルたちはメルコオルに総力戦を挑んだ。この猛烈な力のぶつかり合いによって陸地はさらに変形した。この戦いでメルコオルは捕虜となり、ヴァラアルたちの土地であるヴァリノルの虜囚となった。

平和になった中つ国においてエルフたちは繁栄し、やがてヴァラアルはこの美しい種族と共に暮らすために彼らをヴァリノルに呼びよせた。ヴァンヤアル族、ノルドオル族、テレリ族という三種族のエルフがヴァリノルに到着した。ヴァラアルの召し出しに応えたエルフの種族はエルダアルと呼ばれ、二本の木の光を見たために「光のエルフ」と呼ばれる事にもなった。

メルコオルはおよそ一万年の間、ヴァリノルで鎖に繋がれていたが、得意の欺瞞によって罪を悔いたようにヴァラアルたちに見せかけ、自由の身になった。完全なる悪の存在と化していたメルコオルは、ヴァラアルとエルダアルに対する復讐のため、まずはエルフたちの間に流言をもって争いを生じさせ、次に世界の外側から到来した巨大なクモの怪物のウンゴリアントと結託してヴァラアルの土地を襲い、二本の光の木を枯らしてしまった。

さらに、メルコオルはノルドオル族の工匠フェアノオルが創造した三つの大宝玉シルマリルを奪った。シルマリルはエルフが作り出したものの中で最も美しい工芸品で、破壊出来ない結晶の中にテルペリオンとラウレリンの二本の木の光を封入した自ら輝く宝石だった。父親をメルコオルに殺され、最高傑作のシルマリルをも奪われたフェアノオルは、大宝玉を奪回するためにメルコオルを追って中つ国に帰還し、世の終わりまでメルコオルと戦う事を誓言する。フェアノオルはメルコオルを「モルゴス＝この世の黒き敵」と罵り、その後、メルコオルはこの名前で呼ばれるようになった。

シルマリルを奪ったモルゴスは中つ国に帰還し、ヴァラアルに敗れる以前に北方に造営していたウツムノと並ぶ地下の大要塞「アングバンド＝鉄の牢獄」を復旧し、地下坑を掘った土と鍛冶工場の金くそを積層して要塞の巨大な地上部である「サンゴロド

リム＝暴虐なる圧制者の築ける山並」の塔を築城していた。敗北の前からモルゴスが召集し、また作り出して殖やした無数の邪悪な種族はこの要塞に集まり、モルゴス自身はアングバンドの最下層で三つのシルマリルを嵌(は)めこんだ鉄の王冠を戴(いだ)いてこれを守った。

モルゴスを追ってノルドオル族が西方から中つ国に帰還したとき、この地の北西部ベレリアンドにはヴァリノオルに渡る事のなかった一部のテレリ族のエルフが強大な王国を建てていた。この国の支配者はエル・シンゴル(灰色マント王)と呼ばれるエルウェと、その妃であるエルフの姿をとったマイアアルのメリアンだった。

宝石戦争

シンゴルとメリアンの民はシンダアル(灰色エルフ)と呼ばれた。ベレリアンドにあるシンダアルの王国ドリアスは攻めるに難い土地で、王妃であるマイアアルのメリアンがめぐらした魔法帯によって守られ、中心部であるメネグロス(千洞宮)はエルフより遅れて中つ国に姿を現した手先の器用な地下の種族ドワーフの協力によって造られた地下宮殿だった。

西方から帰還してきたノルドオル族に対して、モルゴスは最初の攻撃を仕掛けた。指導者のフェアノルはこの戦いで戦死したが、ノルドオル族はモルゴスの軍勢を退けた。先住者であるシンダアルの王シンゴルはノルドオル族の帰還を心情的にはあまり喜ばなかったが、モルゴスに対抗するための味方と考え、王国の周辺の土地にノルドオル族が定住する事を許した。

西方のヴァラアルたちはモルゴスが枯死させた二本の木の最後の光である銀の花と金の果実を天空を飛ぶ船に乗せ、第三世代の月と太陽を創造した。これが、現在の我々にとっての月と太陽である。そして、この太陽の輝きに呼ばれたかのように、エルフとドワーフに次ぐ種族が中つ国に姿を現した。心身が弱く、死ぬ定めにあり、しかも、その寿命は非常に短く、不器用な人間たちである。しかし、人間は適応力に富み、寿命の短さを補うかのようにたちまちにして殖える種族であり、彼らの一部はエルフと接触して教えを受けた事により、エルフたちの同盟者となった。さらに、このころの中つ国には、まだそれほどエルフたちと関係が険悪になっていないドワーフがベレゴスト、ノグロド、カザド＝ドゥムなどの強力な王国を経営しており、彼らもアングバンドのモルゴスには強い警戒心を抱いていた。

ウルローキ

　中つ国に太陽が昇るようになって260年が経過したある夜、アングバンドの城門から、突然、エルフたちが見た事もない怪物が現れた。それはノルドオル族がその後「ウルローキ（火の蛇）」と呼ぶ事になる火竜の最初の一匹である竜の祖グラウルングだった。

　このドラゴンはサンゴロドリムの塔から遠くないアルド＝ガレンの緑地を灼き払ったが、すぐにエルフたちの反撃を被る事になった。ノルドオル族の指導者だったフェアノオルの甥にあたるフィンゴンがエルフの弓隊を率いて馬で駆けつけ、グラウルングを包囲して矢を射かけたのである。

　このグラウルングの出陣はモルゴスの命令によるものではなかったらしい。グラウルングは傲りによって、モルゴスが予定していたよりも早く敵であるエルフの前に姿を晒してしまったのだった。この時、グラウルングはモルゴスが予定していた大きさの半分にも成長しておらず、身の鎧（鱗）も全身を完全には覆っていなかった。若さによる傲慢さによって敵の力を侮ったグラウルングは、エルフの恐るべき弓矢に抗する事が出来ず、アングバンドに逃げ帰った。

　エルフたちはこの新しい種類の怪物の現出に関して、あまり大きな危惧を抱く事はなかった。彼らの敵であるモルゴスはオークの他にもトロルや人狼など数多くの怪物を配下として抱えており、完全に成長しきってはいないこの時のグラウルングはモルゴスの暗黒の軍勢の中でさして注目すべき者には見えなかったのかも知れない。しかし、この判断が甘かった事をエルフと人間、そしてドワーフは後日、思い知らされる事になるのである。この敗北からおよそ200年の間、グラウルングは物語から姿を消す。

グラウルング

　ノルドオル族が中つ国に帰還してから455年目の冬、モルゴスは200年かけて増強してきた戦力を突然出撃させ、エルフ、特にモルゴスに刃向かうノルドオル族を滅亡させるための総力戦を仕掛けてきた。まず、モルゴスはサンゴロドリムの塔から溶岩の流れのような「走る焔」を放ち、ノルドオル族たちが住む広大な領域を火炎で押しつぶして死の土地に変えてしまった。そして、その火の流れの先頭を進軍するのがノルドオル族の想像をはるかに上まわる恐ろしい数のオークであり、そのさらに先をモルゴスによって誘惑され邪悪な者に成り果てたマイアアルである炎の悪霊バルログの集団が占め、軍勢の尖端には完全に成長し金色の身体となった火竜グラウルングがいた。

　この戦において、グラウルングはモルゴスの軍勢の先鋒となっている。つまり、モル

ゴスはドラゴンを強力な悪霊であるバルログと同等か、それ以上の戦力と見ていたらしい事がわかる。

「ダゴール・ブラゴルラッハ(俄(にわか)に焔流るる合戦)」と呼ばれるこの戦ではモルゴスの暗黒の軍勢が完全に勝利し、エルフによるアングバンドの包囲はずたずたにされ、数多くのエルフの王族や勇者たちが命を落とし、モルゴスに抵抗する者たちの敗色は濃厚になった。これはエルフや人間、ドワーフなどの種族がどのように努力しても、下級神であるヴァラアル、すなわちモルゴスには到底勝てないという事の証明でもあった。そして、この戦から18年後の「ニアナイス・アルノイディアド(涙尽きざる合戦)」によって、エルフはモルゴスに決定的な敗北を喫する事になる。

この二つの戦の間に、だれもが予想していなかった意外な出来事があった。人間の勇者ベレンがドリアスのシンゴルの娘であるエルフのルーシアンと共に単独でアングバンドの最下層まで潜入し、モルゴスの鉄の冠からシルマリルの一つを奪回したのである。

この事をモルゴスも無敵ではない、と解釈したフェアノオルの息子マエズロスは、エルフと人間、そしてドワーフの連合軍を組織し、アングバンドのモルゴスに対して攻撃を仕掛けた。この戦いは、序盤はエルフ側の有利に展開していた。しかし、アングバンドの軍勢はやはり圧倒的であり、決戦兵力としてモルゴスが戦場にバルログとドラゴンたち、そしてその祖であるグラウルングを投入すると、エルフ側は対抗出来なくなった。やがて、モルゴスに懐柔されていた人間の一部がエルフを裏切り、マエズロスの連合軍は総崩れとなって敗走した。

18年前の合戦と異なり、この戦いにモルゴスが投入したドラゴンはグラウルングだけではなかった。アングバンドの地下でモルゴスはドラゴンを殖やしていたのである。しかし、やはり最強のドラゴンはグラウルングであり、その姿を見ただけでエルフと人間の戦意は霧散した。このグラウルングに対して、最後まで戦い抜いたのはドワーフたちだった。熱に強いドワーフたちはグラウルングを包囲し、優秀なドワーフの武器、特に戦斧(せんぷ)の威力をもってグラウルングの鎧を傷つけ、ドワーフ王アザガルは襲いかかってきたドラゴンの巨体に押し潰されながらも、相手の腹部に短剣を刺した。王の命を犠牲にしたこの一撃によって、ドワーフはグラウルングを戦場から追い払う事に成功したのである。

第3章　甦ったドラゴン

ドラゴンの最期

　グラウルングが滅ぼされる事になるのは「涙尽きざる合戦」のおよそ30年後だった。最もエルフに近い人間たちと呼ばれた高貴なるエダインの出身であるトゥーリンが、宿命的な戦いの末にグラウルングを倒したのである。

　トゥーリンは人間だったが、ドリアスのエルフ王シンゴルの養子として成長し、エルフの名工であるエオルが隕鉄から鍛えたグアサング（グアサング＝死の鉄という名はトゥーリンがこの剣を呼ぶときの名前で、本来の銘はアングラヘルという）を携えていた。

　ドリアスを出て放浪の途上にあったトゥーリンは、ふとした事からノルドオル族のエルフ王国の一つであるナルゴスロンドの客人となった。ナルゴスロンドはシンゴルの城である千洞宮メネグロスをモデルに造られた地下式のエルフの都だった。ナルゴスロンドは長い期間、モルゴスの侵略にも頑強に抵抗していたが、涙尽きざる合戦によってエルフが決定的な敗北を喫して弱体化したその時には風前の灯火の運命にあった。

　モルゴスはナルゴスロンドを攻略するために大軍勢を派遣した。その主力は例によってオークだったが、先鋒でありまた指揮官として、この軍勢には竜の祖グラウルングが同行していた。グラウルングはナルゴスロンドの城門を破壊し、殺到するオークによって宮殿は徹底的に破壊、略奪された。人間でありながらエルフをも超えるほどの勇者であるトゥーリンは落城に際しても必死で抵抗していたが、グラウルングを相手にした時、その眼の魔力によって無力化され、屈辱的な敗北を味わう事になった。トールキンの描くドラゴンはその眼に敵に暗示をかける魔力を持つが、これはファヴニルが死に際にシグルドにかけようとした呪いをモデルにしているのかもしれない。

　トゥーリンを放逐したグラウルングは、略奪を続けるオークたちから戦利品を小物一つに至るまで取りあげ、ナルゴスロンドの宝物をすべて宮殿の奥の広間に集めるとその上に横たわった。この描写によって、作者のトールキンは彼の作品世界に登場する最初のドラゴンであるグラウルングに、すでに『ヴォルスンガ・サガ』のファヴニル（P30）が持つ「宝を守る」という性質を与えている事が分かる。エルフにはケルト神話のダーナ神族の雰囲気を付加し、ドワーフを頑健な戦士としてイメージを刷新したトールキンが、ことドラゴンに関してはほとんど新しい属性を加えていないのは興味深い。

　そして、トールキンはグラウルングの最後にも『ヴォルスンガ・サガ』で描かれたドラゴン退治の王道を用いる。無様にも暗示にかけられた敗北の屈辱から逃れようとしてナルゴスロンドの廃墟から離れて暮らしていたトゥーリンは、落城から三年を経てその場所の生活もグラウルング配下のオークによって安全ではなくなってきている事を知り、魔剣グアサングを手にドラゴンの塒（ねぐら）となっているナルゴスロンドへと戻る。トゥーリンは

トールキンとドラゴンたち

第3章　甦ったドラゴン

正面からグラウルングと戦っても勝ち目がない事を悟っていて、このドラゴンを計略によって倒す算段をしているが、この部分にも『ヴォルスンガ・サガ』の影響が見える。

トゥーリンはナルゴスロンドの前を流れる川の渓谷に身を隠し、谷を渡ろうとするグラウルングの軟らかい腹部を魔剣グアサングによって貫いた。こうして最初の火竜ウルローキである竜の祖グラウルングは滅ぼされた。しかし、グラウルングの死はモルゴスにとってそれほどの損失にはならなかった。このドラゴンの血をひくドラゴンたちはすでにその数を殖やし、力も強くなっていたからである。グラウルングの死の10年後、モルゴスの目を400年以上も逃れていたノルドオル族の最後の拠点である「隠れ王国」ゴンドリンも遂に陥落する事になるが、この王国を襲撃したモルゴスの軍勢にはバルログやオーク、狼、人狼に混ざって数多くのドラゴンたちがいた。

翼のあるドラゴン

トールキンはゲルマン民族のドラゴンに関する歴史をたどり、それをそのまま『シルマリルの物語』に配置したのかも知れない。グラウルングから始まり、ゴンドリンを落城させた第一世代のドラゴンたちには翼がない。四肢はあるように思えるが、グラウルングや、その血をひくドラゴンたちは古代北欧のサガに登場する、大蛇と区別のつかないドラゴンのイメージをそのまま継承している。古代北欧のドラゴンとトールキンが創造したドラゴンの違いは、古代北欧のドラゴンがすべて毒を吐くのに対し、ゴンドリン陥落までのトールキン世界の翼のないドラゴンが火を吐く事である。モルゴスが最終的に作り出したドラゴンは翼を備えるが、この時点からトールキンのドラゴンは古代北欧のドラゴンから英国古詩『ベーオウルフ』に登場するドラゴン(P47)に姿を似せていく。『ベーオウルフ』も北欧を起源とする物語であるという説があるが、この古詩に登場するドラゴンはすでにファヴニルなどとは全く姿を異にしており、宝を守る性質だけは共通しているが、火を吐き、翼で空を飛び、空から人や都を襲う飛竜の形態になっている。

環状山脈によって外界と隔絶されたノルドオル族の美しい都である隠れ王国ゴンドリンが遂にモルゴスによってその場所を暴かれ、ドラゴンとバルログが放つ炎の中で滅びた時、燃える都から辛うじて脱出する事に成功したエルフたちの中に、七歳の半エルフであるエアレンディルがいた。彼の父はエルフの友である高貴なエダイン出身の放浪者トゥオルで、母親はゴンドリンの王であるトゥアゴンの娘イドリル・ケレブリンダルだった。このエアレンディルは、トールキンが英国のための神話である『失われた物語の書』を執筆し始めるきっかけとなった登場人物で、アングロ・サクソン語の宗教詩であるキュネウルフの『キリスト』の中に名前が記された天使エアレンデルをモデルとし

ている。

　成長したエアレンディルは海の近くに住むエルフの王となった。彼の妻であるエルウィングはベレンがモルゴスから奪回したシルマリルの継承者であり、この大宝玉の導きによってエアレンディルとエルウィングは長い航海の末にヴァラアルたちが座す西方の至福の領域にたどり着く事に成功した。

　モルゴスの暴虐によってあまりにも悲惨な状況になっている中つ国の救済を望むエアレンディルの訴えをヴァラアルたちは聞き入れた。半エルフであり人間と見なされていたエアレンディルは、この時ヴァラアルによって正式にエルフの種族に組み入れられ永遠の命を得たが、人間の身で西方の不死の地を踏んだため、中つ国への帰還が許される事はなかった。彼には空飛ぶ船に乗って天を航海する役割が与えられ、額に飾ったシルマリルの光は地上を照らした。エアレンディルとシルマリルは現在でも我々が見る事が出来る明けの明星となったのである。

　エアレンディルの祈りを聞いたヴァラアルたちは、中つ国を席捲（せっけん）するモルゴスを滅ぼすために、中つ国に軍勢を派遣した。兵を指揮する能力においてはヴァラアルに匹敵するといわれるマイアルのエオンウェに率いられた強大な西方の軍勢は、圧倒的な力でモルゴスの王国を破壊した。バルログは蹴散らされ、オークの大兵力もたちまち殲滅された。

　敗北に怯（おび）えたモルゴスは、決戦用に温存しておいた最後の戦力を送り出した。これが、エルフも人間もドワーフも、そしてヴァラアルもだれもが見た事のないモルゴスの切り札である翼を持ったドラゴンの部隊だった。翼のあるドラゴンたちは雷と炎を身に帯びており、すさまじい破壊力をもって不意討ちをかけてきたため、驚愕した西方の軍勢は混乱して押し戻されそうになった。

　しかし、翼を持つドラゴンの部隊の猛威は合戦場の上空に来援したエアレンディルによって阻まれる事になった。エアレンディルの乗った空飛ぶ船との空中戦の末に、ドラゴンたちはそのほとんどが倒され、最後にグラウルング亡き後にドラゴンたちの中で最強の者と見なされていた黒竜アンカラゴンも空から叩き落された。この巨体が落下した事によって、モルゴスの要塞であるサンゴロドリムの塔は破壊された。黒竜アンカラゴンは物語には少ししか姿を見せないが、ずば抜けて強大なドラゴンだったらしく『指輪物語』の中で魔法使いガンダルフは強力な火炎の例えとしてこのドラゴンの名前をあげている。

　ヴァラアルたちの手によって捕虜となったモルゴスは、今度こそ永遠に世界の外側に追放された。大宝石シルマリルを発端とした宝玉戦争は、こうして終わったのである。ヴァラアル同士の総力戦はお互いの用いる力があまりに強力であるために、まる

で核戦争のような惨状をもたらした。ある土地は沈み、ある土地は裂け、中つ国は再び大きく形を変えた。この変貌した中つ国が、やがて『ホビットの冒険』『指輪物語』の舞台となっていくのである。

モルゴスはいなくなったが、副官である堕落したマイアルのサウロンはヴァラアルたちの手を逃れていた。そして、バルログもドラゴンも、わずかだが生き残っていた。こういったモルゴスの悪を継承する者たちは、遠い未来、すなわち『ホビットの冒険』や『指輪物語』の時代に、再び中つ国の自由な民を苦しめる事になる。

モルゴスの技

トールキンが描く世界に登場するドラゴンはどのように生まれ、どうやって繁殖するのだろうか。トールキンはこの点についてあまり多くを語っていない。

モルゴスや、その悪事の継承者であるサウロンに、作者であるトールキンはどのような酌量も与えない。トールキンは自らが創造する世界を架空のものと考えず、実在を信じて構築する作家だった。そのため、作中における悪の存在を作者自身が憎んでいるようにすら見える。そういった悪の存在が用いる技は作者にとってもおぞましいものであったらしく、もしかしたら細部を想像する事を自ら拒んだのかもしれない。バルログは堕落したマイアルであり、オークはエルフを拷問にかけてねじ曲げる事によって作り出された種族と明記されているが、ドラゴンやトロルをモルゴスがどのように創造したのかははっきりしない。もしかしたら、ドラゴンはモルゴスの悪意に満ちた意思が移入されて独立化した、肉体を備えた悪霊なのかもしれない。

黄金のスマウグ

『ホビットの冒険』と『指輪物語』は、モルゴスがアルダから追放されてから、およそ6400年後の時代を舞台にしている。この間、モルゴスの副官だったマイアルのサウロンは次々に世界に災いをなし自由な者たちを苦しめたが、エルフや人間の反撃によって幾度も倒され『ホビットの冒険』『指輪物語』の時代には緩慢(かんまん)に復活しようとする最中にある。

『シルマリルの物語』から『ホビットの冒険』までの長い期間、アングバンドの崩壊を生き残ったドラゴンたちは、その生来的な性質のままに黄金と宝を求めて勝手気ままに行動し、蓄財を好むドワーフたちの宿敵になっていった。

ドラゴンたちはサウロンが肉体を失って一時的に滅んでいる間にも活動し、サウロン

が復活すると数を殖やして凶悪さを増した。そういったドラゴンたちの名前は『指輪物語』の「追補篇」の中に記され、人間の戦士フラムに倒された大竜スカサや『ホビットの冒険』の時代のおよそ350年前にドワーフ王ダイン一世を殺した「冷血竜」と呼ばれるドラゴンの名前が見える。このドラゴンたちがグラウルングのような腹這うドラゴンなのか、翼を持つ種類なのかは定かではない。

　モルゴスはドラゴンを戦力として縦横に用いたが、サウロンが戦においてドラゴンを使った記録はない。しかし、サウロンの肉体と勢力が復興するとドラゴンたちはそれに呼応するような行動をとるため、ドラゴンたちがサウロンの影響下にあった事は考えられる。

　『ホビットの冒険』はドラゴン退治の物語の要素も持つ作品で、この本で描かれる時代のおよそ170年前にエレボール（はなれ山）という場所にあったドワーフの王国を襲撃して宝を奪った「黄金のスマウグ」というドラゴンが登場する。トールキンはこのドラゴンの名前をゲルマン語の「穴からぬるりと出る」という「スムガン」という動詞にかけて命名したという。スマウグは赤銅色の鱗と白い腹、巨大な翼を持つ空を飛ぶドラゴンで形態的には『ベーオウルフ』に登場する飛竜に似ている。このスマウグは当時最大最強のドラゴンで、黒竜アンカラゴンのように炎をまとい、火柱となってエレボールに降りた。そして例によってドワーフを虐殺するとエレボールの財宝をすべて奪い、奥の間に宝物を集めてその上で眠りながら170年も黄金を守っている。

　『ホビットの冒険』は、この財宝を奪回しようとする13人のドワーフと、彼らに雇われたホビットという俊敏ながらも冒険を嫌う小人の種族のビルボ・バギンズの旅を描く物語である。

　トールキンが創造した世界の最初のドラゴンであるグラウルングと、末期のドラゴンであるスマウグは性格が非常によく似ている。破壊を行う時は無言のまま力のかぎり暴れるが、落ち着いている時にはよくしゃべり、悪意に満ちた冗談を口にする。鋭利で、傲慢かつ冷笑的であり、善の心は全くなく、言葉を話す技能そのものも世に悪をなすための武器の一つになっている。

　その眼は他者の心に衝動や幻を生じさせて操る呪力を持つ（グラウルングの眼には瞼がないが、スマウグの眼には瞼がある）。そして、ドラゴンはその赤く光る眼で眠ったまま宝物を見張る事が出来る。『ホビットの冒険』にはドラゴンが無限の寿命を持つという設定が記されているが、千年を経ると燃える石炭に変わるという記述もある。『ヴォルスンガ・サガ』のファヴニルは最期にシグルドの名前を尋ね、その名前を狙って呪いをかけようとするが、この呪力をトールキンの創造したドラゴンも持っており、ドラゴンに本名を明かすのは賢明ではないと『ホビットの冒険』には記されている。

第3章　甦ったドラゴン

　『ホビットの冒険』は児童文学だが、ドラゴン退治を主題とする物語であるために、創作神話である『シルマリルの物語』よりもドラゴンの性質に関する詳細な記述が多い。『ホビットの冒険』によれば、ドラゴンは自分では何も作る事が出来ず、修繕する事も出来ない。ドラゴンは北欧の神々や巨人のように謎かけによる問答遊戯を好み、少々、それに没入しすぎるきらいがあるという。

　グラウルングとスマウグの性格はほとんど変らないが、大きな違いが一つある。グラウルングの性格は陰性で冷静だが、スマウグは陽性でおだてに弱い。これは、スマウグがドラゴンとしてはまだ若い事を意味しているのかもしれない。その結果、スマウグは唯一の弱点をビルボに覚られてしまう事になるのである。トールキンが他のドラゴンについてはその部分を説明せず、スマウグに関してだけ紹介している特徴に「ダイヤのチョッキ」がある。スマウグの腹は長い間、ドワーフの財宝の上に横たわっていたため宝石に覆われていて、剣も槍も矢も通らない鎧のようになっているのである。しかし、心臓の部分だけこのチョッキが破れていて、不器用につぎが当ててある事をビルボは見てとる。トールキンによる初期案では、スマウグはこの部分をビルボに短剣で刺されて殺される事になっていたが『シルマリルの物語』の英雄トゥーリンと同様の演出になる事を考慮してか、完成した作品ではスマウグは人間の戦士バルドによる必殺の矢を胸に受けて滅ぼされる。

　だが、ドラゴンは死んだ後にも人々を苦しめるとトールキンは語る。ドラゴンが死ねば、その場には膨大な財宝が残るのだ。実際にはこれこそがドラゴンのもたらす最大の災禍であり、これによってエルフ、人間、そしてドワーフの間に醜い争いが起こる事をトールキンは『シルマリルの物語』『ホビットの冒険』そして『指輪物語』の「追補篇」という三つの書の中にそれぞれ記している。

長者黄金竜

　トールキンは『ホビットの冒険』とおそらくそれほど遠くない時期に『農夫ジャイルズの冒険』という小品を執筆している。この作品は全編に皮肉っぽいユーモアがあふれる「ロマンス(騎士物語)のパロディ」といった短編で、舞台は中つ国ではなくアーサー王の時代より以前のブリテン島である。

　この物語は、ふとした事からドラゴン退治の英雄ベロマリウスが使ったドラゴン退治の名剣「カウディモルダクス(嚙尾刀)」を手に入れた中年の農夫ジャイルズが、その無敵のドラゴン殺しの剣を手に、勇者ではなく全くの俗人として「クリソフィラクス・ダイヴズ(長者黄金竜)」というドラゴンに立ち向かう苦難を主題としている。しかし、この嚙尾

トールキンとドラゴンたち

刀があまりにも強力なドラゴン殺しの武器であり、ドラゴンが最初から戦意を喪失してしまうために、戦いの描写はない。

この小品では、中つ国を舞台とする物語では決して見る事の出来なかった、トールキンの考えるドラゴンのもう一つの側面を見る事が出来る。近い時期に書かれたためか、長者黄金竜は『ホビットの冒険』に登場する黄金のスマウグと名前も、その強大で破壊的な力も『ベーオウルフ』のドラゴンを思わせる翼のあるドラゴンとしての姿もよく似ている。

おそらく、長者黄金竜はスマウグ同様、本来は傲慢で、冷酷で、頭が切れ、様々な隠された能力をもつ凶悪な大竜だったのだろうと思われる（ただし、長者黄金竜は大胆でずうずうしい心は持っておらず、ここは他のドラゴンと違うところであるらしい。長者黄金竜は効率主義者なのである）。だが、この物語にはどんなドラゴンでも倒してしまう名剣が存在しているために、このドラゴンは最初から卑屈な態度で敵手であるジャイルズに接し、とうとう最後まで卑屈な態度を変える事がないまま物語は終わってしまうのである。

ドラゴンについて、トールキンがこの作品の中で解説しているいくつかの事柄をあげると、まず、ドラゴンには良心が全くないと記されている。また、ドラゴンは生きているかぎり育ち、その成長がとまる事はない。空を飛ぶ時には逃げる時よりも追う時のほうが速く、これはドラゴンが尊大で攻撃的な生き物である事を意味している。川に身を沈めたり、水を飲む事によって蒸気を放つ事が出来るが、これはトールキンがドラゴンを描くときに好んで用いる演出で『シルマリルの物語』や『ホビットの冒険』にも同様の描写がある。

『農夫ジャイルズの冒険』においても、ドラゴンは財宝を山岳地帯の洞窟に貯め込んでいる。そして、そのドラゴンの黄金は、熱病のような欲望を人々の心に生じさせ、人間同士の争いの原因になるのである。

エレメント (Elements)

　もっとも有名なエレメントはギリシア哲学による「地」「水」「火」「風」の四大元素であろう。万物はこの四つの要素から構成されているという考えである。
　このような考え方は全世界的に見られ、古代中国では「木」「火」「土」「金」「水」を万物の要素とし、密教では五大や六大の「地」「水」「火」「風」「空」「識」（五大の場合は「識」を除く）を万有の要素とし、日本の『ホツマツタヱ』では「空（うつほ）」「風」「火（ほ）」「水」「埴（はに）」の五元素を上げている。
　ただし、これらエレメント間の関係や強弱などは思想や宗教などによって異なることが多い。例えば、古代中国の思想をベースにしている陰陽五行には、木から火を、火から土を、土から金を、金から水を、水から木を生ずる相生（そうしょう）、木は土に、土は水に、水は火に、火は金に、金は木に剋つ（勝つ）を相剋（そうこく）という考えがある。また、『ホツマツタヱ』の「御食万成初（みけよろずなりそ）めの紋（あや）」によれば、草は「埴と空」、虫は「風と空と埴」、鳥は「空と風と火と水」、獣は「埴と水と火と風」から成り立っているとされている。
　今日では、オカルトや占術などのジャンル以外ではあまり取り上げられることのないエレメントであるが、ファンタジーを題材とした小説やゲームの中では今でも頻繁に使われている。
　例えば『ゲド戦記』や『はてしない物語』に登場するドラゴンは「火」「風」のエレメントの生き物であるため、「水」のエレメントには弱いとされている。『ゲド戦記』では、主人公ゲドがペンダーのドラゴン（P178）と対決する際、海の上に舟を浮かべ、その舟に乗りながらでドラゴンと交渉を行っている。ドラゴンは海面に近づこうとしないからである。『はてしない物語』でも、幸いの竜フッフール（P182）が海に飛び込んだ時、身体が冷え、刻々と弱ってゆくのを感じたと書かれている。
　だが、エレメントを厳密に区別し、エレメンタル間の関係を明確にしているジャンルがある。それがゲームである。
　本書の「ゲーム世界のドラゴン（P227）」でも書いているように、デジタルで判断しなければならないゲームにエレメントという考え方はよく合っている。それぞれのエレメントの強弱関係を明確にすることによって、火のエレメントが弱点のモンスター、水のエレメントが効かないモンスターなどというように、ゲームのデータとして活かすことができるからである。そして、これがプレイヤーに考える余地を与えることになり、それがそのままゲームの攻略法に繋がる。さらにエレメントの数や種類を変えることによって、そのゲーム特有の背景世界までを作り上げる事が可能となる。
　古代の思想や哲学が、占いという形で今も生き残っていたり、現代の最先端であるアミューズメントで活用されていると考えると非常に面白い。エレメントの思想には、科学では割り切ることのできない何かがあるのかもしれない。

第3章 甦ったドラゴン

「竜の島」のドラゴンたち　　　　　Dragon of Melnibone

メルニボネのドラゴン

マイクル・ムアコックの代表作『エルリック・サーガ』には、戦いの道具としてのドラゴンが登場する。彼らは典型的なドラゴンの姿を持ちながら、倒すべき相手ではなく、主人公であるエルリックの友として、物語の最後まで苦楽を共にし、その地位を確立させている。友としてのドラゴン、これが中世とは異なる現代におけるドラゴンの新しい形態の一つなのだ。

時代：1961年〜
地域：メルニボネ
出典：エルリック・サーガ
形状：翼のある
　　　トカゲ型ドラゴン

メルニボネ帝国最後の王

　かつて「光の帝国」と呼ばれ、無敵を誇る「黄金の御座艦隊」と最強の獣ドラゴンたちをもって全人類を支配していた古代種族の国家、メルニボネ帝国。その最後の王がエルリックであった。

　エルリックの名前は知らなくても、彼の帯びる魔剣ストームブリンガーの名前を聞いた事がある方もいるだろう。ルーン文字が刻まれた漆黒の大剣ストームブリンガーは、様々なコンシューマゲームやパソコンゲームなどにも多く登場している。その能力や形状がよく似た魔剣まで含めれば、おそらく膨大な数になるであろう。

　この魔剣とエルリックの物語である『エルリック・サーガ』は、エルリックが従弟のイルクーンにさらわれた恋人サイモリルを助けるために、魔神アリオッチの守護する魔剣ストームブリンガーを手に入れるところから始まり、混沌の神々と法の神々の最終決戦までを描いたヒロイック・ファンタジー小説である。

　このシリーズの著者マイクル・ムアコックは、『エルリック・サーガ』を核として、『紅衣の公子コルム』『エレコーゼ・サーガ』『ルーンの杖秘録』などの他のファンタジー小説と連動させ、「永遠の戦士（エターナル・チャンピオン）」という一大英雄譚を完成させた。「永遠の戦士」とは、時代、次元を超えて、必ず混沌と法との戦いに現れ、重要な役割を果たす存在の事である。

　混沌と法との永遠の戦い。リンクする「永遠の戦士」たち。彼らを襲う悲劇と宿命。ムアコックが描く物語に魅せられ、キャラクターたちの虜になった方も多くいるであろう。中でも、「永遠の戦士」の原点ともいえる『エルリック・サーガ』は、現在でも人気のあるヒロイック・ファンタジーであり、多くの人々に読まれている小説である。

メルニボネのドラゴン

第3章 甦ったドラゴン

古き民の僕、ドラゴン

　エルリックが統治しているメルニボネは、「竜の島」とも呼ばれるように多くのドラゴンが生息している地である。
　メルニボネのドラゴンの大きさは、頭の先端から尻尾まで40フィート（約12メートル）、翼の差し渡しが30フィート（約九メートル）である。その姿は、ほっそりとした首に細長い鼻面、鞭のような尻尾、赤、金、緑、黒といった厚い鱗に覆われた蛇にも似ているが、こうもりのような皮翼と鋭い鉤爪が生えた四本の手足を持っている。自由に空を飛ぶ事が出来、黄金の御座艦隊と並んで、メルニボネの重要な戦力の一つであった。
　物語の中でも、メルニボネ陥落時には500隻の戦船がたった12体のドラゴンによって全滅させられている。この戦いで生き残る事が出来たのは、魔法の力によって速力をあげ、逃げる事に成功したただ一隻だった。
　ドラゴンがこれ程までに力を発揮する理由の一つは空を飛ぶ事が出来るからだが、その他にドラゴンが持つ特殊な能力によるところも大きい。
　メルニボネのドラゴンは、炎や煙を口や鼻から吐き出す事はないが、象牙色の剃刀のような牙からあふれる毒液には発火性があり、木や布などの燃えやすい物に触れた途端に燃え出すという性質を持っている。木製の船体と、布の帆を持つ帆船では、全くといってよい程ドラゴンに対して歯がたたない。
　また、騎馬隊の馬はドラゴンの巨大な姿に怯え、歩兵ではその硬い鱗を傷つける事すら出来ない。ドラゴンたちは、上空から毒液を敵に浴びせかけ、接近した時はするどい爪や歯、硬い鱗に覆われた尻尾などで攻撃する。これではいかなる戦力をもってしても対抗する事は難しいであろう。
　また、ドラゴンの毒液を蒸留して作る薬は、あらゆる毒を中和する効果を持ち、この薬を使用した弱き者には勇気を、強き者には技を与え、五日間昼夜問わず戦っても少しも疲れる事がないという効果も合わせ持っている。
　かつて、メルニボネ帝国はこのドラゴンを使役し、一万年に渡って世界をその支配下においたという。しかし、エルリックがメルニボネを統治するころには、「新王国」と呼ばれる人類の周辺国家に押され、メルニボネ統治の時代はすでに過去の栄光となっていた。
　最強の獣ともいえるドラゴンを使役しながらも、メルニボネが新王国を迎え撃つ事が出来なかった理由の一つに、ドラゴンの持つ特性があった。ドラゴンたちは、一度出撃すると毒液が再び充填されるまでの間、百年もの長い眠りについてしまうという欠点を持っていたのだ。『エルリック・サーガ』の一巻『メルニボネの皇子』では、海賊退

治にドラゴンを使用していたため、新王国の艦隊がメルニボネを襲来した時にはドラゴンを使う事が出来なかった。同様にエルリックの恋人が従弟のイイルクーンにさらわれた時も、その探索にドラゴンを多用してしまい、イイルクーンを発見することが出来てもドラゴンを使用する事が出来なかった。このようにいつでもドラゴンを使えるというわけではなかったのだ。

そして、メルニボネの衰退と共に、この島に棲むドラゴンたちもその数を減らし続け、絶滅寸前ともいえる状況にあった。エルリックの復讐によって、メルニボネが陥落した時にも12体しか出撃していない。

しかし、混沌の神々と法の神々の戦いの際には、エルリックが探索の末に持ち帰った「運命の角笛」オリファンの魔力を用いて、97体のドラゴンが眠りから目覚めている。このドラゴンたちがメルニボネ最後のドラゴンだった。この時の長の名はフレームファング。五千歳という若さであった。

そして、この戦いに生き残ったドラゴンたちは、エルリックの命令に従い、いずこかへと飛び去っていった。

竜使い

メルニボネでドラゴンを扱う者の事を「竜使い」と呼ぶ。

ドラゴンはメルニボネ人であればだれにでも手軽に扱える存在ではない。ドラゴンの言葉や呪文を知らなくては扱う事が出来ないのだ。

これらの呪文を「竜の歌」といい、この歌を伝承された者が「竜使い」なのである。そして、竜使いの長ともいえる立場にある人物を「竜洞の支配者」といい、メルニボネにおけるドラゴンに関する指揮の一切を任される。「竜洞」とはメルニボネの地下に広がる大空洞であり、ドラゴンたちが深い眠りに陥る場所の事である。

竜使いたちは、ドラゴンの肩と翼の付け根の部分に鞍を乗せ、そこからドラゴンを操る。鞍は木と鋼で出来ており、貴金属や宝石などで飾られた華美なものである。鞍には銀のあぶみ(鞍の両脇に下げ、騎乗者の足を乗せるための道具)と、鞘に収まった槍のような長い突き棒がついている。この突き棒と、奇怪な形をした竜を操るための角笛を用いて、竜使いはドラゴンに命令を下すのだ。

メルニボネの王も代々竜使いであり、その最後の王であるエルリックも竜を扱う法を熟知していた。しかし、最後の戦いにおいて、エルリックとその友人であるディヴィム・スロームしか竜使いは残っておらず、他の竜使いたちはすべて死に絶えていた。メルニボネの滅亡によって、竜使いもまたドラゴンと共に滅ぶしかなかったのである。

第3章　甦ったドラゴン

パラレルワールドのドラゴンたち　　Dragon in "The Dragon Knight"

ドラゴン・ウォーズのドラゴン

ドラゴンたちの生態や生活はどのようなものなのか。ドラゴンが悪として退治される物語の多くは、これらについて語る事はあまりない。なぜなら、ドラゴンは排除するべき敵であればよく、それ以上のものを求めていないからである。『ドラゴン・ウォーズ』はこの枠を越え、ドラゴンを一つの生物として捉えた作品である。

時代：1976年～
地域：イングランド
出典：ドラゴン・ウォーズ
形状：翼のある
　　　トカゲ型ドラゴン

■ドラゴンとジョージ

　霊体プロジェクションの実験の誤りによって、異次元へと転送されてしまったアンジー・ファレルを追って、自ら異次元へと旅立った彼女の恋人ジェームズ（ジム）・エッカート。無事、アンジーのいる世界へとたどり着いたジムだったが、彼の精神はその世界のドラゴンの身体の中に転送されてしまっていた……。

　このように物語が始まる『ドラゴンになった青年』は、アメリカのSF作家ゴードン・R・ディクスンによって書かれたファンタジー小説である。

　この物語の舞台は、我々の地球の14世紀イギリスによく似ているが、我々の世界と最も大きく異なっているのは、ドラゴンや魔法が存在している点だろう。しかも、このドラゴンたちは英語を話し（この他に狼も英語を話すのだが）、絶壁にくり抜かれた大きな大洞窟の中に群れて暮らしているのである。そう、この世界のドラゴンは社会を作り、生活しているのだ。そして、主人公のジムはこのドラゴンの中の一体、ゴーバッシュの身体の中に入り込んでしまい、ドラゴンの感覚や考え方などに苦労する事になる。このユーモア溢れる小説の原題は『The Dragon and The George』である。ジョージとは、ドラゴン退治譚（P41）で有名な聖ジョージ（聖ゲオルギウス）の事であり、この物語の中では、ドラゴンが人間たちの事を指す言葉として使っている。『ドラゴンになった青年』はドラゴンと人間との物語なのである。そして、その立ち向かうべき相手は「暗黒の力ある者たち」と呼ばれる混沌を好む者。つまり、善き力と悪しき力の対立というオーソドックスなファンタジー小説の構造を取っているのだ。SF的なオープニングからは想像出来ない伝統的なファンタジー小説なのである。

ドラゴン・ウォーズのドラゴン

第3章　甦ったドラゴン

▌ドラゴンから見たドラゴン

　この作品の特徴として、主人公がドラゴンの身体に入ってしまうため、ドラゴンの描写が人間からではなく、ドラゴンからの視点で描かれているという事があげられるだろう。その結果、ドラゴンについての解説も他の作品とは一線を画しており、非常に面白いものとなっている。例えば、ドラゴンが空を飛行する場合、そのたくましい筋力で即座に高度60メートルまで飛びあがり、そこからグライダーのように滑空して時速80キロから110キロで飛ぶ事や、その高さからでも眼下に広がる木々の枝を見分ける視覚を持ち、草木のかすかな臭いもかぎ取る嗅覚を持ってる事などである。

　これらは、地上から空を見上げている視点、あるいはドラゴンの背に跨る人間の視点からでは描くことは難しいであろう。主人公がドラゴンだからこそ出来る描写である。

　さて、ドラゴンの話になったところで、ジムが乗り移ったゴーバッシュ、そしてこの世界のドラゴンについて解説するとしよう。

　ゴーバッシュの全長は約七メートル。その内の四メートルは太い尾である。ただし、ゴーバッシュは彼らの一族の中でも特に大きい方であったと思われ、彼に匹敵する程の大きさを持っているのはゴーバッシュの大おじのスムルゴムとブライアという名のドラゴンくらいである。顔はワニのように鼻が突き出ており、ワニよりも大きな歯を持っている。舌は真っ赤で長く、先が二つに割れており、まるで蛇のようである。全身は鱗で覆われ、さらに鋭い骨質のトゲが背から尾にかけてずらりと並んでいる。やはりトゲが並んでいる腕には、鋭いかぎ爪があり、そして背中には大きな翼が生えている。ただし、あまり翼を使いすぎると、つまり飛び過ぎると飛行に必要な筋肉が筋肉痛を起こし、再び飛べるようになるまで多少の時間がかかってしまう。また、比重が水よりも高いため泳ぐ事は苦手である。ドラゴンたちの性格はおしべて気が短く、乱暴で、怒ると見境なく相手に喧嘩を仕掛ける。そして、「黄金」や「ぶどう酒」に目がなく、その言葉を聞くだけでも、欲望が身体全体を駆け巡り、その事しか考えられなくなる程である。ジムはこれを「砂漠で死にかけている人間が、泉を思い浮かべるように、頭がそれでいっぱいになる」と表現している。また、ジョージ（すなわち人間）に対しては警戒心を抱いており、特に固い殻を着た（つまり鎧の事）ジョージに戦いを仕掛けるのは危険だと考えている。この辺りもドラゴンならではの描写といえるだろう。

　この誇り高きゴーバッシュたちの崖ドラゴン一族以外にも、湖沼ドラゴンと呼ばれるドラゴンの一族もいる。彼らはゴーバッシュの遠い親類ではあるが、その名のとおり沼地に住んでいるドラゴンである。彼らは食糧も少ないため貧弱で、そのため性格も卑屈になっている。魚などを食べて暮らしているのだが、中にはキャベツのような野菜を

食べているものもいるという。彼ら湖沼ドラゴンは、崖ドラゴンからは嘲笑や侮蔑の比喩としても使われる程情けない連中と思われているようである。

ドラゴンナイト

『ドラゴンになった青年』から14年。待望の続編が出版された。それが『ドラゴンの騎士(原題：The Dragon Knight)』である。前作と合わせて『ドラゴン・ウォーズ』というシリーズ名も付けられ(アメリカでのシリーズ名は「The Dragon Knight」)、アメリカでは『ドラゴンになった青年』『ドラゴンの騎士』『The Dragon on The Border』『The Dragon at War』『The Dragon, The Earl, and The Troll』『The Dragon and The Djinn』『The Dragon and The Gnarly King』『The Dragon in Lyonesse』と八冊も出版されている人気作品となっている(原題表記は未訳。2002年現在)。

前作で異世界に飛ばされてしまったジムが、そのままその世界に住むようになって一年。無事元の姿に戻る事が出来たジムは、恋人のアンジーと結婚し、領主としての生活が落ち着いたのもつかの間、ある朝目覚めるとドラゴンに変身してしまっていた。あわてて『ドラゴンになった青年』の時に世話になった魔法使いキャロリナスに弟子入りするジムであったが、そんな時、フランスとイングランドとの戦争において、イングランドの王子が捕虜になったという知らせが届く。王子を救出するために、ジムはかつて冒険を共にした仲間とフランスへ旅立つのであった。

これが『ドラゴンの騎士』の物語の始まりである。このように一城の主であり、魔法使いであり、さらにドラゴンにも変身する事が出来るようになったジムであるが、フランスに行くには一つだけ問題があった。それはジムがドラゴンに変身出来る事である。

実はドラゴンにはドラゴンの規則や決まりがいくつかある。もし、ジムがフランスでドラゴンに変身した場合、この規則に従う必要があるのだ。まず一つ目は、悪いはぐれ者のドラゴンでなければ、ドラゴンは必ずどこかの一族に属さなければならないという事。これによってその地位や身分が保障される事になる。そして、二つ目はフランスに渡ってドラゴンとして行動するためにはパスポートが必要だという事である。これは一族のドラゴンが外国に行く事を了承したという意味を持ち、外国で行動した結果、面倒を起こした時の保証として、その国のドラゴンに預けるものである。ジムの場合は崖ドラゴン一族の全員から、それぞれの一番よい宝石を出してもらっている。

このように『ドラゴン・ウォーズ』シリーズにおけるドラゴンは、昔ながらの外見や性格を持っていながら、この世界の住人の一人として自己主張している憎む事の出来ないキャラクターとして存在している。これもドラゴンの新しい形の一つといえるだろう。

第3章　甦ったドラゴン

不可思議なドラゴン　　　　　　　　　　　　　　　Jabberwock

ジャヴァウォック

ルイス・キャロルの『不思議の国のアリス』の続編とも言うべき『鏡の国のアリス』。この作品には『ジャヴァウォッキー』というタイトルの詩が登場する。この中で歌われているのが、「訳の分からない言葉」という意味のジャヴァウォックという名を持ったドラゴンである。

時代：1871年
地域：イギリス
出典：鏡の国のアリス
形状：厳密には不明

詩に歌われたドラゴン

　ルイス・キャロルが書いた『鏡の国のアリス』には、ジャヴァウォックという名の不思議な怪物が登場する。とは言っても、『鏡の国のアリス』にジャヴァウォックが出てくるわけではない。主人公のアリスが鏡の向こうの世界で読んだ本に書かれている詩『ジャヴァウォッキー』で歌われている怪物、それがジャヴァウォックなのである。ジャヴァウォックという名やその姿が知られている割に、ジャヴァウォックがどのように『鏡の国のアリス』に登場するかを知っている人が少ないのもこのためである。

　また、残念ながら『ジャヴァウォッキー』には、ジャヴァウォックのはっきりとした姿形が描写されていないため、どのような怪物かを想像するしかない。だが、『鏡の国のアリス』の挿絵を描いているジョン・テニエルが、『ジャヴァウォッキー』の詩の一節をイラストとして描き起こしている。ジャヴァウォックの姿が有名なのもこの挿絵のおかげであるといえるだろう。

　このイラストによると、ジャヴァウォックは高さが人間の二～三倍程度で、首と尾がひょろりと長いドラゴンのような姿をしており、背中にはコウモリのような翼を持っている。前足は四本指で鋭いかぎ爪がはえており、後ろ足は三本指で爪は前足よりも長くない。また、前足も後ろ足も首のように細く、その巨体を支えるのはつらそうに見える。顔の造形はドラゴンというよりはナマズの髭が生えた魚のようであるが、頭の後ろの角とも触覚とも見える突起物と、巨大な四角い歯、燃えているかのように光りの漏れている眼が、現実のどのような生物とも異なる様相を見せている。

　『ジャヴァウォッキー』によれば、ジャヴァウォックは鋭い牙や爪、炎の眼を持ち、ぶつぶつと呟くようにうなりながら、ふらふらと歩くらしい。テニエルの挿絵のジャヴァウォッ

クの手足が細いのも、ふらふらと歩くという詩に書かれているジャヴァウォックの描写を再現するためなのであろう。異様に長い爪や、ドラゴンらしくない牙、眼からあふれている光も同様に詩の描写の通りである事が分かる。

この正体不明のドラゴン、ジャヴァウォックの語源は、「訳の分からない事をぺらぺらしゃべる」という意味の「jabber」が元になっているとされ、このドラゴンについて書かれている詩のタイトルである「jabberwocky」は、現在では「無意味な言葉」「訳の分からない言葉」の事を指す単語として用いられている。

ジャヴァウォッキー

このジャヴァウォックの登場する『ジャヴァウォッキー』という詩は、ジャヴァウォックという名の怪物を退治する様子が描写されているだけのものであるが、そこに書かれている様々な造語や語呂合わせなどから、理解が困難なものとなっている。ただし、全七節の中の第一節については『鏡の国のアリス』に登場する人物の中で最も有名であろうハンプティー・ダンプティーの説明が載っているし、その他の部分に関しても原文を読む事によってある程度その意味を理解する事が出来る。なぜ、原文を読む事によってなのかというと、ルイス・キャロルによって「かばん語(portmanteau word)」と名付けられた言葉のニュアンスを把握した方が分かりやすいためである。

かばん語とは、二つの単語を一つに組み合わせる事によって生まれた新たな意味を持つ別の単語の事を指す。かばんの中に別々のものを入れて持ち運ぶイメージから名付けられたという。

『ジャヴァウォッキー』にもこのようなかばん語が多く登場する。「lithe(しなやか)」と「slimy(ねばねばする)」を合わせた「slithy」や、「flimsy(薄っぺらい)」と「miserable(みじめな)」を合わせた「mimsy」などである。この他にも夕飯の肉をあぶり始める時刻である午後四時を意味する「brillig」や、ジャイロスコープのようにくるくると回る事を意味する「gyre」、キリで穴を開ける事を意味する「gimble」のような単語が多く使われている。このように翻訳だけでなく、原文を読む事によって、新しい発見をする事が出来るというのも『鏡の国のアリス』ならではの楽しみ方といえるだろう。

主人公アリスがチェスの駒となって女王になるまでの「詰め」の課程を元に物語が進行するという形式を取っている事でも知られている『鏡の国のアリス』は、このような言葉遊びやなぞなぞ、かばん語などによって物語自体が遊びで彩られている。その象徴とも言えるのがジャヴァウォックなのかもしれない。

第3章　甦ったドラゴン

ゲーム世界から伝播したドラゴン　　Dragon of Lodoss Island
ロードス島のドラゴン

テーブルトーク・ロールプレイングゲームを元に、さまざまなメディアに展開されている『ロードス島戦記』。和製ファンタジーの代表ともいえるこの作品には、"五色の魔竜"と呼ばれるドラゴンたちが登場する。そこには、神話や伝承とは違った形を持った、現代のドラゴンたちを見る事が出来る。

時代：1988年〜
地域：ロードス島
出典：ロードス島戦記
形状：さまざま

■ ゲームから発展したドラゴン

　『ロードス島戦記』は、水野良が描くフォーセリアと呼ばれる世界のロードスという島を舞台としたファンタジー小説である。1988年に刊行されて以来(『ロードス島戦記』の発表自体はもっと古く、雑誌上でのTRPGリプレイが1986年から連載開始されている)、シリーズの外伝なども含めると18冊(2002年2月現在)を数え、日本人が著作したファンタジーの中でも、最も有名な小説の一つである。

　ザクソンという辺境の村に住むパーンという若者が、エルフのディードリット、魔法使いのスレイン、神官のエトらと共に旅し、後に"ロードスの騎士"と呼ばれるようになるまでの冒険物語である『ロードス島戦記』は、非常にゲーム的な小説である。それもそのはず、『ロードス島戦記』はTRPG(テーブルトーク・ロールプレイングゲーム)と呼ばれるゲームをプレイした結果を元にノベライズしたものなのだ。そのためか『ロードス島戦記』に登場するドラゴンは、神話や伝承などで語られるものとは異なった雰囲気を醸し出している。

■ ロードス島のドラゴン

　ロードス島に棲むドラゴンは、大きく二つに分けられる。レッサー種とも呼ばれる普通のドラゴンと古代種のエンシェント・ドラゴンである。

　古竜とも呼ばれるエンシェント・ドラゴンは、神々の時代から生きているドラゴンで、ロードス島を含むフォーセリア世界全体でも100体はいないと言われている。その大きさは大型の帆船ぐらい。全身硬い鱗に覆われていて、傷つける事は難しい。頭と尻

尾は蛇に似ており、角やトゲが背骨に沿って生え、四本の手足の他に背中にこうもりのような翼が生えているのが基本的な姿である。また、口から炎を吐き、炎によって傷つく事はない。さらに、エンシェント・ドラゴンは人間よりも優れた知能を持ち、様々な魔法にも通じている。もちろん人語を解し、話す事も出来る。

　これが基本的なエンシェント・ドラゴンであるが、鱗の色やトゲの配列、数などは個体差が激しいため、姿形を特定する事は出来ない。性格も温厚なドラゴンもいれば、狂暴なドラゴンもいるといったように個体差がある。

　一方、レッサー種のドラゴンの姿形はエンシェント・ドラゴンとあまり変わらないが、その大きさは半分程度である。普通ドラゴンといえば、レッサー種の事を指す。

　レッサー種は、生涯で二回脱皮をすると言われている。生まれたばかりのドラゴンはインファント・ドラゴン（幼竜）と呼ばれる。数年たつと脱皮し、レッサー・ドラゴン（成竜）になる。そして、それから1000年程経った後、二回目の脱皮が行われる。この脱皮を終えたドラゴンがエルダー・ドラゴン（老竜）である。始めは獣程度の知能しか持たないドラゴンだが、エルダー・ドラゴンともなると、エンシェント・ドラゴンと変わらない程の知能を持ち、魔法も自由に扱う事が出来るようになる。そのため、エンシェント・ドラゴンとエルダー・ドラゴンを間違える事もよくあるという。

　また、ドラゴンは身体に宿す精霊の力によって区分される事もある。その場合、炎の精霊の力を宿していれば火竜（ファイヤ・ドラゴン）、水の精霊の力を宿していれば水竜（ウォーター・ドラゴン）などと呼ばれる。

　ロードス島に棲むドラゴンの中で、最も有名なのは「五色の魔竜」と呼ばれるドラゴンたちである。このドラゴンたちは、古代王国末期のロードス島太守サルバーンに呪いの魔法をかけられ、「太守の秘宝」と呼ばれる五つの魔法のアイテムを守るように命令されている。まずは、ロードス島のドラゴンの代表ともいえる五色の魔竜について解説しよう。

「魔竜」シューティングスター

　ロードス島の北西の活火山、火竜山に棲むエンシェント・ドラゴン。大きさはちょっとした貴族の館程の大きさで、金属のような光沢を持つ赤い鱗で身体全体が覆われている。前足にコウモリのような羽根を持っており、それを用いて自由に空を飛ぶ事が出来る。頭から尻尾にかけて、背骨沿いに鋭いトゲが何本も生えている。特に頭部の六本のトゲと、尻尾の四本のトゲは鋭く、大きい。炎の力を強く持つ火竜の一族である。ドラゴンというよりは、ワイヴァーン（P131）に姿が似ている。

第 3 章　甦ったドラゴン

　シューティングスターが守っているのは「支配の王錫」という錫杖（しゃくじょう）である。この錫杖の所有者の言葉は、それを聞く者にとって絶対的な命令となるという。

「黒翼の邪竜」ナース

　漆黒の身体を持つエルダー・ドラゴンで、ロードス島の南東の海に浮かぶマーモ島に棲む。暗黒神の魔法を使う事の出来る闇竜（ダーク・ドラゴン）の一族。エルダー・ドラゴンでありながら、エンシェント・ドラゴンに匹敵する力を持っている。それゆえ、ナースをエンシェント・ドラゴンであると考える者もいる。

　ナースが守っているのは「知識の額冠」と呼ばれる冠である。これを身につけた者は、それまでに「知識の額冠」を身につけた事のあるすべての人物の知識を得る事が出来る。

「金鱗の竜王」マイセン

　ロードス島南西のアルボラ山地の最高峰オローナに棲むマイセンは、黄金の鱗を持つエンシェント・ドラゴンで、神話の時代に光の神々の元で戦った光竜の一族と言われている。

　後に魔神戦争と呼ばれるようになる、魔神の王率いる無数の魔神との戦いにおいて、モス公王のマイセンは金色の竜王（このころは名前を持っていなかった）にかけられていた太守サルバーンの呪いの魔法を解き、竜王はマイセンの盟友となった。これによって、マイセンの名をもらったこのドラゴンは、以後モス公国の守護神として君臨する事になる。

　マイセンが守っていた太守の秘宝は「生命の杖」で、死体の断片さえあれば、失われた肉体を完全に再生出来るという魔法のアイテムである。

氷竜ブラムド

　ロードス島北東の白竜山脈に棲む白い鱗を持つエルダー・ドラゴン。魔神戦争を勝利に導いた六英雄の一人、ニースの手によって太守サルバーンの呪いの魔法から解放された。氷の精霊の力を持つ氷竜の一族で、いかなる遠方であれ、望んだ場所の風景を映し、また人の心の中も映し出す事が出来る「真実の鏡」と呼ばれる太守の秘宝を守護していた。

ロードス島のドラゴン

水竜エイブラ

　巨大な蛇のような姿をした水竜の一族のエルダー・ドラゴンである。まるでシー・サーペント(P68)のような姿であるが、翼と小さな手足がある事からドラゴンだと分かる。ロードス島北西の沖に浮かぶ青竜島に棲んでおり、死んだ者の魂を復活させる太守の秘宝「魂の水晶球」を守っている。

その他のドラゴンたち

　五色の魔竜の他にも、ロードス島の有名なドラゴンとして、モスの竜騎士が駆るドラゴンがいる。竜騎士たちは、ドラゴンと心を通わせる事によって、ドラゴンを自由に操る事が出来る。ドラゴンへの命令は、ドラゴンの骨から作られる竜笛を用いる。竜笛は人間には聞こえない波長の音を鳴らす笛で、この音を聞き分けてドラゴンは竜騎士の命令に従う。

　竜騎士は「竜熱」と呼ばれる竜騎士しかかからない特殊な熱病を患う事がある。しかし、この竜熱はドラゴンに長く接する事によって起こる病気であり、竜騎士たちは逆に竜熱に冒される事は誇りであると考えている。

　この竜騎士という設定は、『エルリック・サーガ』(P202)や『パーンの竜騎士』といったファンタジー小説やSF小説が元になっていると思われる。また、ドラゴンの牙は「竜牙兵(ドラゴントゥース・ウォーリア)」と呼ばれる骨の兵士を生み出すための魔法の材料となるが、これもカドモスが倒したドラゴンの牙を使って戦士を生み出した話(P28)が元になっているのであろう。

　財宝を守るドラゴン。兵士へと変化するドラゴンの牙。ドラゴンの背に乗る竜騎士たち……。ゲームという新しいジャンルから生まれた最先端のドラゴンは、昔ながらのドラゴンの特徴を持ちながらも、新しい要素をも兼ね備えているのである。

魔法使いに作られた悪竜　Vermithrax Pejorative

ヴァーミスラックス・ペジョラティヴ

巨大な翼を羽ばたかせながら天空を自由に飛び、口からは灼熱の炎を吐く。人間の王に処女の生贄を求め、それが応じられない時は炎の息によって村々を焼き払う。人々が恐れ、英雄が試練として挑むドラゴン。映画『ドラゴンスレイヤー』に登場するドラゴン、ヴァーミスラックス・ペジョラティヴは、まさに伝説に謡われる悪竜である。

時代：1981年
地域：ウルランド王国
出典：ドラゴンスレイヤー
形状：飛竜

スクリーンの中のドラゴン

　映画に登場した、最も有名なドラゴンといえば、『ドラゴンスレイヤー』のヴァーミスラックス・ペジョラティヴであろう。

　「ヴァーミス」はラテン語で、英語では「worm」となる。その意味は「虫」「蛆虫」「みみず」であり、にょろりとした長い虫の事を指す言葉である。しかし、古い英語の言い回しでは「蛇」「大蛇」を意味し、転じて空を飛ばない地を這うドラゴンの事を総称して「ワーム」と呼ぶ事もある。

　『ドラゴンスレイヤー』に登場するヴァーミスラックス・ペジョラティヴは、ヴァーミスという名が付けられているが、大蛇のようなワームではなく、空を自由に飛ぶ事が出来る飛竜であった。

　『ドラゴンスレイヤー(原題：DRAGONSLAYER)』は、ディズニー・プロダクションが制作し、1981年にアメリカで公開されたファンタジー映画である。残念ながら日本では公開されなかったが、ヴァーミスラックス・ペジョラティヴのSFX(特撮技術)にゴー・モーション(コンピュータ制御によってミニチュアとカメラを連動させる撮影技法。ストップモーションに対する造語。『スターウォーズ　ジェダイの復讐』で本格的に採用された技法)を使用した、そのリアルな動きによって一躍有名になった。その後、日本でもビデオやレーザーディスクなどで発売されたため、ご家庭でご覧になった方も多いであろう。

　日本未公開という事もあって、内容よりもSFXに目が奪われがちであるが、その物語は聖ゲオルギウスのドラゴン退治(P41)をモチーフにしており、それに加えて特殊なドラゴンの設定、ドラゴンに対する人々の対応、ストーリーのあちらこちらに散りばめられた対ドラゴン用の武器など、見るべきポイントが多い作品である。

作られしドラゴン

『ドラゴンスレイヤー』の冒頭を簡単に紹介すると、次のとおりである。

クラゲンモアの魔法使いウルリックの下を、ウルランド王国からのバレリアンという少年が訪れた。バレリアンの住むウルランドには、ヴァーミスラックス・ペジョラティヴという名のドラゴンが住んでおり、年に二回、春分と秋分の日に処女を生贄に捧げる事で、このドラゴンを鎮めていたのだ。

バレリアンは領民たちの代表として、ウルリックにドラゴン退治を願い出る。しかし、ウルリックは謎めいた言葉を残し、ドラゴンを倒す事を良しとしない領主の手の者に殺されてしまう。しかし、ウルリックの残した魔除けを得た彼の若き弟子ゲイレンが、バレリアンと共にドラゴンを退治するためにウルランドへと向かうのだった。

ここから先は、まだ映画をご覧になっていない方のために伏せておくが、この導入部分だけでも、ヴァーミスラックス・ペジョラティヴが凶暴で、ずる賢いという西欧の典型的なドラゴンであるのが見えてくるだろう。劇中でも、年を重ねると動きは鈍ってくるが、狡猾さが増すと魔法使いウルリックがバレリアンに語るシーンがある。

ウルランド王国の先代の王であるガイセリクは、暴れ回るヴァーミスラックス・ペジョラティヴを退治するため、即位と同時に大軍を派遣したが、王を含めてだれ一人戻ってこなかった。しかも怒り狂ったヴァーミスラックス・ペジョラティヴによって国が滅びかけた歴史がある。そこで、ドラゴンに殺された兄ガイセリクの跡を継いで王となったカシオドラスは、年に二回の生贄を捧げる代わりに、国を襲わないという協定を結んだ。それ程までにヴァーミスラックス・ペジョラティヴは恐ろしい存在だったのだ。

ヴァーミスラックス・ペジョラティヴの姿は、ドラゴンというよりもワイヴァーン（P131）に近く、前足がコウモリに似た皮の膜を持った羽となっており、自由に空を飛ぶ事が出来る。一方、地上を歩く事は苦手のようで、後足だけでは歩行する事が出来ず、前足の先についている小さな手を使って這うようにして歩く事しか出来なかった。また、口からは人間を一瞬で焼き尽くす程の灼熱の炎を吐き、剣のように鋭い爪で獲物を切り裂いた。

また、『ドラゴンスレイヤー』に登場するドラゴンの特徴として、魔法使いによって作られた生物であるという事があげられる。何のためにドラゴンが作られたかは、劇中で明かされる事はないが、錬金術による生命体創造の実験の一環ではないかと推測出来る。おそらく、魔法使いたちが、己の力を誇示するためにドラゴンを作ったのだろう。

バレリアンがドラゴンの証拠として持ってきた鱗を見ただけで魔法使いウルリックはそのドラゴンの名前を言い当てた事から考えると、ドラゴンごとに、あるいは作った魔

法使いごとに特徴があるのかもしれない。劇中では、ヴァーミスラックス・ペジョラティヴとその子供たちしか登場しないが、『ドラゴンスレイヤー』の世界には、様々な姿のドラゴンが存在していても不思議ではないだろう。

ドラゴンを倒す武器

　『ドラゴンスレイヤー』もドラゴン退治の物語である以上、ドラゴンを倒すための武器が登場する。それが、バレリアンの父親がこしらえた槍である。

　ゲイレンがヴァーミスラックス・ペジョラティヴを退治しに行く時、この槍の穂先を自らが魔除けの力を使って魔法で鍛え、金敷(鍛造などを行う時に、加工する物を乗せて作業するための台の事。金床ともいう)すらも切断する程の切れ味を持つ武器を作りあげた。

　また、バレリアンもゲイレンの身を案じて、ヴァーミスラックス・ペジョラティヴの巣穴の近くまで赴き、その鱗を集めて一つの盾を作りあげた。一瞬で焼き尽くすような炎でも、ドラゴン自身の身体は焼かれない事からバレリアンが考えたのだ。そして、このドラゴンの鱗による盾は、その炎の息を完全に防ぎ、ゲイレンの命を何度も救う事になった。

ドラゴンスレイヤー

　結局、ヴァーミスラックス・ペジョラティヴはゲイレンによって倒されてしまうのだが、最後にウルランドのカシオドラス王が現れ、すでに死骸となったドラゴンに剣に突き立て、ドラゴンスレイヤー(ドラゴン殺し)となる。

　このシーンは、人々を力によって統治しなければならない時代の象徴ともいえるだろう。また、他のドラゴン退治譚と比較するととても興味深く、「英雄とは何か」「伝説に隠された真実とは何か」など、様々な考えを我々に呼び起こさせてくれる。ドラゴン退治伝説には、単なる怪物退治という単純な伝説を超えた、何かがあるに違いない。

第3章 甦ったドラゴン

騎士道を伝える最後のドラゴン　　　　　　　　　**Draco**

ドレイコ

> かつて悪や破壊の代名詞であったドラゴンは、現代において新たな役割も担う事となった。その象徴が『ドラゴンハート』に登場するドレイコである。ドレイコは民間伝承やドラゴン退治の物語をベースとしながらも、語り継がれる怪物としてのドラゴンとは全く異なる姿を見せる。人間以上に人間らしいドレイコが表現しているのは、現代におけるドラゴンなのである。

時代：1996年
地域：イングランド
出典：ドラゴンハート
形状：翼のある
　　　トカゲ型ドラゴン

愛すべきドラゴン

　かつての西洋におけるドラゴンは、破壊をもたらす怪物であり、正体不明の不気味な存在であり、悪と混沌の象徴であった。そのため、ドラゴンは平和や調和などをもたらす英雄に倒される運命にあった。この事は、英雄によるドラゴン退治が、神話、伝説、宗教、民話などで物語の一つのパターンとして、現在まで語り続けられている事からも分かるだろう。

　しかし、時代が移り変わり、人類によって地球上の様々な場所が探索される事によって、ドラゴンが生息出来るような場所にはそのような巨大な生物は存在しない事が明らかになってきた。これにより、ドラゴンが前時代的なアナクロなものとして死んでしまうかと思われた。だが、ファンタジーというジャンルが確立すると共に、ドラゴンはその象徴という新たな役割を与えられ甦る事になる。今やドラゴンは、悪や混沌の象徴だけではない。ユニコーンやペガサスなどの幻想動物らと共に、ファンタジー世界に生きる普通の生物としての地位も獲得したのである。

　映画『ドラゴンハート』に登場するドラゴン、ドレイコもそのようなドラゴンの中の一体である。映画『ジュラシック・パーク』などを手がけたILMによるCG（コンピュータ・グラフィックス）で描かれたドレイコは愛すべきキャラクターとして映画の中でその存在感を存分に披露している。また、CGを使用した事によって喜怒哀楽を感じさせる表情を作れるようになった事や、ドレイコの声優としてショーン・コネリーを起用した事も、その一因を担っているだろう。倒すべき障害としてではなく、キャラクターとしてのドラゴン。これが現代のドラゴンの特徴なのである。

ドレイコ

©1996 UNIVERSAL STUDIOS. ALL RIGHTS RESERVED.

©1996 UNIVERSAL STUDIOS. ALL RIGHTS RESERVED.

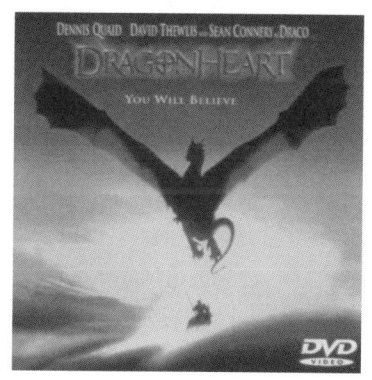

ドラゴンハート
価格：3,800円(税抜)
監督：ロブ・コーエン
販売：(株)ソニー・ピクチャーズ　エンタテインメント

第3章　甦ったドラゴン

最後のドラゴン、ドレイコ

　10世紀のイングランド。圧政を敷くフライン王は、反乱を起こした農民たちと戦うために自ら出馬する。王軍の力は絶大であり、鎮圧も時間の問題かと思われた時、農民たちの罠にかかり、フライン王は殺されてしまう。戦場に遅れて到着した王子アイノンはフライン王の王冠を手に入れるも、瀕死の重傷を負ってしまう。アイノン王子を騎士として、未来の王として鍛えていた騎士ボーエンは、王妃アイリンと共にアイノンの命を救うべく、ドラゴンの住む洞窟へ向かった。

　ドラゴンは正義と名誉を重んじる慈悲深い王になる事を条件に、アイノンに自ら心臓の半分を分け与える。これによってアイノン王子は一命を取り留め、ボーエンは剣に「正義と慈悲を知る王としてアイノン王子を育てる」と誓う事をそのドラゴンへ告げた。

　だが、フライン王亡き後、王となったアイノンは父王以上の暴君となってしまう。ボーエンはドラゴンの心臓によってアイノンが変わったと思い込み、騎士としての誇りを捨て、世界中のドラゴンを滅ぼすために流浪の旅に出る。

　そしてある日、ボーエンは最後のドラゴンに出会う事になる。このドラゴンこそ、『ドラゴンハート』のもう一人の主人公ドレイコであった。

　ドレイコは表情を見せるために頭が若干大きめであるが、赤茶色の鱗、頭から尾まで生えている数多くのトゲ、コウモリに似た巨大な皮翼という典型的なドラゴンの姿をしている。また、鼻からは炎を吐き、巨大な尾を振り回して攻撃するといった怪物的なところを持ちながらも、知性があり、人語を解し、ユーモアも持ち合わせているため、伝説に謡われるドラゴンとは一線を画している感がある。特にボーエンと組んで一芝居打つところは見所である。

　その内容は次のとおりである。あらかじめドレイコが村を襲ったところで、ボーエンがドラゴンスレイヤーとして村に現れ、ドラゴン退治の依頼を受け、ドレイコを巨大な銛で倒す。もちろんドレイコは空中で銛をキャッチし、あたかも自分に刺さったかのようにして湖に墜落するのだが、このもくろみは見事に失敗する。どのように失敗するかは『ドラゴンハート』を実際に見ていただくとして、『ドラゴンハート』では、このようなドレイコとボーエンとのユーモアあふれる、また感動的なストーリーが展開される。まさに怪物ではなく、一人のキャラクターとして物語に登場しているのである。また、アーサー王の時代から受け継がれてきた騎士道を伝えるという役割を、本来騎士に倒されるはずのドラゴンであるドレイコが担っているというところも面白い点であるといえるだろう。

　また、このドレイコという名はボーエンが付けたものである。物語の中ではドレイコの

本当の名前が明かされる事はない。ドレイコ曰く、人間には発音不可能であるためだそうだ。ちなみにドレイコは星座の中の竜座の事である。ドレイコはこの名前を名誉と考えた。なぜなら、ドラゴンの魂は不滅であり、肉体が滅びても、その魂は天空の竜座の元に行く事が出来るからである。しかし、すべてのドラゴンの魂が竜座の元に行けるわけではない。堕落したドラゴンは肉体と共に魂も消滅してしまうのだ。ドレイコは、死ぬ直前までアイノンに心臓を与えた事により、自分の魂は消滅してしまうと考え、恐れていたのである。

ドラゴンの心臓

　さて、ドレイコの心臓の話が出たところで、ドラゴンの心臓というものについて考えてみよう。民間伝承に登場する怪物の中には、自分の心臓を自分の肉体以外の場所に置いてあるというものがいる。心臓は心や生命力、あるいは逆説的に死を意味するものであり、心臓を持っていないという事は不滅である事を表す。つまり、いかなる方法を用いても倒す事が出来ないのである。従って、この怪物を倒すためには、まず怪物の心臓の在処を探し出し、その心臓を破壊しなければならないのだ。だが、その心臓は通常ではなかなか行けない場所、あるいは手に入れるのが難しい場所にあるため、それを乗り越えるという試練が発生する。例えば『十二の頭を持った怪物』という童話には、海の中に立っている塔に閉じこめられた二羽の鳩がまだ産み落としていない卵の中に心を隠しているという怪物が登場する。

　ところが『ドラゴンハート』では、心臓を持っていないのはドラゴンではなく、アイノンである。従って、アイノンを倒すためには、アイノンに心臓を与えたドレイコを倒さねばならなくなる。つまり、ボーエンは友人であるドレイコを殺さなければならないのだ。この事で『ドラゴンハート』における怪物は、ドレイコではなく、アイノンであるという事が分かる。

　時代は移り変わり、現代で最も恐ろしいもの、悪と混沌の象徴となるのはドラゴンではなく、人間であるという事を『ドラゴンハート』は提示しているのかもしれない。

第3章　甦ったドラゴン

現代に甦ったドラゴン　　　　　　　　　　　　　　　　Godzilla

ゴジラ

1954年、現代科学の象徴ともいえる核によって生まれ、オキシジェン・デストロイヤーという化学薬品によって滅ぼされたゴジラ。だが、それでもゴジラは幾度もスクリーンの中に甦った。ゴジラは、さまざまな問題に病める現代社会に現れた反社会、反技術の象徴たるドラゴンなのである。

時代	1954年～
地域	日本、アメリカ
出典	ゴジラ
形状	直立歩行で恐竜のようなドラゴン

現代のドラゴン

　1954年11月3日、映画界の歴史を変える事になる一本の映画が公開された。それが、その後20本を越えるシリーズを生み出す事になる『ゴジラ』である。

　太平洋上で原因不明の船舶遭難事件が多発。その事件の唯一の生存者である大戸島の漁師の「巨大生物に襲われた」という証言を元に、大戸島へと調査団が向かう。そこで調査団が見たものは巨大な足跡、そしてその足跡に残る遙か古代に絶滅したはずの三葉虫、島の各所で検出される放射能であった。その原因は、直後に明らかになる。異様な咆哮（ほうこう）と共に、全長50メートルという巨大な怪獣が出現したのである。島の伝説にちなんでゴジラと名付けられた怪獣は、東京へと上陸。戦後の復興間もない首都はゴジラに破壊され、たのみの現代兵器も全く通用しない。ただ一つの希望、それは芹沢博士の発明したオキシジェン・デストロイヤーだけだった……。

　映画のタイトルにもなっているゴジラは、ジュラ紀から生き延びていた恐竜が核実験によって変貌したという設定である。1991年に公開された『ゴジラVSキングギドラ』では、ラゴス島に生存していたゴジラザウルスが、ビキニ環礁の核実験によってゴジラになったという新説が発表された。この作品では初代ゴジラになるはずだったゴジラザウルスが23世紀の未来人の手によって、現代のベーリング海でゴジラ化し、再び過去に戻り新たなゴジラになるというタイムトラベルなどのSF的要素も組み込まれた。

　また、1998年にはアメリカ映画『GODZILLA』が作られ、日本だけでなくニューヨークにも上陸を果たしている。この映画の続編が、日本でもTVアニメとして放映されてい

ゴジラ

東宝
1954年公開、白黒、97分
製作：田中友幸
監督：本多猪四郎
原案：香山滋
脚本：村田武雄、本多猪四郎
撮影：玉井正夫
音楽：伊福部昭
特殊技術：円谷英二

るので、映画本編またはTVアニメを見た方もいるだろう。

　さて、このように何本も映像化されているゴジラであるが、その大きさは映画によってまちまちである。第一作目『ゴジラ』に登場した初代ゴジラ、『ゴジラの逆襲』に登場した二代目ゴジラが全長50メートル。ゴジラ復活の第一作目となる1984年公開の『ゴジラ』に登場する三代目ゴジラが80メートル。1991年公開の『ゴジラVSキングギドラ』に登場した新初代ゴジラが100メートルと、時代と共にゴジラはだんだんと巨大化していく。これは都市圏のビルの高層化によるものであるとのことだ。初代のサイズのゴジラだと、現代の高層建築と並んだ時に大きく見えないからである。しかし、1999年公開の『ゴジラ2000』は原点回帰を掲げ、ゴジラの全長を55メートルに戻している。

　しかし大きさは変われど、その姿の基本ラインは初代ゴジラから全くといっていい程変わっていない。ティラノサウルス・レックスなどの二足歩行の恐竜に似た外見に、いびつな形をした不揃いの背びれ。そして、口からは放射能熱線を吐く。その形状や特徴は、まさにドラゴンだと言えるだろう。

人類への警鐘

　アメリカの女性心理学者エスター・ハーディングは、著書の中で「ドラゴンは、人間の弱く無防備な意識を育て支えるか、もしくは、それを飲み込み、破壊する、人間のプシュケの深くに棲む非人格的な力の化身である」と書いている。つまり、ドラゴンとは人間の内面に存在するものであり、破壊、混沌、恐怖などのシンボルが想像や創造という力を借りて表現されているものなのだ。

　ゴジラはドラゴン退治という普遍的な神話、寓話的な物語に現代的なテクスチャーを施したものなのである。核実験、環境汚染、人口増加、戦争や内紛などこそ、現代のドラゴンなのだ。

　ゴジラだけではない。『ゴジラ』シリーズに登場する怪獣アンギラスもやはり核実験によって目覚めた。また、クモンガやカマキラスは気象実験の影響で、ヘドラは公害による環境汚染によって誕生した怪獣である。

　初代ゴジラはオキシジェン・デストロイヤーを作りだした芹沢博士によって、二代目ゴジラは人間が及びもしない大自然を利用する事によってゴジラを封じ込めた。だが、その後何度でもゴジラは甦り、人間社会に災厄をもたらしに現れる。ゴジラが人類の味方であった時でも、ゴジラではない別の怪獣がその役割を担っていた。

　様々な問題を抱える現代のドラゴン。それがゴジラなのである。

ゲームに登場するドラゴンたち　Dragon of Game World

ゲーム世界のドラゴン

現代世界で最も新しいメディアの一つであるゲーム。インターネットという新しいコミュニケート手段を得て、今やゲームはアミューズメントの代表であるといっても過言ではないだろう。この新しいゲームという媒体の中にも様々なドラゴンが登場している。それはドラゴンの新しい形なのだ。

時代：現代
地域：全世界
出典：ゲーム全般
形状：さまざま

記号化されたドラゴン

　ファンタジーの代名詞と言えば「剣と魔法」であるが、これに何かを加えるとするならば、大半の人はドラゴンと答えるだろう。それ程までにドラゴンの登場するファンタジー小説は多い。もちろん、これらを題材にして作られたロールプレイングゲーム(RPG)においても、ドラゴンは最強の怪物となっている。

　RPGとはアメリカで発売された『DUNGEONS & DRAGONS』というファンタジーを舞台としたゲームが元になっており、現在ではブックタイプのテーブルトークRPGや、コンシューマ機やパソコンなどのゲームとして発売されているので、遊んだ、あるいは聞いた事がある人も多いだろう。また『ドラゴンクエスト』『ドラゴンスピリット』『ドラゴンスレイヤー』といったように、「ドラゴン」という言葉を使ったゲームタイトルも決して珍しくない。

　これらに登場するドラゴンの大半は、トカゲのような身体に太い足、長い首と尾、コウモリの翼を持っている。長い首の先には角の生えた頭があり、牙がずらりとならんだ口からは炎、冷気、毒ガスなどといったものを吐く。総じて知能が高く、魔法を使う事も出来る、といった感じである。だれもが描くドラゴン像を基本とした姿形をしている。

　大概の場合、地、水、火、風の四大エレメント(P201)などと関わりが深く、また水ならば青、火ならば赤というようにそのエレメントを想像させるような色の鱗や体色を持っている。当然、口から吐くブレスもそのエレメントとなる。もちろん、これらはゲームが舞台としている世界の設定によって異なり、黒色＝闇、黄金色＝聖、白色＝冷気などといったように、様々に、そして自由にアレンジされている。

　そしてゲームの中では、重要な宝を守っているモンスターであったり、ゲームの最後に倒さねばならないボスキャラであったり、途中で主人公を助けてくれる助言者であ

ったりする。

　これらの事から、ゲームに登場するドラゴンとは神話や寓話などで語られる伝統的ドラゴンを記号化し、把握・認識しやすくしたものであるという事が分かる。ゲームでは抽象的なものの表現は非常に難しい。そのため、記号化は重要な事なのである。これは、遊んでいるユーザ側にゲーム内の法則を推測させるためにも重要である。例えば、赤いドラゴンは火の属性を持っているだろうから、氷の武器ならばよりダメージを与える事が出来るだろう、というようにである。

　ゲームにおいては、これらの情報の方が重要な事がある。もちろん、様々な設定や背景もゲームの世界を深めるために必要であるが、遊ぶ人間への配慮のため、記号化されて表現されることが多い。ドラゴンはこの記号化された情報の象徴だと言えるだろう。

進化と拡大

　このように記号化されたドラゴンであるが、それゆえにゲームの世界のドラゴンは独自の進化を遂げていく事になる。様々な神話、寓話、伝説などに登場するドラゴンの特徴や名前を利用して、全く新しいドラゴンとして再構成するのである。

　『ドラゴンクエスト』シリーズと並んで最も有名なRPG『ファイナルファンタジー』シリーズでは、リヴァイアサン(『旧約聖書』ではレヴィアタン、P88)、ミドガルズオルム(ヨルムンガンドの別名、P92)などが幻獣、あるいは召喚獣という形で登場している。また、『ファイナルファンタジー』シリーズで有名になったバハムートは、本来は聖書に描かれているカバのような怪物ベヘモットが元になっているといわれ、アラビアの伝承では巨大な魚だったとされている。しかし『ファイナルファンタジー』では、バハムートはドラゴンとしか形容出来ないモンスターとして描かれている。また、ゲームによっては、その背景世界独自のドラゴンたちが登場する事も決して珍しい事ではない。

　神話や伝承の世界にしか存在していなかったドラゴンが、現代では小説、映画、コミック、ゲームといった様々なメディアに、様々な形を持って誕生している。そして、これからも様々なドラゴンが世に現れるであろう。なぜなら、ドラゴンは人間の想像力の根元たる存在なのだから。人間と共にドラゴンは生き続けるのである。

索引

ゴシック体のページ数は項目となっている事を表します。

【ア行】

- アーサー 105
- アーシー **178**
- アータル 114
- アールヴ 34
- アイン 222
- アイリン 222
- アウェンティヌス 79
- アウグストゥス 79
- アエーシェマ 113
- 赤いドラゴン(ヨハネの黙示録) **55,78**
- 赤いドラゴン(イギリス) **102**
- アカ・マナフ 113
- アキレウス 16
- アクリシオス 18
- アケロオス 14
- アゲル 25
- アザガル 191
- アジ・ダハーカ **113**
- アシナヅチ 57
- アショーカ 151
- アスモデウス 113
- アスラ 155
- アテナ 12,26
- アトラス 21,106
- アトレーユ 182
- アナバダッタ 152
- アヌ 120
- アバム・ナバート 114
- アバララ 151
- アハリマン 113
- アプスー 120
- アフラ・マズダ 113
- アポロン 11,22,25
- アマテラス大神 56
- 蝴竜(あまりょう) 172
- アメノウヅメ 57
- アリオッチ 202
- アリス 210
- アルクメネ 11
- アルジュナ 147
- アルパクサト 45
- アレス 25,46
- アレスの大蛇 25
- アンカラゴン 197
- アンギラス 226
- アングルボダ 92
- アンシャル 120
- アンドゥリ 36
- アンドロダダ 18,60,112
- アンラ・マンユ 113
- イアソン 108
- イイルクーン 202
- イエポー 179
- イオラオス 11
- イグラムール 184
- イザナギ 56
- イザナミ 56
- イシュチェル 128
- イツァムナー **128**
- イドリル・ケレブリンダル 194
- イナラシュ 52
- イブ 79
- イルウ 55
- イルーヴァタアル 187
- イルルヤンカシュ **52,60**
- 岩見重太郎 60
- インドラ 150,155
- 禹(う) 164
- ヴァースキ 145
- ヴァーミスラックス・ペジョラティヴ **217**
- ヴァーユ 146
- ヴァラアル 187
- ヴァリエア 187
- ヴァルキュリア 32
- ウィーイラーフ 48
- ヴィーウ 131
- ヴィシュヌ 144,155
- ヴィテリウス 79
- ヴィナター 144
- ウィミナリス 79
- ウーサー・ペンドラゴン 105
- ヴェスパシアヌス 79
- ウォラギネ(ヤコブ・デ) 41
- ヴォルスング 32
- ヴォルティガーン 104
- ウガルルム 120
- ウダイロス 28
- ウタンカ 149
- ウッカーラ 151
- ウッパラ 152
- ウトガルド・ロキ 94
- ウパナンダ 151
- 海の怪物(ペルセウス) **18**,112
- ウリディシム 120
- ヴリトラ **155**
- ウルーピー 147
- ウルリック 218
- ウルローキ 190
- エア 120
- エアシュエール 48
- エアレンディル 194
- エアレンデル 194
- エイブラ 216
- エウリュステウス 12
- エウロペ 25
- エーテル 110
- エオル 192
- エオンウェ 195
- エキオン 28
- エキドナ 10,106,112
- エスクイリヌス 79
- エッカート(ジェームズ) 206
- エト 212
- エホヴァ 55
- エル(ウガリット神話) 55
- エル(トールキン) 187
- エルウィング 195
- エルウェ 189
- エルト 179
- エルリック 202
- エレス・アクベ 180
- エレメント **201**
- エンデ(ミヒャエル) 182
- オイディプス 112
- 黄金伝説 **40**
- オーディン 32,93
- オーム 180
- オーム・エンバー 180
- オオモノヌシ 63
- オグラマール 185
- 幼ごころの君 184

229

オシリス	112
オッタル	36
オデュッセウス	16
オトー	79
オナクス	45
オヴニル	39
オホゲツヒメノカミ	56
オメ・シワトリ	134
オメ・テクトリ	134
オモイカネ	57

【カ行】

ガーゴイル	70
カードラヴェーヤ	144
カーラ	151
カーリヤ	146
ガイア	22,106,110
ガイセリク	218
カエサル	79
カエウス	79
カシオドラス	219
カシオペイア	20
カシュヤパ	144,155
華胥（かしょ）	161
カドモス	25,111
カドモスの大蛇	**25**
カドモスの竜	25
カドルー	144
カピトリウム	79
カマキラス	226
カリグラ	79
ガルグイユ	70
ガルダ	144
ガルバ	79
カレン	180
ガンヴル	195
ギーヴェル	131
キシャル	120
キメラ	112
キャロリナス	209
キャロル（ルイス）	210
虬龍（きゅうりょう）	172
キュネウルフ	194
キュロス	127
共工	165,**167**
麒麟（きりん）	63,176
ギルガメッシュ	118
ギルタブリル	120,124
キングー	120
クイリナリス	79
ククマッツ	132
ククルカン	132
クシナダトヨマヌラヒメ	61
クシナダヒメ	57
九頭竜	64,67
クトニオス	29
クモンガ	226
クラーケン	69,**75**
グラーバク	39
クラウディウス	79
グラウリング	186
グラフヴィトニル	39
グラフヴェルズ	39
グリーピル	38
クリール	124
クリカ	152
クリソフラクス・ダイヴズ（長者黄金竜）	**198**
クリッサク	124

グリフィン	131
クルサースパ	116
グレンデル	47
軍荼利明王（ぐんだりみょうおう）	154
継体天皇（けいたいてんのう）	66
ゲイレン	218
ケイロン	14
ゲーム世界のドラゴン	**227**
ケツァルコアトル	128,**132**
ゲド	178,201
ケルベロス	10,112
玄武（げんぶ）	176
コアトリクェ	133
匂芒（こうぼう）	161
広目天	152
蛟竜（こうりゅう）	172
ゴーイン	39
ゴータマ＝シッダールタ	151
ゴーバッシュ	206
コシャル・ハシス	55
ゴジラ	**224**
ゴジラザウルス	224
コネリー（ショーン）	220
コモド・ドラゴン	75
コモドオオトカゲ	75
ゴルゴオ	20,106
コルテス	136

【サ行】

サイモリル	202
幸いの竜	182,201
サウロン	196
サカラ	152
サタン	46,79,112
ザッハーク	60,116
サルゴン二世	70
サルバーン	213
ザロエス	45
シアルヴィ	94
シー・サーペント	68,70,216
ジークフリート	31
ジーフリト	31
シヴァ	**146**,150
シェーシャ	145
シギ	32
シグニュー	32
シグムンド	32,50
シグルーン	33
シグルド	31,50,192
シッゲイル	33
司馬遷（しばせん）	160
ジャイルズ	198
ジャヴァウォック	210
釈迦	150
ジャナメージャ	149
ジャムシード	116
シャリート	88
蚩尤（しゆう）	167
シューティングスター	213
祝融（しゅくゆう）	167
舜（しゅん）	164
女媧（じょか）	**160**,167
白いドラゴン（イギリス）	**102**
シンゴル	192
神農（しんのう）	160,167,175
シンフィヨトリ	33
水天	152
スヴァーヴァニル	39

230

索引

スカサ	197
スクリューミル	94
朱雀（すざく）	176
スサノヲ命	55,56
ステュムパリデス	14
スノリ・ストルソン	92
スパルトイ	28
スフィンクス	112
スプンタ・マンユ	114
スマウグ	51,186
スムルゴム	208
スメーグ	185
スラエータオナ	116
スレイン	212
聖ゲオルギウス	41,60,217
聖シルウェステル	44
聖バレンタイン	40
聖ピリポ	46
聖ブレンダン	76
聖ペテロ	44
聖マタイ	45
聖マルガレタ	46
聖マルタ	45
聖ヤコブ	45
青龍	**176**
ゼウス	10,18,25,106,111
顚頂（せんぎょく）	167

【夕行】

大黒天	150
大日如来	152
ダイン一世	197
タクシャカ	148
タッツェルヴルム	74
ダナエ	18
ダニエル	**127**
ダハーカ竜	113
ダムキナ	120
タラスクス	45,90
タンタロス	10,110
チャック	130
チュール	95
長者黄金竜	198
ディアネイラ	14
ティアマト	55,62,70,90,**118**,124
ディードリット	212
ディヴム・スローム	205
ディクソン（ゴードン・R）	206
ティシュバク	126
ティベリウス	79
ティラノサウルス・レックス	226
デウカリオン	22
テスカポリトカ	132
テナツチ	57
テニエル（ジョン）	210
テミス	24
テュポン	10,22,25,106,**110**,159
トヴァシュトリ	155
トゥーリン	192
トゥオル	194
トール	55,93
トールキン（J.R.R.）	51,**186**
トクシャカ	152
トヒール	132
ドミティアヌス	79
ドラゴン・ウォーズ	**206**
トラロック	130
トリシラス	156

ドレイコ	220

【ナ行】

ナーガ	142,150,153,160
ナース	214
ナブ	126
ナンダ	151
ニース	214
ニドヘグ	30
ニンアズ	126
ニンギジュダ	126
ネオプトレモス	16
ネス湖の怪物	73
ネッシー	73
ネッソス	14
ネレイデス	20
ネレウス	20
ネロ	79
ネンニウス	105

【ハ行】

ハーディング（エスター）	226
ハームンド	33
バアル	55,88
バーン	212
ハイタカ	178
バギンズ（ビルボ）	197
バシュム	120
パズス	124
バスチアン	182
ハデス	14
バハムート	228
パラティウム	79
パリ	102
パリークシット	148
パリス	16
バルヴァティ	146
バルドル	92
ハルモニア	29
バルログ	190
バレリアン	218
ハンプティ・ダンプティ	211
ヒィエラーク	47
ビネウス	21
狒々（ひひ）	60
ヒャールプレク	34
白虎（びゃっこ）	176
ヒュドラ	10,108,112
ピュトン	22,25
ヒュペレノル	29
ヒュミル	95
ピュラ	22
ヒュロス	16
ヒョルディース	33
ヒラニヤカシプ	155
ピロクテテス	16
ヒンレック	185
ファーリドゥーン	116
ファヴニル	30,50,192
ファルコン	182
ファレル（アンジー）	206
フィンゴン	190
フェアオル	188
フェンリル	92
フォックス（ハンス）	74
フギ	94
伏羲（ふくぎ）	160,167,175
ブッフール	182,201

231

不動明王	152	ムシュフシュ	120,**124**
フナブ・クー	128	ムシュマッヘ	120
フバシャシュ	52	ムチャリンダ	151
ブライア	208	ムンムー	120
フライン	220	メディア	108
ブラフマー	150,155	メデュサ	20
フラム	197	メリアン	189
ブラムド	214	メルコオル	187
フリームニル	32	メルニボネ	**202**
フリッグ	32	モーイン	39
フリュム	98	モート	88
ブリュンヒルド	39	モケレ・ムベムベ	74
フリョーズ	32	モルゴス	188
ブルリヤシュ	52	モンマス（ジェフリー・オブ）	105
フレイドマル	36		
フレームファング	205	【ヤ行】	
フローズガール	47	ヤクシャ	150
フンディング	33	夜叉	150
ベーオウルフ	39,47	夜刀ノ神（やとのかみ）	63,66
ヘーニル	34	八俣大蛇	55,**56**
ペガサス	112	八岐大蛇	57
ヘクトル	16	ヤマトトモモソヒメ	64
ヘスペリデス	106	ヤム（ウガリット神話）	55
ヘドラ	226	ユニコーン	131
ヘパイストス	12	ユルルングル	140
ベフラ	147	ヨハネ	79
ベヘモット	90,228	ヨルムンガンド	55,70,**92**,228
ヘラ	11,106		
ヘラクレス	10,107,112	【ラ行】	
ヘル	92	ラークシャサ	150
ベル	127	ラオメドン	14
ヘルギ	33	ラクシュミンドラ	147
ペルセウス	12,**18**,60,107,112	羅刹	150
ヘルメス	12,20	ラドン	**106**,112
ベルン（ディートリヒ・フォン）	31	ラハブ	90
ベレロポン	112	ラハム	90,120
ベレン	191	ラフム	120
ペロマリウス	198	ランバー	156
ベロル	29	リヴァイアサン	228
鳳凰（ほうおう）	175,176	リタン	88
ボーエン	222	竜（中国）	**171**
ポセイドン	20,25	龍王	**150**
ホメロス	16	竜蛇（日本）	63
ポリュデクテス	18	劉邦（りゅうほう）	175
ボルキュス	106	リュングヴィ	34
ボルグヒルド	33	ル＝グウィン（アーシェラ・K）	178
ボロス	14	ルーシアン	191
梵天	150	ルード	102
ポントピダン（エリック）	75	ルキフェル	112
		ルター（マルチン）	80,91
【マ行】		ルパ	45
マーリン	104	冷血竜	197
マイセン	214	レインボー・サーペント	**138**
マエズロス	191	レヴィアタン	45,70,**88**
麻多智	66	レヴィリス	103
マックヒー（ピーター）	72	レギン	34
マナサー	147	レルリ	32
マナス	152	ロードス島	**212**
マルス	46	ロキ	34,**92**
マルドゥク	120,126	ロギ	94
万巻上人（まんがんしょうにん）	67	ロスクヴァ	94
ミカエル	83	ロタン	88
ミシュコアトル	133		
水野良	212	【ワ行】	
ミドガルズオルム	228	ワイヴァーン	**131**,213
壬生連麿（みぶのむらじまろ）	66	ワシュウキ	152
三輪山の神	63		
ムアコック（マイクル）	202		

参考文献

書名／著者名／訳者名／出版社
Alice's Adventures in Wonderland and Through the Looking-Glass／Lewis Carroll／／PUFFIN BOOKS
Ancient Maya Civilization／Norman Hammond／／Rutgers University Press
Celtic Myth and Legend／Charles Squire／／Newcastle Publishing
Dictionary of Mythology Folklore and Symbols／Gertrude Jobes／／The Scarecrow Press
Standard Dictionary of Folklore Mythology and Legend／Maria Leach／／Harper and Row
The Ancient Maya／Robert Sharer／／Stanford University Press
The History of the Kingdom of Britain／Geoffrey of Monmouth／Lewis Thorpe／Penguin Books
The Mabinogion／Lady Charlotte Guest／Jeffrey Gantz／Penguin Classics
悪魔事典／山北篤・佐藤俊之監修／／新紀元社
アジア遊学　No.28　（特集）ドラゴン・ナーガ・龍／／／勉誠出版
アステカ文明／ジャック・スーステル／狩野千秋／白水社・文庫クセジュ
新しい考古学と古代マヤ文明／ジェレミー・F・サブロフ／青山和夫／新評論
アンチキリスト　悪に魅せられた人類の二千年史／バーナード・マッギン／松田直成／河出書房新社
イーリアス／ホメロス／呉茂一／岩波書店・岩波文庫
出雲国風土記／荻原千鶴／講談社・講談社学術文庫
インド神話／ヴェロニカ・イオンズ／酒井傳六／青土社
インド神話伝説辞典／菅沼晃／／東京堂出版
インドの神話／マッソン・ウルセル、ルイーズ・モラン／美和稔／みすず書房
失われたマヤ王国／カーネギー研究所／小泉源太郎／大陸書房
エリアーデ世界宗教事典／ミルチャ・エリアーデ他／奥山倫明／せりか書房
エッダとサガ／谷口幸男／新潮社・新潮選書
エッダ　古代北欧歌謡集／／谷口幸男／新潮社
エルリック・サーガ①　メルニボネの皇子／マイケル・ムアコック／安田均／早川書房・ハヤカワ文庫
エルリック・サーガ②　この世の彼方の海／マイケル・ムアコック／井辻朱美／早川書房・ハヤカワ文庫
エルリック・サーガ③　白き狼の宿命／マイケル・ムアコック／井辻朱美／早川書房・ハヤカワ文庫
エルリック・サーガ④　暁の女王マイシェラ／マイケル・ムアコック／井辻朱美／早川書房・ハヤカワ文庫
エルリック・サーガ⑤　黒き剣の呪い／マイケル・ムアコック／井辻朱美／早川書房・ハヤカワ文庫
エルリック・サーガ⑥　ストームブリンガー／マイケル・ムアコック／井辻朱美／早川書房・ハヤカワ文庫
エルリック・サーガ⑦　真珠の砦／マイケル・ムアコック／井辻朱美／早川書房・ハヤカワ文庫
エルリック・サーガ⑧　薔薇の復讐／マイケル・ムアコック／井辻朱美／早川書房・ハヤカワ文庫
黄金伝説　第1巻／ヤコブス・デ・ウォラギネ／前田敬作、今村孝／人文書院
黄金伝説　第2巻／ヤコブス・デ・ウォラギネ／前田敬作、山口裕／人文書院
黄金伝説　第3巻／ヤコブス・デ・ウォラギネ／前田敬作、西井武／人文書院
黄金伝説　第4巻／ヤコブス・デ・ウォラギネ／前田敬作、山中知子／人文書院
王書・ペルシア英雄叙事詩／アブール・カースィム・フィルドゥスィー／黒柳恒夫／平凡社・東洋文庫
王書・古代ペルシアの神話伝説／アブール・カースィム・フェルドウスィー／岡田恵美子／岩波書店・岩波文庫
オーストラリア・アボリジニの伝説──ドリームタイム──／ジーン・A・エリス／森秀樹／大修館書店
オカルトの事典／フレッド・ゲティングズ／松田幸雄／青土社
オセアニア神話／ロズリン・ポイナント／豊田由貴夫／青土社
オリエント神話／ジョン・グレイ／森雅子／青土社
怪奇鳥獣図鑑／伊藤清司／／工作舎
改訂版・日本神話／川副武胤／／読売新聞社
鏡の国のアリス／ルイス・キャロル／生野幸吉／福音館書店
ギリシア・ローマ神話／トマス・ブルフィンチ／野上弥生子／岩波書店・岩波文庫
ギリシア・ローマ神話I～III／グスターフ・シュヴァーブ／角信雄／白水社
ギリシアの神話　英雄の時代／カール・ケレーニイ／植田兼義／中央公論社・中公文庫
ギリシアの神話　神々の時代／カール・ケレーニイ／植田兼義／中央公論社・中公文庫
ギリシア悲劇I／アイスキュロス／呉茂一他／筑摩書房・ちくま文庫
ギリシア悲劇II／ソポクレス／呉茂一他／筑摩書房・ちくま文庫
ギリシア悲劇III～IV／エウリピデス／呉茂一他／筑摩書房・ちくま文庫
ゲド戦記 I　影との戦い／アーシュラ・K．ル＝グウィン／清水真砂子／岩波書店
ゲド戦記 II　こわれた腕環／アーシュラ・K．ル＝グウィン／清水真砂子／岩波書店
ゲド戦記 III　さいはての島へ／アーシュラ・K．ル＝グウィン／清水真砂子／岩波書店
ゲド戦記　最後の書　帰還／アーシュラ・K．ル＝グウィン／清水真砂子／岩波書店
ケルト神話／プロインシャス・マッカーナ／松田幸雄／青土社

ケルトの神話／井村君江／／筑摩書房・ちくま文庫
ゲルマン・ケルトの神話／E・トンヌラ、G・ロート、F・ギラン／清水茂／みすず書房
ゲルマン北欧の英雄伝説　ヴォルスンガ・サガ／菅原邦城／東海大学出版会
幻獣ドラゴン／苑崎透／／新紀元社
幻想動物事典／草野巧／／新紀元社
古事記／次田真幸／／講談社・講談社学術文庫
ゴジラ画報第3版／株式会社イオン／／竹書房
古代オリエント集／杉勇・三笠宮崇仁／／筑摩書房・筑摩世界文学大系1
古代の鉄と神々／真弓常忠／／学生社
古代北欧の宗教と神話／フォルケ・ストレム／菅原邦城／人文書院
古代メソポタミアの神々／岡田明子、小林登志子／／集英社
言霊――ホツマ／鳥居礼／／たま出版
史記／司馬遷／野口定男他／平凡社
地獄の辞典／コラン・ド＝ブランシー／床鍋剛彦／講談社・講談社＋α文庫
十二支考／南方熊楠／／岩波書店・岩波文庫
守護聖人　聖なる加護と聖人カレンダー／真野隆也／／新紀元社
シルマリルの物語(上)／J.R.R.トールキン／田中明子／評論社
シルマリルの物語(下)／J.R.R.トールキン／田中明子／評論社
新ロードス島戦記　序章　炎を継ぐ者／水野良／／角川書店・角川スニーカー文庫
新ロードス島戦記1　闇の森の魔獣／水野良／／角川書店・角川スニーカー文庫
新ロードス島戦記2　新生の魔帝国／水野良／／角川書店・角川スニーカー文庫
新ロードス島戦記3　黒翼の邪竜／水野良／／角川書店・角川スニーカー文庫
神話の系譜・日本神話の源流をさぐる／大林太良／／青土社
神話の森／山本節／大修館書店
聖書　新共同訳／／／日本聖書協会
聖書象徴辞典／マンフリート・ルーカー／池田紘一／人文書院
世界の宗教と経典　総解説／金岡秀友他／／自由国民社
世界の神話伝説　総解説／／／自由国民社
山海経　中国古代の神話世界／／高馬三良／／平凡社・平凡社ライブラリー
捜神記／干宝／竹田晃／平凡社・東洋文庫
増補・日本神話伝説の研究1・2／大林太良・高木敏雄／／平凡社・東洋文庫
ソード・ワールドRPG　ロードス島ワールドガイド／清松みゆき＆グループSNE／／富士見書房
ソード・ワールドRPG　ワールドガイド／水野良＆グループSNE／／富士見書房
ゾロアスター教・神々への賛歌／岡田明憲／／平河出版社
中国の神獣・悪鬼たち　山海経の世界／伊藤清司／／東方書店
中国の神話／白川静／／中央公論社
中国神話／聞一多／中島みどり／平凡社・東洋文庫
中国の神話伝説／伊藤清司／／東方書店
中国の神話伝説／袁珂／鈴木博／青土社
転身物語／オヴィディウス／田中秀央　前田敬作／人文書院
道教の神々／窪徳忠／／講談社・講談社学術文庫
トールキン指輪物語辞典／デビッド・デイ／仁保真佐子／原書房
ドラゴン　反社会の怪獣／ウーヴェ・シュテッフェン／村山雅人／青土社
ドラゴンになった青年／ゴードン・R・ディクスン／山田順子／早川書房・ハヤカワ文庫
ドラゴンの騎士(上)／ゴードン・R・ディクスン／北原唯／早川書房・ハヤカワ文庫
ドラゴンの騎士(下)／ゴードン・R・ディクスン／北原唯／早川書房・ハヤカワ文庫
謎解き日本神話／松前健／／大和書房
『ニーベルンゲンの歌』の英雄たち／ウォルター・ハンセン／金井英一、小林俊明／河出書房新社
日本陰陽道史話／村山修一／／平凡社・平凡社ライブラリー
日本書紀／宇治谷孟／／講談社・講談社学術文庫
日本神話の研究／松本信広／／平凡社・東洋文庫
日本神話の考古学／森浩一／／朝日新聞社
はてしない物語／ミヒャエル・エンデ／上田真而子、佐藤真理子／岩波書店
常陸国風土記／秋本吉徳／／講談社・講談社学術文庫
ファイナルファンタジー大全集(上)／／／デジキューブ
ファイナルファンタジー大全集(下)／／／デジキューブ
仏尊の事典／関根俊一／学研・エソテリカ事典シリーズ1
ベーオウルフ／忍足欣四郎／岩波書店・岩波文庫
ベーオウルフ／小川和彦／武蔵野書房
蛇・日本の蛇信仰／吉野裕子／／法政大学出版局
ペルシア神話／ジョン・R・ヒネルズ著／井上英一、奥西峻介／青土社

234

参考文献

北欧神話／K・クロスリィ＝ホランド／山室静、米原まり子／青土社
北欧神話／菅原邦城／／東京書籍
北欧神話と伝説／グレンベック／山室静／新潮社
ホビットの冒険／J. R. R. トールキン／瀬田貞二／評論社
ポポル・ヴフ／アドリアン・レシーノス原訳／林屋永吉／中央公論社・中公文庫
マハーバーラタ／C・ラージャーゴーパーラーチャリ／奈良毅、田中嫺玉／第三文明社
幻の動物たち／ジャン・ジャック・バルロワ／ベカエール直美／早川書房・ハヤカワ文庫
マヤ／マイケル・D・コウ／寺田和夫・加藤泰建／学生社
マヤ　失われた文明の謎と再発見／チャールズ・ガレンカンプ／高田信雄／佑学社
マヤ・アステカの神話／アイリーン・ニコルソン／松田幸雄／青土社
マヤ・インカ神話伝説集／／松村武雄／社会思想社・現代教養文庫
マヤ興亡／矢杉佳穂／／福武書店
マヤとアステカ／狩野千秋／／近藤出版社・世界史研究双書25
マヤの祭壇／大貫良夫／／講談社・世界の聖域17
マヤ文明／ポール・ジャンドロ／高田勇／白水社・文庫クセジュ
マヤ文明：失われた都市を求めて／クロード・バウデス、シドニー・ピカッソ／落合一泰／創元社
マヤ文明：征服と探検の歴史／デヴィッド・アダムソン／沢崎和子／法政大学出版局
マヤ文明はなぜ滅んだか／中村誠一／Newton Press
マヤ文明／石田英一郎／／中央公論社・中公新書
マヤ文字を解く／矢杉佳穂／中央公論社・中公新書
密教入門／勝又俊教／／春秋社
密教のほとけたち／井ノ口泰淳、鳥越正道、頼富本宏／／人文書院
苗族民話集／村松一弥／／平凡社・東洋文庫
やさしい仏像入門／松原哲明、三木童心／／新星出版社
ユカタン事物記／ディエゴ・デ・ランダ／林家永／岩波書店・大航海時代叢書第2期13
指輪物語1　旅の仲間(上)／J. R. R. トールキン／瀬田貞二／評論社
指輪物語2　旅の仲間(下)／J. R. R. トールキン／瀬田貞二／評論社
指輪物語3　二つの塔(上)／J. R. R. トールキン／瀬田貞二／評論社
指輪物語4　二つの塔(下)／J. R. R. トールキン／瀬田貞二／評論社
指輪物語5　王の帰還(上)／J. R. R. トールキン／瀬田貞二／評論社
指輪物語6　王の帰還(下)／J. R. R. トールキン／瀬田貞二／評論社
ラーマーヤナ／河田清史／第三文明社
リグ・ヴェーダ讃歌／／辻直四郎／岩波書店・岩波文庫
龍の起源／荒川紘／／紀伊国屋書店
龍の伝説／水野拓／光栄
龍の百科／池上正治／新潮社・新潮選書
龍のファンタジー／カール・シューカー／別宮貞徳他／東洋書林
ロードス島戦記　灰色の魔女／水野良／／角川書店・角川スニーカー文庫
ロードス島戦記2　炎の魔神／水野良／／角川書店・角川スニーカー文庫
ロードス島戦記3　火竜山の魔竜(上)／水野良／／角川書店・角川スニーカー文庫
ロードス島戦記4　火竜山の魔竜(下)／水野良／／角川書店・角川スニーカー文庫
ロードス島戦記5　王たちの聖戦／水野良／角川書店・角川スニーカー文庫
ロードス島戦記6　ロードスの聖騎士(上)／水野良／／角川書店・角川スニーカー文庫
ロードス島戦記7　ロードスの聖騎士(下)／水野良／／角川書店・角川スニーカー文庫
ロードス島伝説　亡国の王子／水野良／角川書店・角川スニーカー文庫
ロードス島伝説2　天空の騎士／水野良／角川書店・角川スニーカー文庫
ロードス島伝説3　栄光の勇者／水野良／角川書店・角川スニーカー文庫
ロードス島伝説4　伝説の英雄／水野良／角川書店・角川スニーカー文庫
ロードス島伝説5　永遠の帰還者／水野良／角川書店・角川スニーカー文庫
和漢三才図会／寺田良安／樋口元巳他／平凡社・東洋文庫

参考映像

映像名／監督／発売元
ゴジラ(ビデオ)／本多猪四郎／東宝ビデオ
ドラゴンスレイヤー(ビデオ)／マシュー・ロビンズ／ポニービデオ
ドラゴンハート(DVD)／ロブ・コーエン／(株)ソニー・ピクチャーズエンタテインメント
ネバーエンディング・ストーリー(DVD)／ジョージ・ミラー／ワーナー・ホーム・ビデオ

著者略歴
久保田　悠羅
　1967年生まれ。F.E.A.R.所属。文教大学卒業後、システムエンジニアのかたわら執筆活動に入る。その後、F.E.A.R.入社、ゲームデザインや執筆を行っている。著書として『相沢美良アートワークス～ギリシア・ローマ女神』(ソフトバンク)、『ドラゴンアームズーバハムートハウリングー』(エンターブレイン)、『密教曼荼羅』『大終末予言』(新紀元社)など。

稲葉　義明
　1970年生まれ。神奈川県出身。文筆家。執筆活動のため明治学院大学を中退。執筆、翻訳に従事する。著書に『甦る秘宝』(新紀元社)、『信長の野望・新軍師録』『信長の野望・新名将録』『信長の野望・下克上伝』(光栄)など、訳書にオスプレイ・メンアットアームズ・シリーズ『百年戦争のフランス軍』『モンゴル軍』『ルイ14世の軍隊』(新紀元社)他多数がある。

佐藤　俊之
　1966年生まれ。東京都出身。東京造形大学中退後、執筆活動に入る。著書に『U-792潜行せよ!』(コスミックインターナショナル)、『聖剣伝説』『聖剣伝説Ⅱ』(新紀元社)、訳書にオスプレイ・メンアットアームズ・シリーズ『アーサーとアングロサクソン戦争』『サクソン／ヴァイキング／ノルマン ブリテンへの来寇者たち』『ナポレオンの軽騎兵 華麗なるユサール』(新紀元社)他多数がある。

司馬　炳介
　1964年生まれ。東京都出身。フリーライター。主な活動ジャンルは神話とファンタジー。

Truth In Fantasy 56

ドラゴン

2002年 5 月31日　初版発行
2008年 1 月 3 日　第 5 刷発行

著者	久保田　悠羅（くぼた　ゆうら） 稲葉　義明（いなば　よしあき） 佐藤　俊之（さとう　としゆき） 司馬　炳介（しば　へいすけ）
編集	株式会社新紀元社編集部 有限会社ファーイースト・アミューズメント・リサーチ
発行者	大貫尚雄
発行所	株式会社新紀元社 〒101-0054 東京都千代田区神田錦町3-19 楠本第3ビル4F TEL.03-3291-0961　FAX.03-3291-0963 郵便振替00110-4-27618 http://www.shinkigensha.co.jp/
カバーデザイン	スペースワイ
本文デザイン	スペースワイ 佐藤たかひろ 田中信二 有限会社ファーイースト・アミューズメント・リサーチ
カバーイラスト	末弥純
本文イラスト	シブヤユウジ 諏訪原寛幸 結川カズノ
印刷・製本	株式会社シータス

ISBN978-4-7753-0082-4
定価はカバーに表示してあります。
Printed in Japan

新紀元社のTruth In Fantasyの世界

幻想世界の住人たち

健部伸明と怪兵隊 著
本体1806円　A5判　296頁　ISBN4-915146-85-5

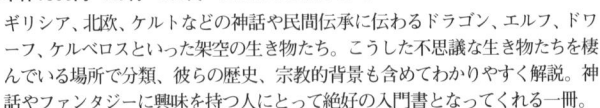

神話／伝承

ギリシア、北欧、ケルトなどの神話や民間伝承に伝わるドラゴン、エルフ、ドワーフ、ケルベロスといった架空の生き物たち。こうした不思議な生き物たちを棲んでいる場所で分類、彼らの歴史、宗教的背景も含めてわかりやすく解説。神話やファンタジーに興味を持つ人にとって絶好の入門書となってくれる一冊。

幻の戦士たち

市川定春と怪兵隊 著
本体1800円　A5判　276頁　ISBN4-915146-05-7

歴史／軍事

古代ギリシア、ローマ帝国、ビザンチン帝国、中国王朝、中世イスラム世界、ルネサンス期のヨーロッパなど、古代から中世に至る世界中の戦士たちの装備、戦術、軍制などを詳しく紹介。数多くの歴史、ファンタジー小説で活躍している古代、中世の戦士たちの真の姿を知りたいと思っている人にお薦め。

魔術師の饗宴

山北篤と怪兵隊 著
本体1505円　A5判　216頁　ISBN4-915146-06-5

精神／神秘

ヨーロッパ合理主義の陰にひそむ不可思議な魔法の数々。呪術、占星術、カバラ、ルーン、錬金術、魔術など、歴史の闇に葬られてきたこれらの事象を取り上げ、わかりやすく説明した解説書。さらに、ハイチのヴードゥー教、インドのヨガ、中国の神仙道、日本の修験道をも併せて紹介する魔術入門書。

幻想世界の住人たちII

健部伸明と怪兵隊 著
本体1748円　A5判　328頁　ISBN4-915146-09-X

神話／伝承

本書では、東欧、古代メソポタミア、ペルシア、インド、バリ島、南北アメリカなど、西ヨーロッパが中心だった第I巻目では紹介できなかった幻想生物を紹介。付録として、ヨーロッパの中世魔術書に書かれている悪魔たちを集めた「魔神神士録」、幻想生物の生息地図、I巻の項目も合わせた索引を収録。

幻想都市物語　−中世編−

醍醐嘉美と怪兵隊 著
本体1602円　A5判　248頁　ISBN4-915146-13-8

歴史／軍事

12〜15世紀、中世ヨーロッパの都市とはどのようなものだったのか。本書では、マルクスブルクなる架空の都市を設定して、典型的なヨーロッパの中世都市の姿を再現する。市壁、町並み、市政、教会、商業、ギルド制度、大学、修道院、城の構造といった興味深い内容を、イラスト付きで簡明に紹介する。

虚空の神々

健部伸明と怪兵隊 著
本体1748円　A5判　344頁　ISBN4-915146-24-3

神話／伝承

紀元前からの古い歴史を持つケルト人。彼らの神話は、ゲルマン人やラテン人がヨーロッパを征服する過程で、歴史の表舞台から消え去ってしまった。本書では、断片的に残された彼らの神話を手がかりに、その神々を取り上げる。後半部分は、知る機会の少ない北欧、ゲルマン神話の神々を同様に紹介する。

新紀元社のTruth In Fantasyの世界

幻想世界の住人たちIII　－中国編－
神話/伝承

篠田耕一 著
本体1748円　A5判　280頁　ISBN4-915146-22-7

数千年の長い歴史を持つ中国は、幻想世界の住人たちにとって絶好の住処である。本書では、膨大な量の怪奇小説、奇怪な事件の記録から、代表的な神、神獣、妖怪、怪物、精、幽霊、不死者などを紹介。妖怪など、日本の架空の生き物が、いかに中国からの影響を受けているかということを再確認できる。

武勲の刃
歴史/軍事

市川定春と怪兵隊 著
本体1748円　A5判　312頁　ISBN4-915146-23-5

西洋の武器について、その起源、用法、歴史をイラストとともに解説した一冊。実用性を超えた大きさ、形状、装飾を備えた長剣類、防護用、暗殺用として発展した短剣類、特異な形状を持った長柄武器や棒状打撃武器、騎士とともに発展した騎槍、そのほか斧状武器、飛翔武器、特殊な用法の武器なども紹介。

幻想世界の住人たちIV　－日本編－
神話/伝承

多田克己 著
本体1748円　A5判　392頁　ISBN4-915146-44-8

インドの宗教感、中国の膨大な神話が流入し影響を受けた日本は、数知れないほどの妖怪変化、憑き物、怨霊が棲む土地となった。本書では、これらの無数の妖怪たちをイラストや江戸時代の図版と併せて紹介。400頁近い内容量で、日本の主要な妖怪のほとんどを網羅したボリュームある一冊である。

タオ（道教）の神々
神話/伝承

真野隆也 著
本体1748円　A5判　304頁　ISBN4-88317-202-3

シャーマニズムを基本として、老子哲学や儒教、仏教などの教義も取り入れて成立した中国特有の民間信仰、道教。そこでは、『三国志』で活躍する関羽や、小説『水滸伝』に登場する時遷など、多種多様な神々が信仰の対象となっている。本書では、道教の中からユニークなものを取り上げて紹介していく。

インド曼陀羅大陸　－神々／魔族／半神／精霊－
神話/宗教

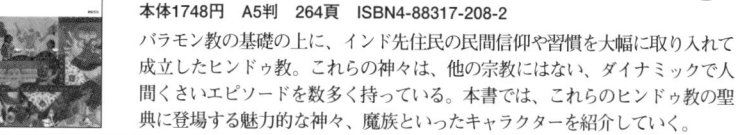

蔡丈夫 著
本体1748円　A5判　264頁　ISBN4-88317-208-2

バラモン教の基礎の上に、インド先住民の民間信仰や習慣を大幅に取り入れて成立したヒンドゥ教。これらの神々は、他の宗教にはない、ダイナミックで人間くさいエピソードを数多く持っている。本書では、これらのヒンドゥの聖典に登場する魅力的な神々、魔族といったキャラクターを紹介していく。

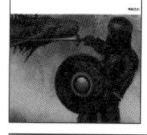

英雄列伝
神話/伝承

鏡たか子 著
本体1748円　A5判　260頁　ISBN4-88317-210-4

ヨーロッパの古代、中世には、多くの英雄神話や伝説が残されている。本書は、古代ギリシャのヘラクレス、ペルセウス、聖書の中のモーセやダビデ、ケルト伝説の英雄アーサー王、北欧伝説で活躍するシグルズなど数多くの英雄たちを紹介したヨーロッパの歴史を知る上で欠かせない神話・伝説の入門書。

新紀元社のTruth In Fantasyの世界

武器と防具　－中国編－
篠田耕一 著
本体1748円　A5判　324頁　ISBN4-88317-211-2

歴史／軍事

紀元前から17世紀まで中国で使われてきた武器と防具の歴史や使用法をイラストとともに紹介する一冊。刀剣や打撃武器のほか、戦車と呼ばれる馬車の上で振り回す武器・戈（か）、その上に槍の性能も付け加えた戟（げき）、ユニークな形の暗器など、中国でしか見られないユニークな武器と防具を集大成。

魔術への旅
真野隆也 著
本体1748円　A5判　240頁　ISBN4-88317-220-1

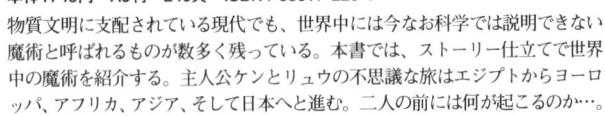

精神／神秘

物質文明に支配されている現代でも、世界中には今なお科学では説明できない魔術と呼ばれるものが数多く残っている。本書では、ストーリー仕立てで世界中の魔術を紹介する。主人公ケンとリュウの不思議な旅はエジプトからヨーロッパ、アフリカ、アジア、そして日本へと進む。二人の前には何が起こるのか…。

武器と防具　－日本編－
戸田藤成 著
本体1845円　A5判　328頁　ISBN4-88317-231-7

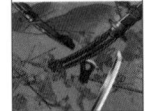

歴史／軍事

中国編に続いて、日本の武器と防具について紹介する一冊。オーソドックスな日本刀から、打撃武器、投擲武器、槍、飛翔武器、火器、防具、さらに日本独特なものとして、戦国時代の忍者が使用した忍具、江戸時代の警察・町奉行が捕物のときに使用した捕物道具など、興味深い武器と防具を満載。

ギリシア神話　神・英雄録
草野巧 著
本体1845円　A5判　316頁　ISBN4-88317-247-3

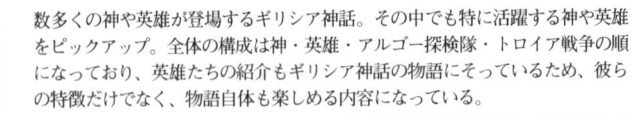

神話／伝承

数多くの神や英雄が登場するギリシア神話。その中でも特に活躍する神や英雄をピックアップ。全体の構成は神・英雄・アルゴー探検隊・トロイア戦争の順になっており、英雄たちの紹介もギリシア神話の物語にそっているため、彼らの特徴だけでなく、物語自体も楽しめる内容になっている。

天使
真野隆也 著
本体1748円　A5判　228頁　ISBN4-88317-250-3

神話／宗教

天使、エンジェルといえば神の御使いとして、ユダヤ教、キリスト教、イスラム教に登場する存在である。しかし日本では天使のイメージだけが先行するばかりで、その実像を知る人は少ない。本書では、天使のすべてを知ることを目的として、旧約・新約聖書、コーランから多くの天使たちを紹介する。

堕天使　－悪魔たちのプロフィール－
真野隆也 著
本体1748円　A5判　256頁　ISBN4-88317-256-2

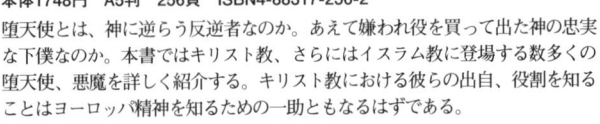

神話／宗教

堕天使とは、神に逆らう反逆者なのか。あえて嫌われ役を買って出た神の忠実な下僕なのか。本書ではキリスト教、さらにはイスラム教に登場する数多くの堕天使、悪魔を詳しく紹介する。キリスト教における彼らの出自、役割を知ることはヨーロッパ精神を知るための一助ともなるはずである。

新紀元社のTruth In Fantasyの世界

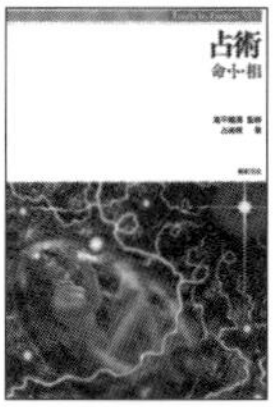

占術 －命・ト・相－
占術隊 著／高平鳴海 監修
本体1748円　A5判　259頁　ISBN4-88317-260-0

精神／神秘

はるか彼方の昔から人間は占いが大好きだった。西洋占星術、四柱推命、カバラ数秘術、易占い、タロット占い、トランプ占い、ルーン占い、コイン占い、手相、人相、風水術、家相学など誰もが知っている占いからちょっと風変わりな占いまで、その歴史や理論、哲学を紹介する占いを深く知るための一冊。

武器と防具 －西洋編－
市川定春 著
本体1845円　A5判　312頁　ISBN4-88317-262-7

歴史／軍事

『武勲の刃』の著者が全面改訂して決定版としたのがこの一冊。古代オリエントの時代から中世にいたる幅広い時期の武器を紹介。中国編、日本編に続く西洋編だが、完結編の意味もあってトルコ、インドといったアジア地域やオーストラリアの武器も紹介。もちろんヨーロッパに関しては充実の内容となっている。

地獄
草野巧 著
本体1748円　A5判　256頁　ISBN4-88317-264-3

神話／宗教

地獄・冥界は世界中に共通の概念として存在している。本書では、キリスト教や仏教といったさまざまな宗教、日本、中国、ヨーロッパ、古代エジプト、メソポタミア、マヤ・アステカなどの神話から、テーマ別にその地獄・冥界、そこに棲む住人たちを紹介。さまざまな地獄の構造もイラストで解説している。

楽園 －追想の彼方へ－
真野隆也 著
本体1748円　A5判　216頁　ISBN4-88317-275-9

神話／伝承

人々は誰でも危険や苦痛のない"至福の場所"を夢見ることがある。本書では古くから伝わる楽園伝説を紹介する。アダムとイブが追放されたエデンの園、チベット仏教に伝わるシャンバラ国、道教思想の色濃い桃源郷、アーサー王が体を癒すというアヴァロン島、黄金郷エルドラードなど、世界楽園紀行である。

覇者の戦術 －戦場の天才たち－
中里融司 著
本体1748円　A5判　339頁　ISBN4-88317-278-3

歴史／軍事

アレクサンドロス大王、カルタゴの勇将ハンニバル、源義経、織田信長、ナポレオンほか、戦場における天才達が残した戦術の数々。古代の戦車戦・攻城戦、少数部隊による機動作戦、象を使った作戦など様々な戦いを豊富な図版で分かりやすく紹介。当時の兵士達の姿や兵器などのイラストも充実。

召喚師 －陰陽師からデビルサマナーまで－
不動舘ほか 著／高平鳴海 監修
本体1800円　A5判　263頁　ISBN4-88317-282-1

精神／神秘

錬金術師として病人を治したというパラケルスス。悪魔に魂を売り渡す代わりに強大な力を得たという悪魔召喚師（デビルサマナー）アグリッパ、ファウスト。式神を自在に扱う陰陽師安倍晴明。自分の魂を自らの肉体に召喚するチベット密教の最高僧ダライラマなど、さまざまな召喚師を紹介する一冊。

新紀元社のTruth In Fantasyの世界

封神演義 －英雄・仙人・妖怪たちのプロフィール－

神話/伝承

遙遠志 著
本体1800円　A5判　256頁　ISBN4-88317-288-0

三千年前の中国で起こった「易姓革命」を下敷きとして、仙人や妖怪たちが魔法の戦いを繰り広げる中国三大奇書のひとつ、「封神演義」。本書では個性豊かな登場人物のプロフィールを中心に、彼らが使う秘密兵器「宝貝（ぱおぺい）」も紹介。小説の背景にある中国の歴史・文化・宗教観などにも触れていく。

黙示録 －人と神との出会い－

神話/宗教

真野隆也 著
本体1800円　A5判　238頁　ISBN4-88317-290-2

人は大昔から神と出会い、啓示を受け、それを黙示録として記してきた。本書では、新約聖書の中に残されているヨハネ黙示録、旧約聖書の中のダニエル書、旧約聖書偽典として残るエノク書、バルク黙示録、第4エズラ書を紹介。またその本質を知る上で重要なアニミズム、シャーマニズムなどにも触れていく。

世紀末 －神々の終末文書－

神話/伝承

草野巧 著
本体1800円　A5判　256頁　ISBN4-88317-293-7

本書では、19世紀末のヨーロッパに端を発した「ファン・ド・シエクル（世紀末）」を解説しつつ、世紀末思想を知るためには欠かせない神話・伝承の終末文書を詳しく紹介している。世界に現存する終末文書を紐解きながら世界の創世と終末を考える一冊である。

中世騎士物語

歴史/軍事

須田武郎 著
本体1800円　A5判　240頁　ISBN4-88317-295-3

中世盛期のフランスに生まれたジェラールという架空の人物を案内役として、騎士の本当の姿を語っていく。騎士についてだけでなく、彼らが生きた中世ヨーロッパがどのような時代であったかについても紹介。さらに、武器や戦術といった要素も重視（『武勲の刃』の著者、市川定春氏協力）。

幕末維新 －新撰組・勤皇志士・佐幕藩士たちのプロフィール－

歴史/軍事

幕末研究会 著／高平鳴海 監修
本体1800円　A5判　348頁　ISBN4-88317-294-5

幕府、朝廷、薩長土佐、肥前、新撰組…。様々な立場で己の信念を貫こうとする幕末の人物群像を、関連事項も加えて紹介していく人物ガイド。重要人物はその実力を軍事力、知識、交渉などの面からレーダーチャート化。重要歴史事項に関しても、図表でわかりやすく説明。幕末維新を概観するには最適の一冊。

聖剣伝説

神話/伝承

佐藤俊之とF.E.A.R. 著
本体1800円　A5判　224頁　ISBN4-88317-302-X

エクスカリバー、ホーリースピア（ロンギヌスの槍）、村正、七支刀…、古今東西、神話や歴史に伝わる聖剣、魔剣、名剣、槍、弓など数々の武器をそのエピソードとともに紹介していく。英雄の運命を左右する聖剣の力は、その物語の中心部分でもあり、この本だけで様々な神話のエッセンスが楽しめる。

新紀元社のTruth In Fantasyの世界

八百万の神々 －日本の神霊たちのプロフィール－

神話/伝承

戸部民夫 著
本体1900円　A5判　334頁　ISBN4-88317-299-6

森羅万象の世界を生み出し、司るという数々の日本の神々。神たちはその数の多さから「八百万の神」として、古くから日本人に親しまれてきた。本書では『古事記』『日本書紀』に登場するそれらの神々のエピソードを性格別に紹介。併せて別称・系譜・神格・祀られている神社のデータも付記。

ヴァンパイア －吸血鬼伝説の系譜－

精神/神秘

森野たくみ 著
本体1800円　A5判　224頁　ISBN4-88317-296-1

小説、映画などでおなじみ、ドラキュラ伯爵のモデルとなった、15世紀ルーマニアの人物ヴラド・ツェペシュ大公をはじめ、その残虐な殺人方法から「吸血鬼」と呼ばれた殺人者たち、世界各国に伝わる吸血鬼を紹介する。また、オカルト、民間伝承、科学の面などからヴァンパイアとは何なのかを探っていく。

守護聖人 －聖なる加護と聖人カレンダー－

神話/宗教

真野隆也 著
本体1800円　A5判　296頁　ISBN4-88317-301-1

「神と人間の仲介者」、これがキリスト教における聖人の役割である。庶民にとっては、身の回りの様々な願いを神に伝えてくれる橋渡し役として、古くから親しみのある存在でもあった。ここでは多くの聖人たちの苦難に満ちたドラマチックなエピソードを紹介していく。聖人の祝日がわかる聖人カレンダー付き。

モンスター退治 －魔物を倒した英雄たち－

神話/伝承

司史生／伊豆平成 著
本体1800円　A5判　264頁　ISBN4-88317-307-0

アーサー王対巨人、ヘラクレスの12の偉業、オイディプス対スフィンクス、須佐之男対八岐大蛇、俵藤太対大百足、ギルガメシュ対フンババ、クリシュナ対カーリヤ…。世界中の神話・伝説から英雄のモンスター退治の物語を集めて、地域別に編集した一冊。時代、出典などもデータとして表記。

女神

神話/伝承

高平鳴海＆女神探究会 著
本体1900円　A5判　344頁　ISBN4-88317-311-9

ギリシア神話の神々の母・ガイア、国生みの神・伊邪那美命（いざなみのみこと）など、世界を生み出した女神、アフロディーテ（愛と肉欲）、ドゥルガー（戦）、ブリージット（春）など、男神にはない魅力や能力を持つ女神たち。時にはやさしく、時には恐ろしい世界中の女神を地域別に紹介。イラストも多数。

聖書人名録 －旧約・新約の物語別人物ガイド－

神話/宗教

草野巧 著
本体1800円　A5判　274頁　ISBN4-88317-313-5

『旧約聖書』『新約聖書』に登場する多くの人物を、物語の流れに沿って紹介していくガイドブック。人名辞典として使うことはもちろん、順に読んでいくことで、聖書の物語部分の粗筋も理解できる。章の初めには理解を深めるため、歴史的背景を説明、興味深い事項についてのコラムなども多数掲載。

新紀元社のTruth In Fantasyの世界

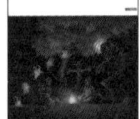

イスラム幻想世界 －怪物・英雄・魔術の物語－
神話／宗教

桂令夫 著
本体1800円　A5判　242頁　ISBN4-88317-308-9

コーラン、千一夜物語、王書などイスラム世界の宗教・神話・伝承から、興味深いエピソードを紹介していく。ジン（妖霊）、イフリート（魔神）、グール（食屍鬼）といったおなじみの怪物から歴史上の英雄たちの活躍、アラビア魔術、占星術、幻術などに関することまで、イスラム世界がよくわかる入門書。

帝王列記 －西洋編－
歴史／西洋

磯田暁生とF.E.A.R. 著
本体1800円　A5判　273頁　ISBN4-88317-317-8

類いまれなる頭脳と勇気と行動力で権力を握り、歴史をみずからの手で動かそうとした人物たち。王、皇帝、ツァーリ、カリフなど様々な名称で呼ばれる彼らの帝王としての活躍を紹介していく。さらに近代に近づき凋落していく王たち、アメリカ王朝を夢見た大統領・ＪＦＫも紹介。

聖剣伝説II
神話／伝承

佐藤俊之とF.E.A.R. 著
本体1800円　A5判　233頁　ISBN4-88317-320-8

聖剣伝説の続編。「ストームブリンガー」や「ライトセイバー」など、前作では紹介できなかった、SFやファンタジー小説に登場する武器を取り上げた。また、従来のカテゴリーである神剣、聖剣、魔剣、名剣に、新しいカテゴリーとして宝剣を加え、歴史上実在した武器も掲載している。

予言者
精神／神秘

高平鳴海と第666部隊 著
本体1800円　A5判　257頁　ISBN4-88317-319-4

古今東西の予言者カタログ。ノストラダムスやエドガー・ケイシーなどの有名予言者から、ヨハネをはじめとするキリスト教の預言者まで、19人の予言者を一挙紹介。解説のポイントは、「どんな予言者か？」「どうして予言者になったか？」「どんな予言をしたか？」である。

古代遺跡
歴史／神秘

森野たくみ／松代守弘 著
本体1800円　A5判　289頁　ISBN4-88317-322-4

「ギザのピラミッド」や「バビロンの空中庭園」など世界の七不思議から、「トロイ」や「ストーンヘンジ」まで、計73に及ぶ世界各地の遺跡を地域ごとに紹介。ムーやアトランティスなど伝説の大陸、宇宙考古学、遺跡の年代測定法など、考古学の予備知識もコラムで解説した、誰にでも読める遺跡の入門書。

日本の神々 －多彩な民俗神たち－
神話／伝承

戸部民夫 著
本体1800円　A5判　281頁　ISBN4-88317-324-0

エビス神、招き猫、河童神、鬼子母神、カマド神、照る照る坊主……。日本には、いわゆる民俗神と総称される民間信仰に根づいた神霊が多い。本書は、このような「日本の神様」を広く紹介し、霊力や御利益、その力を発揮してもらうための呪い・儀式・祭具などに関しても具体的に解説する。

新紀元社のTruth In Fantasyの世界

三国志 人物事典
小出文彦 監修
本体1900円　A5判　393頁　ISBN4-88317-310-0

歴史 / 中国

古代中国の壮大な歴史物語『三国志』。その中で活躍する約500人(三国の英雄・豪傑、『演義』のみの登場人物、後漢の群雄たち、方術師・女性・文人など)のプロフィールを『正史』を中心に、『三国志演義』などの関連資料のエピソードもあわせて紹介した人物事典である。

星空の神々　－全天88星座の神話・伝承－
長島晶裕／ORG 著
本体1800円　A5判　296頁　ISBN4-88317-328-3

神話 / 伝承

星座は古代の人々が季節や方位を知るために誕生し、やがてギリシアで神話と結びつけられ、今日我々の知るものへと発展してきた。本書では全88星座すべての神話・伝承、エピソードの紹介を中心に、星座史や占星術との関係についても解説。また春夏秋冬の夜空で見られる星座の観測ガイドも掲載している。

剣豪　－剣一筋に生きたアウトローたち－
草野巧 著
本体1800円　A5判　220頁　ISBN4-88317-325-9

歴史 / 軍事

上泉信綱や塚原卜伝、宮本武蔵、千葉周作など、剣のみにしか生きることのできなかった不器用な豪傑から、剣一筋に生き極めることで人生の悟りをも開く達人まで、際だつ個性と魅力を持つ60人の剣豪たちを紹介。戦国から江戸、幕末と時代を追い、剣豪たちに受け継がれる技や精神の流れが感じられる一冊。

甦る秘宝
稲葉義明とF.E.A.R. 著
本体1800円　A5判　248頁　ISBN4-88317-340-2

神話 / 伝承

古より世界各地に伝わる様々な秘宝や遺物の伝説は、錬金術師が追い求めた「賢者の石」や、アダムとイブが食べてしまった「知恵の果実」、持ち主に呪いをかける宝石「ホープダイヤモンド」など、数え上げればきりがない。本書では様々な秘宝のひとつひとつを、楽しいエピソードと交えて紹介している。

鬼
高平鳴海ほか 著
本体1800円　A5判　251頁　ISBN4-88317-338-0

神話 / 伝承

人を殺して喰う鬼、三十五人力の怪力を持つ鬼、炎の息を吐く鬼、美女や老女に化ける鬼、大食漢の鬼、酒飲みの鬼、慈悲深く弱者の助けとなる鬼……。日本には数多くの鬼の伝承がある。本書は、さまざまな鬼たちの容姿、特殊能力、エピソードなどを解説する、「鬼」のカタログである。

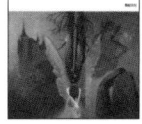

妖精
草野巧 著
本体1800円　A5判　271頁　ISBN4-88317-345-3

神話 / 伝承

勇者や魔法使い、異世界の怪物とともに、妖精はファンタジー世界に欠くことのできないキャラクターである。しかし、一言で「妖精」といっても、その存在は実に様々。本書では、人間の手伝いをする身近な妖精や、人間の命を奪う恐ろしい妖精など、ファンタジー作品に登場する妖精たちをすべて紹介する。

新紀元社のTruth In Fantasyの世界

封神演義II　－太公望の兵法書－
遙遠志 著
本体1800円　A5判　216頁　ISBN4-88317-314-3

神話/伝承

中国三大奇書である「封神演義」。英雄、仙人、妖怪を取り上げた前作に続き、本巻では封神演義の「戦い」がテーマである。商から周への「易姓革命」（王朝交替）のダイナミズムを小説と史実の両面から紹介。戦闘の原因、戦略・戦術の分析、戦闘経過を物語のあらすじに沿って解説していく。

魔法・魔術
山北篤 著
本体1800円　A5判　247頁　ISBN4-88317-347-X

精神/神秘

世界に多数ある魔法・魔術の体系。そのなかでもファンタジーファンやTVゲームユーザー、占いなどに興味を持つ人たちにとって馴染み深い「魔女」「ドルイド」「占星術」「呪術」など15の魔法を選び、わかりやすく紹介する魔法・魔術の総合ガイドブックです。図版も多数掲載し、入門としても最適の一冊。

水滸伝　－108星のプロフィール－
草野巧 著
本体2300円　A5判　575頁　ISBN4-88317-348-8

歴史/中国

宋江のもとに集まる108人の豪傑たち。広大な中国を背景にこの108人が織りなすドラマは、人々に感動を与え続け、現在も中国では三国志と並ぶほどの人気を誇る。本書はこの108星の一人ずつにスポットをあて、梁山泊への入山経緯や活躍場面などを詳しく解説している。

密教曼荼羅　－如来・菩薩・明王・天－
久保田悠羅とF.E.A.R. 著
本体1800円　A5判　299頁　ISBN4-88317-351-8

神話/宗教

日本の仏教の神々100尊あまりを掲載。如来・菩薩・明王・天の4部に分け、密教の仏を中心に仏教・密教の源流であるインド神話を含めて紹介している。巻末付録には世界観、曼荼羅、持物、用語集をもうけ、難しいとされる仏教の世界をやさしく解説している。

コスチューム　－中世衣裳カタログ－
田中天&F.E.A.R. 著
本体1800円　A5判　222頁　ISBN4-88317-350-X

歴史/西洋

ファンタジー世界に登場するキャラクターの原形となった「歴史上存在する衣裳」を中世のヨーロッパを中心に王侯貴族や騎士、聖職者、商人など職業別に取り上げ、イラストと文章で解説しています。衣裳の変遷のほか、デザイン、素材、製法の詳細、アクセサリーなどの装飾品の紹介もしています。

神秘の道具　－日本編－
戸部民夫 著
本体1900円　A5判　333頁　ISBN4-88317-356-9

神話/伝承

魂の宿る「門松」、依り代となる「人形」、悪霊・災厄を祓う「団扇」、異界をのぞき見る「鏡」など、人々の生活に密着している道具には、神秘的な機能や役割が与えられている場合が少なくありません。本書では、人間の生活を支えてきた、さまざまな道具たちの神秘的なエピソードを紹介します。

新紀元社のTruth In Fantasyの世界

拷問の歴史

歴史
宗教

高平鳴海と拷問史研究班 著
本体1800円　A5判　261頁　ISBN4-88317-357-7

拷問の歴史は「陰の歴史」とも言い換えることができる。過去に、そして現在でも、多くの犠牲者を出しているからこそ、軽々しく扱うことは許されないテーマだが、それが常に人類の歴史とともにあったという事実も忘れるわけにはいかない。本書では、拷問具を中心に、さまざまな拷問について解説する。

Truth In Fantasy事典シリーズ

武器事典　　DICTIONARY OF THE WEAPON

市川定春 著
本体2427円　A5判　360頁　ISBN4-88317-279-1

古今東西の歴史（古代〜近代）に登場した武器600点を長剣、短剣、長柄、打撃、射出、投擲、特殊、兵器の8つに分類し、すべてイラスト付きで紹介するボリュームある1冊。長さ・重さ・年代・地域のデータ付。見開き4点の共通レイアウトで、大きさの比較もしやすくなっている。

幻想動物事典　　DICTIONARY OF THE MONSTER

草野巧 著／シブヤユウジ 画
本体2500円　A5判　376頁　ISBN4-88317-283-X

古代の神話、宗教書から「フランケンシュタイン」「指輪物語」など現代の小説に至るまでの様々な文献から、現実にはあり得ない様相をしている精霊、妖怪、怪物など、世界中の幻想動物1,002体をすべてイラスト付で50音順に解説。巻末には「出典情報」として、使用した主要な文献についても簡潔に紹介している。

魔法事典　　DICTIONARY OF THE MAGIC

山北篤 監修
本体2500円　A5判　342頁　ISBN4-88317-304-6

「黒ミサ」「ヴードゥー」「錬金術」「ホロスコープ」「ポルターガイスト」「セイレムの魔女裁判」「ストーンヘンジ」「阿倍晴明」「クリスチャン・ローゼンクロイツ」「奇門遁甲」「聖杯」……。古今東西の魔法・魔術・オカルティズムに関する人物、生物、作品、物品、現象、概念、体系など600以上の用語をくわしく解説した事典である。

西洋神名事典　　DICTIONARY OF GODDESSES AND GODS

山北篤 監修／シブヤユウジ 画
本体2500円　A5判　379頁　ISBN4-88317-342-9

主項目として428、神名録では1000以上の神々を掲載。西洋編としてギリシア・ローマをはじめとするヨーロッパを中心にエジプト、オリエント、アフリカ、南北アメリカの諸神話・宗教、および創作神話の神々からピックアップ。主要神話の解題付きで神話入門に最適の一冊。

Truth In Fantasy事典シリーズ

悪魔事典　DICTIONARY OF DEMONS AND DEVILS
山北篤／佐藤俊之　監修
本体2500円　A5判　485頁　ISBN4-88317-353-4

神の敵、あるいは人々を陥れる邪悪な存在、歴史の中に描き出された悪魔の全貌を紹介。世界の神話・伝説・宗教・フィクションから悪魔・邪神・魔王・悪霊などとされる456を主項目、890以上を悪魔紳士録として紹介。解題「主要神話・宗教の悪魔観」も掲載し、悪魔学の入門書としても格好の一冊。

魔導具事典　DICTIONARY OF HOLY AND MAGIC ITEMS
山北篤　監修
本体2500円　A5判　381頁　ISBN4-7753-0035-0

魔女たちの使う祭具、聖なる力を持つレリクス、神の力を得た武具、名人が作り上げた逸品、創作に登場する万能の道具……。古今東西の神話・伝承・民話・宗教から610の「不思議な力を持ったモノ」を紹介。総索引の他に、品目別、地域・出典別の索引も掲載。